Deine Reise

DES NARREN

Su Lilith Björkkvist

Bibliografische Information der Deutschen Nationalbibliothek: Die Deutsche Nationalbibliothek verzeichnet diese Publikation in der Deutschen Nationalbibliografie; detaillierte bibliografische Daten sind im Internet über dnb.dnb.de abrufbar.

Verlag: BoD · Books on Demand GmbH, Überseering 33, 22297 Hamburg, bod@bod.de
Druck: Libri Plureos GmbH, Friedensallee 273, 22763 Hamburg

ISBN: 978-3-7693-2396-2

Inhaltsverzeichnis

AUFBRUCH – Der Ruf des Abenteuers! Bekanntes verlassen & neue Wege gehen

Inhaltsverzeichnis

DIE ERSTE BEWÄHRUNGSPROBE – Herausforderungen und Entscheidungen

DIE ERSTE BEWÄHRUNGSPROBE – Herausforderungen und Entscheidungen

Inhaltsverzeichnis

Die dunkle Nacht der Seele – Konfrontation mit den Schatten

Die Wiedergeburt – Hoffnung und Erleuchtung

Inhaltsverzeichnis

Die Vollendung – Die Heimkehr zur Ganzheit

Das Kartendeck "Deine Reise des Narren" gibt es auch zum Ausdrucken.
Scanne den QR-Code, um direkt zum Etsy-Shop *HouseOfSuLilith* zu gelangen.
Dort findest du das komplette Kartenset zu diesem Buch als hochwertigen Printable-Download – zum Ausdrucken, Ausschneiden und für deine persönliche Tarot-Praxis zuhause.
Ideal für deine Schattenarbeit, Journaling-Rituale oder als tägliche Inspirationskarte.

Vorwort

Willkommen zu einer Reise, die dich tief berührt, deine Gedanken weitet und dein Bewusstsein wachsen lässt!

Für manche klingt Tarot nach düsteren Prophezeiungen und fragwürdigen Wahrsagern, doch darum geht es hier nicht. Die Botschaften des Tarot sind keine schwarze Magie, sondern erzählen von etwas, das viel spannender ist:

Deine persönliche spirituelle Reise

Die Reise des Narren ist eine symbolische Erzählung, die dich durch die 22 Karten der Großen Arkana führt. Sie erzählt von dem Narren, einem unbeschwerten, neugierigen Wanderer, und seinen Begegnungen mit verschiedenen Archetypen. Jede dieser Begegnungen steht für eine wichtige Lektion des Lebens.

Dieses Buch ist kein gewöhnliches Tarot-Lehrbuch. Es ist ein persönliches Arbeitsbuch, das dich tiefer in die Bedeutung jeder Karte eintauchen lässt. Schritt für Schritt zeigt dir diese Reise, wie du wachsen, lernen und dich spirituell weiterentwickeln kannst.

Das moderne Tarot geht auf das klassische Rider-Waite-Tarot von A.E. Waite zurück. Es besteht aus zwei Hauptteilen:
- Die Große Arkana mit 22 kraftvollen Karten, die die großen Themen und Wendepunkte des Lebens widerspiegeln.
- Die Kleine Arkana mit 56 Karten, aufgeteilt in vier Farben.

In diesem Buch konzentrieren wir uns auf die Große Arkana, jene Karten, die tiefgreifende Veränderungen und Erkenntnisse symbolisieren.

Die Illustrationen in diesem Buch sind eine moderne Interpretation des klassischen Tarots. Es gibt heute viele künstlerische und symbolische Variationen, doch fast alle basieren auf den Grundprinzipien des Rider-Waite-Decks. Die hier gezeigten Darstellungen der Karten wurden gestaltet, um die Essenz der Großen Arkana auf eine frische und inspirierende Weise einzufangen und den Blick für die tiefere Bedeutung der Symbole zu öffnen.

Dieses Arbeitsbuch lädt dich ein, durch die Reise des Narren deinen eigenen spirituellen Weg zu erkunden oder zu vertiefen. Die Geschichten, Symbole und Reflexionsfragen helfen dir, deine Gedanken zu ordnen, neue Perspektiven zu gewinnen und die Botschaften des Tarots in dein Leben zu integrieren.

Was erwartet dich in diesem Buch?

✨ **Die 22 Großen Arkana neu interpretiert**

Jede Karte wird in ihrer klassischen Bedeutung und Symbolik und in einer modernen Interpretation umfassend beschrieben. Die eigens gestalteten Illustrationen, verleihen den Karten eine frische Perspektive und erweitern so die Möglichkeiten, die tieferen Bedeutungen auf eine neue Art zu erfahren.

✨ **Vergleich mit dem Rider-Waite-Tarot**

Dieses Buch setzt sich mit den Symboliken sowohl der klassischen als auch der modernen Tarotkarten auseinander und vergleicht sie miteinander. Ziel ist es, den Leser zu inspirieren, sich bewusst mit den Bedeutungen der Symbole auseinanderzusetzen und eine eigene, intuitive Interpretation zu entwickeln.

✨ **Tiefgehende Symbolerklärungen**

Tarot lebt von Symbolen, Farben, Formen und versteckten Details. In diesem Buch lernst du, diese Symbole zu deuten und auf deine eigene Lebenssituation anzuwenden.

✨ **Reflexionsfragen & Übungen für dein Wachstum**

Zu jeder Karte findest du Fragen und Übungen, die dir helfen, die Lehren und Botschaften des Tarots in dein Leben zu integrieren. Wie beeinflusst dich diese Karte? Welche Muster erkennst du in deinem Leben? Wo kannst du noch wachsen?

✨ **Erlebe das Tarot neu mit kreativen Aufgaben**

Dieses Buch fordert dich dazu auf, nicht nur nachzudenken, sondern aktiv mit den Karten zu arbeiten. Durch kreative Aufgaben, Schreibübungen und kleine Rituale kannst du noch tiefer in deine spirituelle Reise eintauchen.

✨ **Aktiviere deine innere Kraft mit Affirmationen und Meditationen**

Zu jeder Karte findest du Affirmationen und eine Visualisierungsidee für Meditationen, die dir dabei helfen, ihre Energie in deinen Alltag zu integrieren. Denn mit positiven, stärkenden Gedanken kannst du deine innere Welt aktiv verändern.

✨ **Die Reise des Narren und deine eigene Entwicklung**

Das Tarot erzählt die Geschichte des Narren. Seine Reise beginnt mit Unschuld und Neugier und führt ihn durch Herausforderungen und Erkenntnisse bis zur Vollendung. Du wirst den Narren auf seiner Reise begleiten und dabei erkennen, dass es eigentlich deine eigene Reise ist.

Wie du mit diesem Buch arbeiten kannst

⭐ **Arbeite intuitiv oder systematisch:**
Du kannst das Buch von vorne bis hinten durcharbeiten und die Karten in ihrer Reihenfolge erleben oder du kannst gezielt mit einer Karte arbeiten, die dich gerade besonders anspricht.

⭐ **Nutze dein Tarot-Deck:**
Ziehe eine Karte und schlage die entsprechende Seite in diesem Buch auf. Lies über die Bedeutung, reflektiere mit den Fragen und probiere eine Übung aus, die dich tiefer mit der Karte verbindet.

⭐ **Schreibe, male, entdecke!**
Dieses Buch ist kein reines Lesebuch, es ist ein Arbeitsbuch! Notiere deine Gedanken, beantworte die Reflexionsfragen, zeichne deine eigenen Symbole oder gestalte deine persönliche Interpretation der Karten.

⭐ **Wiederhole & vertiefe:**
Manche Karten begleiten uns über Jahre hinweg. Komm immer wieder zu diesem Buch zurück, wenn du eine neue Perspektive suchst oder tiefer in eine bestimmte Karte eintauchen möchtest.

Was kannst du aus diesem Buch für dich mitnehmen?

✦ Ein tieferes Verständnis für die Lehren und Botschaften der Tarotkarten, durch deine eigene Erfahrung.

✦ Ein Werkzeug für persönliche Entwicklung. Tarot ist ein Spiegel deiner inneren Welt, und dieses Buch hilft dir, dich selbst besser zu verstehen.

✦ Durch Reflexion, Übungen und Meditationen gewinnst du neue Perspektiven und Antworten auf deine Fragen.

✦ Jede Karte lehrt dich etwas über dich selbst und die Welt um dich herum. So stärkst du deine Achtsamkeit und dein Bewusstsein für dein Leben.

✦ Die Symbolerklärungen und Vergleiche mit den klassischen Tarotkarten laden dazu ein, deine Wahrnehmung zu erweitern und dich für die vielfältigen Bedeutungen zu öffnen.

Was du für dieses Arbeitsbuch benötigst

Du brauchst ein bisschen Zeit für dich selbst, einen Stift und einen schönen Schreibblock, um deine Erkenntnisse festzuhalten. Die Übungen und Reflexionsfragen in diesem Buch sind sehr umfangreich und laden dich ein, dich wirklich mit dir selbst zu beschäftigen. Es gibt zwar ein bisschen Platz für Stichworte und kurze Mitschriften, aber für tiefere Erkenntnisse und ausführliche Reflexionen ist es hilfreich, ein eigenes Notizbuch zu nutzen. So kannst du deine Gedanken, Gefühle und Fortschritte festhalten und jederzeit darauf zurückblicken.

Lass dir Zeit, tauche in die Fragen ein und sei ehrlich zu dir selbst. Dieses Buch ist ein freundlicher Begleiter zur inneren Entfaltung und kein Wettbewerb. Erlaube dir, in deinem eigenen Tempo zu wachsen, und genieße den Prozess der Selbstentdeckung.

Falls du Tarotkarten zuhause hast, kannst du die Arbeitsaufgaben auch gerne anhand dieser verwenden. Oder du wirfst einen Blick in meinen Etsy-Shop HouseOfSuLilith, dort findest du die passenden Karten zu diesem Buch als liebevoll gestaltete Printables zum Ausdrucken.

Du musst aber nicht an Tarot glauben, um für dich etwas Kostbares aus dem Arbeitsbuch zu gewinnen. Denn es geht hier um dich und deine ganz persönliche spirituelle Reise zur Selbstfindung. Dieses Buch gibt dir aber zusätzlich den Raum, die Karten auf deine Weise zu entdecken, deine Gedanken festzuhalten und die Welt mit neuen Augen zu sehen. Egal, ob du gerade erst in die Welt des Tarots eintauchst, bereits Erfahrung hast oder bisher keinen Bezug dazu gefunden hast, dieses Buch lädt dich ein, die Lehren und Botschaften der Karten nicht nur zu verstehen, sondern sie als Teil deines eigenen Erlebens zu entdecken.

Jede Karte verkörpert eine tiefe spirituelle Lektion, einen Abschnitt auf dem Weg der Selbstentfaltung und Bewusstwerdung. Die Großen Arkana helfen uns dabei, unser Bewusstsein zu entwickeln, Krisen zu verstehen und zu überwinden und Transformation und innere Heilung zu erfahren. Tarot ist kein festgelegtes System aus Regeln, sondern ein Spiegel deiner persönlichen Entwicklung, deiner Entscheidungen und deines inneren Wachstums.

Es ist eine Reise, die du selbst gestaltest, und die Karten sind dabei dein Wegweiser. Möge dieses Buch dich begleiten, inspirieren und dir neue Türen öffnen.

Die Reise beginnt jetzt. ♡

„Und plötzlich weißt du:
Es ist Zeit,
etwas Neues zu beginnen
und
dem Zauber des Anfangs
zu vertrauen."

MEISTER ECKHART

0 Der Narr

0 Der Narr

Wie die Reise des Narren beginnt

Die Reise des Narren beginnt mit einem mutigen Schritt ins Ungewisse. Der Narr verlässt seine Komfortzone und bringt nichts mit außer Vertrauen, Neugier und dem Wunsch, die Welt zu entdecken. Er ist der Archetyp des Suchenden, jemand, der den Mut hat, das Alte loszulassen, um Neues zu entdecken.

Der Narr steht symbolisch für den Anfang eines neuen Kapitels. Sei es ein neuer Job, ein persönliches Projekt, eine Veränderung im Leben oder eine spirituelle Suche.

Ohne die Last der Vergangenheit trägt er nur einen kleinen Rucksack, in dem das Wesentliche verstaut ist. Seine geschlossenen Augen zeigen, dass er voller Vertrauen in das Leben geht, ohne Angst vor dem Unbekannten. Er lässt sich fallen ohne viel darüber nachzudenken, was auf ihn zukommen könnte. Manche mögen den Narren als naiv oder gar überheblich empfinden, während andere von seiner positiven Abenteuerlust inspiriert werden. Aber das ist, wie so oft im Leben, eine Frage der Perspektive.

Auf seiner Reise wird der Narr verschiedenen Archetypen begegnen, die jeweils eine wichtige Lektion repräsentieren. Der Narr selbst ist bereit, von jeder Begegnung zu lernen und seine Perspektive zu erweitern. Seine Geschichte erinnert daran, dass jeder von uns ein Narr ist, wenn wir uns auf das Abenteuer des Lebens, mit all seinen Höhen und Tiefen, einlassen.

Die Leichtigkeit, mit der er geht, ist ein Geschenk. So beginnt die Reise mit einem Schritt, einem Lächeln und einem offenen und reinen Herzen. Aber auch der Narr wird im Laufe seiner Reise erkennen, dass Unbeschwertheit mit Verantwortung kombiniert werden muss, um wirklich erfolgreich und erfüllend zu sein.

Symbolik der Karte "Der Narr"

✳ **Der Narr selbst:** Der Narr ist ein junger, fröhlicher Abenteurer mit einem unbeschwerten Wesen. Er begibt sich auf die Suche nach Glück und Freiheit, strahlt Zufriedenheit aus und trägt eine kindliche Neugier in sich.

Unbekümmert wandert er durch die Welt, ohne sich um Gefahren oder Unsicherheiten zu sorgen.

Mit geschlossenen Augen und einem Lächeln auf den Lippen scheint er völlig in seinem eigenen Moment versunken. Seine Haltung kann als Blindheit gegenüber Risiken gedeutet werden oder als Ausdruck tiefen Vertrauens in das Leben.

Er besitzt die seltene Fähigkeit, sich vom Alltag zu lösen und sich dem Fluss des Lebens hinzugeben. Ohne Vorurteile oder Angst erkundet er die Welt. Er ist frei von Weisheit, die erst durch Erfahrung entsteht.

Der Narr lebt im Hier und Jetzt und sucht nichts, denn er fühlt sich vollständig. Seine Leichtigkeit zeigt sich in der Art, wie er Dinge nicht allzu ernst nimmt. Sorgen und Ängste lässt er hinter sich, während er sich voller Freude auf neue Entdeckungen einlässt.

✳ **Die Kleidung und Accessoirs:** Seine Kleidung ist lässig, doch mit Details versehen, die seine Verbindung zur Natur symbolisieren. Farben und Blattmotive auf seinem Hemd unterstreichen diese Verbundenheit.

Der kleine Rucksack auf seinem Rücken zeigt, dass er bereit für die Reise ist, doch nur das Nötigste mitnimmt. Alten Ballast lässt er in der Vergangenheit zurück und schreitet voller Zuversicht in die Zukunft. Dies spiegelt seine Leichtigkeit und Ungezwungenheit wider. Er vertraut dem Ungewissen und begegnet ihm mit positiver Energie.

✳ **Der Hund:** Ein kleiner, fröhlicher Hund begleitet ihn treu. Er symbolisiert Schutz, Instinkt und Loyalität, auch wenn der Narr das vielleicht gar nicht bewusst wahrnimmt. Manche sehen den Hund auch als Symbol für einen inneren Begleiter.

Seine weiße Farbe steht für Unschuld, denn wie der Narr selbst, ist er frei von Bosheit und offen für das Leben.

✳ **Die Umgebung:** Die Szene spielt in einer natürlichen Landschaft mit warmen, erdigen Farben. Die herbstlichen Bäume stehen für Veränderung, während der felsige Weg die Höhen und Tiefen des Lebens widerspiegelt.

Der Narr steht gelassen auf einem Felsvorsprung. Im nächsten Moment könnte er abrutschen, doch das kümmert ihn nicht. Seine Unbeschwertheit verweist auf die Risiken seines unbewussten Handelns, ein Symbol für die Balance zwischen Vertrauen und Verantwortung.

Symbolik der Karte "Der Narr"

✳ **Der Schmetterling:** Ein Schmetterling flattert neben dem Narren und steht für Transformation und Leichtigkeit. Er ermutigt dazu, sich dem Wandel hinzugeben und darauf zu vertrauen, dass jede Veränderung Teil eines größeren Prozesses ist. Oder glaubst du, dass die Raupe ahnt, wenn sie sich verpuppt, dass sie sich später in einen prachtvollen Schmetterling verwandelt?

Vergleich mit dem ursprünglichen Rider-Waite-Tarot

✦ **Hund:** Im Rider Waite Tarot ist der Hund aktiv und springt hinter dem Narren her, als würde er ihn vor der Gefahr warnen oder vor Freude jauchzen. In dieser Darstellung sitzt der Hund ruhig und blickt den Narren mit erwartungsvoller Gelassenheit an. Er gibt ihm einen Moment der Stille, während er geduldig darauf wartet, dass die Reise endlich beginnt.

✦ **Abgrund:** Im Rider Waite Tarot steht der Narr mit erhobenem Kopf und sorgloser Haltung am Rand eines steilen Abgrunds. Diese Szene vermittelt Naivität, blinde Zuversicht und den Mut, ohne Angst ins Unbekannte zu springen. Der Abgrund wirkt wie eine echte Gefahr, die entweder ein großes Abenteuer oder den sicheren Untergang bedeutet.
In dieser Version bleibt der Abgrund erhalten, doch die Szene wirkt weniger dramatisch. Die Umgebung ist weicher, und der Narr scheint in einem spielerischen Moment der Leichtigkeit innezuhalten, bevor er den nächsten Schritt wagt. Es ist, als wüsste er bereits, dass sein Weg ihn nicht ins Verderben führt, sondern Teil eines größeren Plans ist.

✦ **Accessoires:** Im Rider Waite Tarot hält der Narr eine weiße Rose, ein Symbol für Unschuld, Reinheit und spirituelles Vertrauen. Sie steht für das Unberührte und zeigt, dass der Narr frei von Angst seinem Herzen folgt.
In dieser Illustration fehlt die Rose, doch ihre Bedeutung wird durch die natürliche Umgebung und den Schmetterling ersetzt.

✦ **Farbschema:** Im Rider Waite Tarot dominiert **Gelb**, das für Licht, Klarheit, Neugier und grenzenlosen Optimismus steht. Der strahlend gelbe Himmel verleiht der Karte eine ungezähmte Energie.
In der neuen Illustration werden erdige Töne wie Gelb, Orange und Braun verwendet. **Orange** symbolisiert Lebensenergie, Wandel und innere Wärme und zeigt den Narren als jemanden, der von einer inneren Flamme angetrieben wird. **Braun** steht für Stabilität, Erdverbundenheit und Sicherheit. Es könnte darauf hinweisen, dass der Narr nicht nur ein Träumer ist, sondern auch eine feste Verbindung zur Welt um sich herum besitzt.

Symbolik der Karte "Der Narr"

Suche dir aus jedem beliebigen Tarot-Kartendeck die Karte des Narren und betrachte die Karte genau. Welche Elemente springen dir als erstes ins Auge? Welche Symbole ziehen dich besonders an? Was könnten diese Symbole für dich persönlich bedeuten?

Die Symbole der Karte "Der Narr"

Symbole interpretieren

1 Der Hund steht für Instinkt und Loyalität. Was symbolisiert er für dich persönlich? Siehst du ihn als treuen Begleiter, der dich auf deiner Reise beschützt? Oder ist er ein Warnsignal, das dich auf mögliche Gefahren aufmerksam macht? Überlege, welche Bedeutung der Hund in deinem Leben haben könnte und warum er gerade jetzt in dein Bewusstsein tritt.

Der Hund als Symbol

2 Der Abgrund kann viele Bedeutungen haben, je nachdem, wie du ihn betrachtest. Siehst du ihn als Gefahr oder Herausforderung? Vielleicht erkennst du darin eine Chance, dich ins Unbekannte zu wagen und Vertrauen in das Leben zu entwickeln. Was sagt dir dieser Abgrund über deinen eigenen Weg und deine Bereitschaft, neue Schritte zu gehen?

Der Abgrund als Symbol

3 Überlege, welche „Lasten" du in deinem eigenen Leben mit dir herumträgst. Was ist es, das dir wirklich wichtig ist und dich auf deinem Weg unterstützt? Stell dir vor, du packst deinen eigenen Rucksack. Was bleibt, was darf gehen?

Der Rucksack als Symbol

Symbolik der Karte "Der Narr"

Wenn du ein zusätzliches Symbol auf die Karte setzen könntest, welches wäre das? Warum würdest du es wählen, und was würde es repräsentieren?

Dein eigenes Symbol

Eigenschaften der Karte "Der Narr"

Positive Eigenschaften:

- Mut zum Neubeginn
- Optimismus
- Neugierde
- Leichtigkeit und Unbeschwertheit
- Vertrauen in sich selbst und in die Welt
- Unvoreingenommenheit
- Reinen Herzens
- Kreativität und Offenheit für neue Perspektiven

Weitere positive Eigenschaften

Negative Eigenschaften:

- Naivität und Unachtsamkeit
- Übermut
- Unverantwortlichkeit
- Blindheit der Welt gegenüber
- Unrealistische Erwartungen
- Zu hohe Risikobereitschaft, ohne über Konsequenzen nachzudenken

Weitere negative Eigenschaften

Botschaften der Karte "Der Narr"

Vertraue dem Leben, der erste Schritt ist der wichtigste.

Die Karte des Narren lädt dich ein, mutig ins Unbekannte zu treten. Sie erinnert daran, dass jede große Reise mit einem einzigen Schritt beginnt. Auch wenn nicht alle Antworten bereitliegen oder kein fester Plan existiert, zeigt der Narr, dass Vertrauen ins Leben neue Möglichkeiten eröffnet. Dieser erste Schritt ist oft der schwerste, da er Unsicherheiten mit sich bringt. Doch genau darin liegt die Magie eines Neubeginns. Wer den Mut hat, Ängste loszulassen, schafft Raum für Wachstum und Veränderung.

Lass die Vergangenheit hinter dir. Das Leben wartet auf dich.

Der Narr trägt nur einen kleinen Rucksack. Er nimmt lediglich das Nötigste mit und lässt alte Lasten hinter sich. Diese Symbolik erinnert daran, Enttäuschungen, Ängste und Fehler loszulassen, um sich auf das zu konzentrieren, was vor einem liegt. Die Vergangenheit darf nicht zur Fessel werden. Der Narr zeigt, dass mit Leichtigkeit und Zuversicht neue Wege beschritten werden können, frei von der Schwere alter Geschichten.

Folge deiner inneren Freude, sie zeigt dir den Weg.

Der Narr betrachtet die Welt mit Neugier und Begeisterung. Sein Lächeln erinnert daran, dass Freude ein verlässlicher Wegweiser sein kann. Wer das tut, was ihn wirklich erfüllt, findet oft seine wahre Richtung. Diese Karte ermutigt dazu, den eigenen Leidenschaften zu folgen, selbst wenn sie unpraktisch erscheinen oder von anderen belächelt werden. Das Leben gewinnt an Tiefe, wenn der Ruf der Seele ernst genommen wird.

Risiken gehören zum Leben – aber auch Chancen.

Der Narr verkörpert die Balance zwischen Mut und Unbedachtheit. Obwohl er sich einem Abgrund nähert, geht er voller Vertrauen weiter. Diese Karte erinnert daran, dass jedes Risiko auch eine Möglichkeit in sich trägt. Die Angst vor dem Scheitern sollte nicht davon abhalten, neue Wege zu erkunden. Gleichzeitig weist der Hund im Bild darauf hin, dass Instinkt und Achtsamkeit vor unnötigen Gefahren schützen können.

Lebe im Moment – die Gegenwart ist alles, was zählt.

Mit geschlossenen Augen und einem Lächeln auf den Lippen genießt der Narr den Moment. Er sorgt sich weder um das Morgen noch um das Gestern. Diese Karte lädt dazu ein, vollständig im Hier und Jetzt zu sein. Wer sich zu sehr mit Gedanken an die Vergangenheit oder Zukunft aufhält, verpasst die Schönheit des Augenblicks. Der Narr zeigt, dass das Leben genau jetzt geschieht und dass es in vollen Zügen genossen werden darf.

Reflexion zur Botschaft des Narren

★ Mut zum Neubeginn

Gibt es in deinem Leben aktuell eine Situation, die einen Neubeginn erfordert? Was hält dich davon ab, den ersten Schritt zu machen? Sind es Ängste, Unsicherheiten oder äußere Umstände?

Welche neuen Möglichkeiten oder Abenteuer möchtest du in deinem Leben beginnen, und wie kannst du mit einem offenen Herzen und einer spielerischen Haltung an diesen Neubeginn herangehen?

★ Leben im Moment

Der Narr lebt im Hier und Jetzt. Gibt es Momente, in denen du dich zu sehr mit der Vergangenheit oder der Zukunft beschäftigst? Welche?

Wie kannst du dich von der Last der Vergangenheit oder der Angst vor der Zukunft befreien, um den Moment in seiner vollen Schönheit zu erleben? Was würde sich verändern, wenn du jeden Tag mit der Neugierde und Unbeschwertheit eines Narren leben würdest, ohne zu wissen, was als Nächstes kommt?

★ Umgang mit Risiken

Der Narr geht Risiken ein, manchmal sogar unüberlegt. Was war das letzte Risiko, das du eingegangen bist? Wie hat es sich für dich ausgezahlt – oder auch nicht?

Gibt es etwas, das du wagen möchtest, dich aber bisher nicht getraut hast? Was wäre der erste kleine Schritt, den du unternehmen könntest?

Reflexion zur Botschaft des Narren

✦ Mut und Intuition

Wann hast du zuletzt etwas getan, ohne vorher alle Konsequenzen zu kennen? Verlässt du dich mehr auf deinen Verstand oder auf deine Intuition? Was würdest du tun, wenn du keine Angst hättest? Schreibe alles auf, ohne zu zensieren oder nachzudenken. Lies dir den Text danach durch und frage dich: Welche dieser Dinge könntest du tatsächlich umsetzen?

✦ Der Narr in deinem Leben

Welche Eigenschaften des Narren bewunderst du, welche eher nicht? Gibt es jemanden in deinem Leben, der dich an die Eigenschaften des Narren erinnert?

Wenn du nur an heute denkst, ohne über Vergangenes zu urteilen oder für die Zukunft zu planen, was ist dir wichtig und was macht dich glücklich? Hier und jetzt.

Versuche für einen Tag, wie der Narr zu sein: Gehe mit Offenheit, Neugier und ohne vorgefertigte Erwartungen in Situationen. Probiere etwas Neues aus oder sprich mit einer fremden Person, ohne dir Gedanken über das Ergebnis zu machen. Notiere am Abend, wie es sich angefühlt hat und ob es dir neue Wege geöffnet hat.

Nimmst du das Leben manchmal zu ernst? Wo könntest du mehr Leichtigkeit hineinbringen? Wann hast du zuletzt etwas aus reiner Freude heraus getan, ohne ein konkretes Ziel zu verfolgen?

Kreative Aufgaben "Der Narr"

 Zeichne deine persönliche Narrenreise

Zeichne eine Landschaft, einen Weg oder eine symbolische Startposition für deine Reise. Vielleicht stehst du auf einer Klippe (wie der Narr auf der Karte), an einer Weggabelung oder in einem offenen Feld voller Möglichkeiten.

- Was nimmst du auf deine Reise mit? Zeichne oder schreibe 3 Dinge oder Werte, die du auf deine Reise mitnehmen möchtest (z. B. Mut, Freude, Vertrauen).
- Wohin geht die Reise? Lasse das Ziel offen oder zeichne Symbole für Möglichkeiten: eine Sonne, einen versteckten Pfad, ein geheimnisvolles Tor.
- Zeichne zum Schluss eine innere Kraft oder einen Leitstern, der dich begleitet.

 Schreibe an dein zukünftiges Ich

Stelle dir vor, dass du am Anfang eines neuen Abenteuers stehst. Du weißt noch nicht genau, wohin es dich führen wird, aber du hast Vertrauen.

- Beginne den Brief mit: *„Liebes zukünftiges Ich, heute beginne ich eine Reise. Ich weiß noch nicht genau, was mich erwartet, aber ich weiß, dass ich daran wachsen werde…"*
- Schreibe über deine Hoffnungen, Träume, und vielleicht auch die Ängste, die du loslassen möchtest. Was wünschst du dir für dein zukünftiges Ich?

 Deine Botschaft des Narren

Ziehe die Karte des Narren aus deinem Deck und meditiere über sie. Stelle dir vor, du stehst vor einer Brücke und du gehst mit sicheren Schritten über diese Brücke, aber du weißt nicht, was auf der anderen Seite auf dich wartet. Was entdeckst du auf der anderen Seite? Hat der Narr eine bestimmte Botschaft für dich? Notiere deine Erkenntnisse.

Noch mehr Übungen und Reflexionsfragen

✦• Plane etwas Neues

Gibt es etwas, das du schon lange tun möchtest, aber immer wieder aufschiebst? Vielleicht eine Reise, die du antreten willst, ein kreatives Projekt, das du verwirklichen möchtest, oder eine mutige Entscheidung, die längst überfällig ist?

- Überlege, was dich davon abhält. Ist es Angst vor dem Ungewissen, Zweifel an deinen Fähigkeiten oder die Sorge vor möglichen Konsequenzen? Was wäre das Schlimmste, das passieren könnte und was das Beste? Oft sind es unsere eigenen Gedanken, die uns bremsen, während die Realität viel offener und freundlicher ist, als wir erwarten.
- Schreibe auf, was zur Umsetzung deines Vorhabens wichtig ist. Welche kleinen Schritte kannst du heute gehen, um deinem Ziel näherzukommen? Vielleicht ist es eine Recherche, ein erstes Gespräch oder einfach die bewusste Entscheidung, dich nicht länger zurückzuhalten.
- Mache den ersten Schritt und vertraue darauf, dass der Weg sich mit jedem weiteren Schritt zeigen wird.

✦• Beobachte deinen Alltag

Was bedeutet für dich ein Narr? Siehst du ihn als unbeschwerten Abenteurer, der voller Neugier das Leben erkundet, oder als jemanden, der leichtsinnig ins Ungewisse springt?

- Gibt es Momente, in denen du selbst wie der Narr handelst, spontan und ohne lange nachzudenken? Wie fühlst du dich in solchen Situationen? Erlebst du sie als befreiend oder hast du danach das Gefühl, unvorsichtig gewesen zu sein?
- Überlege, in welchen Bereichen deines Lebens du dir mehr Leichtigkeit und Vertrauen wünschst. Gibt es einen Bereich, in dem du dich weniger von Zweifeln oder der Meinung anderer bremsen lassen möchtest?

★ Affirmationen für Vertrauen, Freiheit & Neubeginn

Überlege dir 3 Affirmationen, die dir helfen, das Unbekannte nicht als Bedrohung, sondern als Möglichkeit zu sehen.
Beispiel "Ich lasse die Angst los und wage den ersten Schritt."
"Ich entdecke die Welt mit kindlicher Neugier."
"Ich vertraue darauf, dass mein Weg sich zeigt, wenn ich mutig gehe."

Der Narr

"Der Narr" ist die erste Karte der großen Arkana im Tarot und symbolisiert den Anfang einer Reise, sei es im Leben oder im spirituellen Wachstumsprozess. Er steht für Neuanfänge, Unschuld und das Vertrauen in das Leben. Mit einem offenen Herzen und einer neugierigen Haltung geht der Narr in die Welt, ohne Angst vor den Herausforderungen, die vor ihm liegen.

Oft wird er als naiv und mutig im Unwissen dargestellt, doch seine Reise zeigt uns, dass es gerade der erste Schritt ins Ungewisse ist, der uns zu tiefgreifenden Erkenntnissen führt. Der Narr erinnert uns daran, uns von unserer Intuition leiten zu lassen und dem Universum zu vertrauen, auch wenn der Weg noch nicht klar ist.

Was hast du aus der Arbeit mit der Karte des Narren gelernt? Gibt es eine Erkenntnis, die du für dich daraus gewonnen hast? Notiere am Ende deine Gedanken und Gefühle dazu.

1 Der Magier

1 Der Magier

Die Reise des Narrens und Lehren des Magiers

Zu Beginn seiner Reise begegnet der Narr dem Magier. Offen, neugierig und bereit zu lernen, trifft er auf seinen ersten Lehrer. Der Magier zeigt ihm, dass er selbst die Macht besitzt, sein Leben aktiv zu gestalten. Alles, was er dafür braucht, trägt er bereits in sich. Es geht nicht darum, im Außen nach etwas zu suchen, sondern zu erkennen, dass alles Wesentliche schon vorhanden ist.

Auf dem Tisch des Magiers liegen vier Symbole: der Kelch, das Schwert, der Stab und das Pentakel. Sie stehen für die vier Elemente Wasser, Luft, Feuer und Erde und repräsentieren Emotionen, Verstand, Willenskraft und die materielle Welt.

Die Lehren des Magiers

- **Alles, was du brauchst, ist bereits in dir:** Der Magier lehrt den Narren, dass er bereits über alle Werkzeuge verfügt, die er für seinen Weg braucht. Die Herausforderung besteht nicht darin, etwas Neues zu finden, sondern sich der eigenen Fähigkeiten bewusst zu werden.
- **Deine Gedanken und dein Glaube formen deine Realität:** Der Magier hebt eine Hand zum Himmel und zeigt mit der anderen auf die Erde. Diese Geste symbolisiert die Verbindung zwischen Geist und Materie. Er macht dem Narren bewusst, dass Gedanken Realität erschaffen und dass er die Fähigkeit besitzt, seine Visionen in die Welt zu bringen. Alles, was er denkt, fühlt und glaubt, formt seine Wirklichkeit.
- **Energie folgt der Aufmerksamkeit:** Worauf sich der Narr konzentriert, das wächst. Der Magier zeigt ihm, dass es entscheidend ist, seinen Geist bewusst zu lenken, anstatt von äußeren Umständen bestimmt zu werden.

Diese Begegnung markiert den Übergang vom unbewussten zum bewussten Handeln. Der Narr erkennt, dass sein Schicksal nicht dem Zufall überlassen ist, sondern in seinen Händen liegt. Erfolg hängt nicht allein von äußeren Bedingungen ab, sondern von seiner Fähigkeit, Chancen zu erkennen und zu nutzen.

Der Magier schenkt ihm nicht nur Wissen und Techniken, sondern auch das Bewusstsein für seine eigene Stärke. Er vermittelt ihm die entscheidende Lektion, dass Intention, Handeln und das Wissen um die eigenen Ressourcen der Schlüssel sind, um Herausforderungen zu meistern und Träume zu verwirklichen.

Symbolik der Karte "Der Magier"

✳ **Der Magier:** Das Bild zeigt den Magier als Symbol für Kreativität, Bewusstsein und die Fähigkeit, das eigene Schicksal aktiv zu gestalten. Die spiralförmigen Pflanzenranken und die alchemistischen Symbole auf seiner Kleidung verdeutlichen seine Rolle als Vermittler zwischen Chaos und Ordnung.
Sein selbstsicherer Blick strahlt Kontrolle und inneres Wissen aus. Er versteht, dass er mit Willenskraft und Fokus seine Realität formen kann. Der Magier wirkt sowohl konzentriert als auch zugänglich, was ihn zu einem Lehrer macht, der Wissen und Schöpferkraft weitergibt.

✳ **Die vier Elemente:** Die Darstellung des Magiers verbindet die Kernelemente des Tarots mit symbolischen Details. Die vier klassischen Elemente sind in seiner Umgebung subtil eingebettet:
  • Das Messer (Luft) steht für Klarheit und die Fähigkeit, Entscheidungen zu treffen.
  • Der Becher (Wasser) symbolisiert emotionale Tiefe und die Kraft der Vorstellung.
  • Das Pentakel (Erde) zeigt die Verbindung zur materiellen Welt.
  • Der Stab (Feuer) verkörpert Willenskraft und Schöpfungskraft.
Diese Werkzeuge spiegeln die Fähigkeit des Magiers wider, seine Umgebung bewusst zu gestalten und die Elemente gezielt zu lenken.

✳ **Der Hut:** Der Magier trägt einen auffälligen Hexenhut, der mit Symbolen und leuchtenden Details geschmückt ist. Diese Verzierungen repräsentieren die Verbindung zwischen der geistigen und der natürlichen Welt und unterstreichen seine Rolle als Vermittler zwischen dem Irdischen und dem Spirituellen. Der Hut selbst erinnert an die Kopfbedeckungen alter Mystiker, Magier und Alchemisten, die ihr Wissen über die universellen Gesetze nutzten, um Veränderungen herbeizuführen.

✳ **Die Sternform auf der Stirn:** Dieses Symbol steht für Weisheit, Intuition und die Fähigkeit, universelle Energien bewusst zu lenken. Es betont die erleuchtete Natur des Magiers und seine tiefe Verbindung zum höheren Wissen. In vielen esoterischen Traditionen wird die Stirn als Sitz des dritten Auges betrachtet, das für spirituelle Erkenntnis, Wahrnehmung über das Sichtbare hinaus und die Fähigkeit zur Manifestation steht. Die Platzierung des Sterns an dieser Stelle unterstreicht, dass der Magier nicht nur durch seine äußeren Werkzeuge wirkt, sondern vor allem durch sein inneres Wissen und seine bewusste Ausrichtung auf höhere Wahrheiten.

Symbolik der Karte "Der Magier"

Vergleich mit dem ursprünglichen Rider-Waite-Tarot

✦ **Die Pose:** In der klassischen Rider-Waite-Karte steht der Magier in einer kraftvollen Haltung. Mit der einen Hand weist er zum Himmel, mit der anderen zur Erde. Diese Geste symbolisiert das hermetische Prinzip „Wie oben, so unten". Die Idee dahinter ist, dass das Geistige und das Materielle untrennbar miteinander verbunden sind. Er ist der Vermittler zwischen diesen beiden Welten und zeigt, dass wahre Schöpfungskraft aus der bewussten Lenkung von Gedanken in die Realität entsteht.

Das Unendlichkeitszeichen (∞) über dem Kopf des Magiers in der Rider-Waite-Tarotkarte ist ein kraftvolles Symbol für Grenzenlosigkeit, kosmische Energie und das ewige Potenzial des Bewusstseins. Es zeigt, dass der Magier Zugang zu einer unerschöpflichen Quelle von Wissen und Macht hat, wenn er lernt, sie bewusst zu lenken.

Im Gegensatz dazu verzichtet die alternative Darstellung in diesem Buch auf die ikonische Pose und statt dem Uendlichkeitszeichen hat der Magier einen Stern auf der Stirn. Während der klassische Magier als dominanter Gestalter seiner Welt erscheint, vermittelt die neue Version mehr Individualität und Kreativität. Sie legt den Fokus auf Intuition und persönliches Wachstum, anstatt auf reine Kontrolle über die Elemente.

✦ **Die Verbindung zur Natur:** Die Rider-Waite-Karte zeigt den Magier vor einem Tisch mit vier wichtigen Symbolen: Stab, Becher, Schwert und Pentakel. Diese repräsentieren die vier Elemente (Feuer, Wasser, Luft und Erde) sowie die vier Aspekte der menschlichen Erfahrung: Wille, Emotion, Verstand und Materie. Der Magier hat Zugang zu allen diesen Kräften und nutzt sie gezielt für seine Vorhaben.

Die alternative Version hingegen betont stärker die Verbindung zur Natur. Spiralförmige Pflanzen und florale Motive weisen darauf hin, dass die schöpferische Energie nicht nur durch gezielte Willenskraft, sondern auch durch ein harmonisches Eingebundensein in die natürlichen Rhythmen entsteht. Während der Rider-Waite-Magier seine Umwelt bewusst formt, scheint der Magier dieser Interpretation die Magie aus der Natur selbst zu ziehen, als eine sanftere, organische Art der Manifestation.

✦ **Emotionalität und Intuition:** Der Rider-Waite-Magier strahlt Selbstsicherheit, Kontrolle und geistige Meisterschaft aus. Er verkörpert den bewussten Schöpfer, der sein Wissen nutzt, um Realität zu formen. Die klare Haltung, der direkte Blick und die durchdachte Anordnung der Symbole zeigen, dass er sich seiner Kraft vollkommen bewusst ist.

In der alternativen Darstellung wird die Figur weicher gezeichnet, mit wärmeren Farben und einer offeneren, weniger starren Symbolik. Dies legt nahe, dass wahre Macht nicht nur aus Wissen und Kontrolle, sondern auch aus Intuition, Gefühl und spielerischer Kreativität entsteht.

Symbolik der Karte "Der Magier"

Suche dir aus jedem beliebigen Tarot-Kartendeck die Karte des Magiers und betrachte die Karte genau. Welche Elemente springen dir als erstes ins Auge? Welche Symbole ziehen dich besonders an? Was könnten diese Symbole für dich persönlich bedeuten?

Die Symbole der Karte "Der Magier"

Symbole interpretieren

1 Wo in deinem Leben erkennst du dein eigenes grenzenloses Potenzial? Wie kannst du deine Energie bewusst lenken, um positive Veränderungen zu erschaffen? Wo kannst du deinen Fokus und deine Gedanken bewusster einsetzen, um dein Leben aktiv zu gestalten?

Das Unendlichkeitszeichen über dem Kopf des Magiers ∞

2 Die Pose des Magiers symbolisiert die Verbindung zwischen der geistigen und der materiellen Welt. Was bedeutet für dich persönlich diese Balance zwischen dem Spirituellen und dem Materiellen? Fühlst du dich manchmal zu sehr in einer dieser Welten verhaftet – entweder in rationalen, weltlichen Zielen oder in Gedanken, die sich nur um das Spirituelle drehen?
Überlege, wie du beide Aspekte in deinem Leben in Einklang bringen kannst.

Das Pose als Verbindung zwischen Himmel und Erde

3 Wie kannst du dem inneren Stern deiner Intuition folgen, selbst wenn der Weg unklar erscheint? Welche Weisheit trägst du bereits in dir, die du bisher vielleicht übersehen oder nicht vollkommen anerkannt hast? Was hilft dir, sie zu erkennen?

Der Stern als Symbol

Symbolik der Karte "Der Magier"

Wenn du ein zusätzliches Symbol auf die Karte setzen könntest, welches wäre das? Warum würdest du es wählen, und was würde es repräsentieren?

Dein eigenes Symbol

Eigenschaften der Karte "Der Magier"

Positive Eigenschaften:

- Kreative Kraft
- Fokus und Kontrolle
- Selbstbewusstsein
- Selbstermächtigung
- Kreativität und Innovation
- Bewusstsein für eigene Ressourcen

Weitere positive Eigenschaften

Negative Eigenschaften:

- Manipulation
- Täuschung
- Arroganz
- Selbstüberschätzung
- Isolation durch Kontrolle
- Überforderung durch viele Möglichkeiten
- Machtmissbrauch durch Wissen

Weitere negative Eigenschaften

Botschaften der Karte "Der Magier"

Alles, was du brauchst, hast du in dir.

Der Magier erinnert uns daran, dass wir alle Fähigkeiten, Talente und Ressourcen bereits besitzen. Oft suchen wir nach äußeren Lösungen oder glauben, dass uns etwas fehlt. Doch die Wahrheit ist: Alles, was wir brauchen, steckt bereits in uns.

Diese Karte ermutigt dazu, Selbstvertrauen zu entwickeln und die eigenen Stärken bewusst wahrzunehmen. Der Magier lädt dich ein, innezuhalten und dein Potenzial zu erkennen. Es liegt an dir, dein Potenzial zu nutzen.

Setze deinen Willen ein, um deine Realität zu formen.

Der Magier steht für Willenskraft und die Macht der Intention. Gedanken und gezielte Handlungen formen unsere Wirklichkeit. Jede Veränderung beginnt mit einer Idee. Der bewusste Einsatz dieser Idee kann Großes bewirken.

Diese Botschaft inspiriert dazu, die eigene Schöpferkraft zu nutzen. Anstatt passiv zu bleiben, fordert der Magier dich auf, Verantwortung für dein Leben zu übernehmen und aktiv die Realität zu gestalten, die du dir wünschst.

Verbinde das Spirituelle mit dem Materiellen.

Der Magier symbolisiert die Balance zwischen Himmel und Erde, zwischen Geist und Handlung. Er zeigt, dass Träume nicht nur in Gedanken existieren sollten, sondern durch aktives Tun Wirklichkeit werden können.

Sei der Alchemist deines Lebens.

Der Magier erinnert uns daran, dass wir die Kraft haben, scheinbar Unvereinbares zu vereinen und Neues zu erschaffen. Wie ein Alchemist verwandelt er Blei in Gold. So können auch Herausforderungen zu Chancen werden, Schmerz zu Wachstum oder Chaos in Harmonie gewandelt werden. Anstatt sich von Hindernissen entmutigen zu lassen, zeigt der Magier, dass Transformation immer möglich ist, wenn wir den Mut haben, Neues zu wagen und aus Erfahrungen zu lernen.

Dein Potenzial ist grenzenlos.

Der Magier ist das Symbol unbegrenzter Möglichkeiten. Mit Klarheit, Vertrauen in die eigene Kraft und bewusstem Einsatz unserer Ressourcen können wir Erstaunliches erreichen. Diese Karte ermutigt dich, deine Träume nicht kleinzureden. Der Magier erinnert daran, dass das Universum voller Möglichkeiten ist und dass du die Macht hast, dein Leben immer wieder neu zu erschaffen.

Reflexion zur Botschaft des Magiers

★ Selbstvertrauen und Handeln

Überlege, in welchen Bereichen deines Lebens du am meisten an deinen Fähigkeiten zweifelst. Sind es berufliche Entscheidungen, kreative Projekte oder persönliche Beziehungen? Was genau sagt dein innerer Kritiker, wenn du etwas Neues wagen möchtest?

Wie könntest du diesem Zweifeln mit mehr Selbstvertrauen begegnen? Schreibe eine Liste mit 10 Dingen, egal ob groß oder klein, die du bereits erfolgreich gemeistert hast.

★ Fokus und Klarheit

Welche Ziele möchtest du derzeit erreichen? Was ist dir wirklich wichtig, und warum? Überlege, welche Schritte du konkret unternehmen kannst, um deine Ziele in die Realität umzusetzen. Gibt es eine Handlung, die du heute oder in dieser Woche machen kannst, um deinem Wunsch näherzukommen?

Ablenkung ist der größte Feind des Fokus. Wie kannst du deinen Fokus stärken, um nicht von Ablenkungen oder Zweifeln ausgebremst zu werden? Welche drei Ablenkungen kannst du bewusst reduzieren? Z.B. Handy & Social Media Zeit regulieren oder Arbeitsumgebung optimieren.

★ Schöpferkraft und Kreativität

In welchen Bereichen deines Alltags setzt du deine schöpferische Energie bewusst ein? Schöpfung muss nicht immer etwas Künstlerisches sein. Kreativität zeigt sich in vielen Formen – in der Art, wie du dein Zuhause gestaltest, Herausforderungen löst oder deine Worte wählst.

Schreibe eine Liste mit Möglichkeiten, wie du deine kreative Energie ausleben kannst, sei es durch künstlerisches Schaffen, inspirierende Gespräche oder neue Herangehensweisen.

Reflexion zur Botschaft des Magiers

✦ Innere & äußere Ressourcen

Der Magier steht für Selbstermächtigung, Kreativität und bewusste Gestaltung der Realität. Er erinnert uns daran, dass wir alle Werkzeuge haben, um unser Leben aktiv zu formen.

- Überlege dir, welche „Werkzeuge" stehen dir zur Verfügung (Fähigkeiten, Erfahrungen, Netzwerke, innere Stärke)?
- Schreibe mindestens 5 deiner Ressourcen auf. Nutzt du sie voll aus?

✦ Spiritualität im Alltag

Was bedeutet Spiritualität für dich? Ist sie für dich ein Glaube an etwas Größeres, ein Gefühl von Verbundenheit mit der Welt oder einfach ein bewussterer, achtsamer Umgang mit dir selbst und deinem Leben? Spiritualität muss nicht getrennt vom Alltag existieren. Sie kann sich in kleinen Momenten zeigen, in der Art, wie du mit anderen umgehst, in deiner Dankbarkeit für das, was du hast, oder in den Ritualen, die dir Kraft geben.

Wie kannst du deine spirituellen Werte in deinen Alltag integrieren?

- Schreibe eine Liste mit Möglichkeiten, wie du Spiritualität in dein Leben einbauen kannst, sei es durch Meditation, Gebete, bewusste Pausen, Dankbarkeitstagebuch oder tiefe Gespräche mit anderen.
- Beobachte, wie sich dein Alltag verändert, wenn du bewusster lebst und deine spirituellen Werte aktiv umsetzt.

✦ Setze es in die Realität um

Denke an eine aktuelle Situation, mit der du nicht zufrieden bist und überlege dir, was kannst du heute tun, um diese Situation positiv zu beeinflussen?

Welche innere Einstellung oder Handlung kannst du ändern?

Welche kleinen Schritte kannst du setzen, um deiner Schöpferkraft Raum zu geben?

Welches spannende Projekt steht an? Welches Abenteuer möchtest du in Angriff nehmen? Welches Ziel möchtest du erreichen? Schreibe eine Bucket List mit Dingen, die du in deinem Leben noch machen möchtest und wähle daraus dein nächstes Projekt, das du verwirklichen möchtest.

Kreative Aufgaben "Der Magier"

 Gestalte deinen eigenen Talisman

Zeichne oder schreibe Symbole, die für dich persönlich Macht, Klarheit, Kreativität und Fokus repräsentieren.

- Reflektiere über die Bedeutung dieser Symbole. Warum hast du sie gewählt? Was verbinden sie in deinem Leben?
- Überlege, wie diese Symbole in deinem Alltag präsent sein können, z. B. als Schmuck, Talisman oder Notiz in deinem Tagebuch.

 Dein magischer Schöpfersatz

Worte haben Macht.

- Schreibe eine Liste mit deinen Stärken & Talenten: Welche Fähigkeiten hast du bereits? Was möchtest du in der Welt bewirken? Welche Qualitäten sind deine Superkraft?
- Der Magier nutzt Worte, um Realität zu formen. Formuliere einen magischen Satz, um deine Fähigkeiten zu verstärken. Beispiel: *„Ich erschaffe meine Welt mit Mut, Klarheit und Freude."* Oder: *„Ich bringe meine Magie in die Welt, indem ich meine Wahrheit ausspreche."*
- Schreibe deinen Satz auf ein Blatt Papier und umrande ihn mit Symbolen, die deine Energie verstärken.
- Wiederhole ihn täglich für eine Woche. Lies deinen Schöpfersatz laut vor oder schreibe ihn morgens in dein Journal.

 Deine Botschaft des Magiers

Meditiere über die Karte "Der Magier" und spüre seine Energie. Stell dir vor, du stehst vor einem Spiegel und du siehst dein wahres, magisches Selbst. Du bemerkst, dass ein Licht aus deiner Handfläche leuchtet. Es ist deine eigene kreative Kraft, die Quelle deiner Inspiration und Schöpferkraft. Spüre, wie diese Energie sanft durch dich hineinfließt, durch deinen Körper strömt und dich mit Klarheit, Fokus und Kreativität erfüllt.

Dein Selbst im Spiegel zeigt dir eine Botschaft oder ein Symbol – was erkennst du?

Noch mehr Übungen und Reflexionsfragen

⭐ Klare Ziele setzen (Warum und Was?)

Ein klares Ziel gibt dir eine Richtung und Motivation.
Definiere dein Ziel zum Beispiel nach der SMART-Methode:
- **S**pezifisch: Was genau möchtest du erreichen?
- **M**essbar: Woran erkennst du den Fortschritt?
- **A**ttraktiv: Warum ist dieses Ziel für dich wichtig?
- **R**ealistisch: Ist es machbar, aber dennoch herausfordernd?
- **T**erminiert: Bis wann willst du es erreichen?

⭐ Was hält dich noch auf?

Welche Ängste oder Zweifel sabotieren deine Veränderung? Angst vor Misserfolg, Ablehnung oder nicht gut genug zu sein und alte Überzeugungen oder Gewohnheiten, können uns bremsen oder blockieren.
Gibt es bestimmte Situationen, in denen du immer wieder zögerst, anstatt aktiv zu werden?
- Notiere eine Blockade oder Angst, die dich besonders zurückhält. Z.B. *„Ich traue mich nicht, meine Meinung zu sagen, weil ich Angst habe, nicht ernst genommen zu werden."*
- Dann schreibe drei mögliche Wege auf, wie du sie überwinden kannst. Z.B.:
  - *Mich bewusst daran erinnern, dass meine Meinung wertvoll ist.*
  - *In kleinen Schritten üben, meine Gedanken offen zu teilen.*
  - *Mir Menschen suchen, die mich ermutigen, meine Stimme zu nutzen.*
- Entscheide dich bewusst für eine erste kleine Veränderung. Notiere, wie du dich dabei fühlst und welche neuen Erkenntnisse du gewinnst.

⭐ Affirmationen zur Selbstermächtigung

Schreibe drei Affirmationen, die dich daran erinnern, dass du die Ressourcen besitzt, um dein Leben zu gestalten.
Beispiele: "Ich vertraue auf meine Fähigkeiten und erschaffe meine eigene Realität."
"Ich handle bewusst und klar und weiß, dass ich meine Träume in die Wirklichkeit umsetzen kann."
"Ich gestalte mein Leben kreativ und mutig."

Der Magier

"Der Magier" verkörpert Selbstermächtigung, Klarheit und die bewusste Gestaltung der Realität. Er besitzt alle Werkzeuge, um seine Visionen zu verwirklichen, und verbindet geistige Inspiration mit praktischer Umsetzung.

Er symbolisiert die Fähigkeit, kosmische Energie aufzunehmen und sie durch fokussiertes Handeln in die materielle Welt zu lenken. Er lehrt uns, unsere inneren Ressourcen zu erkennen, unsere Gedanken gezielt auszurichten und mutig Verantwortung für unser Leben zu übernehmen.

Der Magier erinnert uns daran, dass wir die Schöpfer unserer Realität sind und die Magie in uns tragen.

Schreibe abschließend deine Gedanken und Erkenntnisse auf, die du aus der Arbeit mit dem Magier gewonnen hast. Welche Fähigkeiten und Ressourcen hast du in dir entdeckt? Wie kannst du dein Wissen und deine Fähigkeiten anwenden und deine Pläne und Wünsche manifestieren?

2 Die Hohepriesterin

2 Die Hohepriesterin

Die Reise des Narren und die Lehren der Hohepriesterin

Nachdem der Narr den Magier getroffen und gelernt hat, seine Kräfte bewusst einzusetzen, begegnet er der Hohepriesterin. Während der Magier ihn lehrte, seine Fähigkeiten zielgerichtet zu nutzen, führt ihn die Hohepriesterin in die Welt der Tiefe, der verborgenen Wahrheiten und der leisen, aber kraftvollen Einsichten.

Mit ihrem Buch „TORA", das für das universelle Wissen steht, gewährt sie ihm einen Einblick in tiefere Zusammenhänge, die sich nicht durch oberflächliches Wissen, sondern nur durch Selbstreflexion und inneres Erkennen erschließen lassen.

Die Lehren der Hohepriesterin

- **Vertraue deiner Intuition:** Nicht alles kann mit dem Verstand erklärt werden. Manche Wahrheiten erschließen sich erst, wenn du lernst, deiner inneren Stimme zu lauschen. Die Hohepriesterin erinnert daran, dass dein Bauchgefühl oft mehr weiß als dein Kopf.
- **Nicht alles ist sofort sichtbar:** Manche Antworten brauchen Zeit, um sich zu zeigen. Manchmal musst du Geduld üben, bis sich eine Situation oder eine Wahrheit vollständig offenbart. Erkenntnisse reifen wie Früchte zur richtigen Zeit.
- **Stille ist eine Quelle der Kraft:** In einer lauten Welt vergessen wir oft, dass wahre Einsichten in Momenten der Stille entstehen. Die Hohepriesterin lädt dich ein, das Außen für einen Moment auszublenden, um das Innere zu hören.
- **Erkenne das Verborgene in dir:** Tief in dir schlummern ungeahnte Gedanken, Emotionen und Kräfte. Diese Karte fordert dich auf, dich selbst zu erforschen. Wer bist du wirklich, wenn du alles Äußere loslässt?
- **Wissen ist nicht nur in Büchern zu finden:** Wahre Weisheit entsteht nicht nur durch das Lesen oder das Sammeln von Informationen, sondern durch Erfahrung, durch aufmerksames Beobachten und durch das Erkennen von Zusammenhängen.
- **Sei offen für das Mysterium des Lebens:** Nicht alles muss sofort verstanden oder gelöst werden. Die Hohepriesterin lehrt, dass ein Teil der Weisheit darin liegt, das Unbekannte zu akzeptieren und zu vertrauen, dass sich alles zur richtigen Zeit offenbart.

Mit diesen Erkenntnissen verabschiedet sich der Narr. Die Hohepriesterin hat ihm kein fertiges Wissen gegeben, sondern den Mut, seiner eigenen Weisheit zu vertrauen. Nun kann er, mit einem offenen Herzen für die Rätsel des Lebens, seine Reise fortsetzen.

Symbolik der Karte "Die Hohepriesterin"

✳ **Die Hohepriesterin:** Die Darstellung der Hohepriesterin strahlt eine ätherische, geheimnisvolle Aura aus. Sie wirkt ruhig, introspektiv und tief mit innerer Weisheit verbunden. Die warmen, erdigen Farbtöne und goldenen Akzente unterstreichen ihre Verbindung zu spirituellen Wahrheiten. Gleichzeitig vermitteln sie eine Atmosphäre von Ruhe und Stabilität.
Die Hauptsymbole der Karte verdeutlichen ihre Rolle als Hüterin von Geheimnissen, Intuition und verborgenem Wissen.

✳ **Das Buch „TORA":** Das Buch in ihren Armen trägt die Aufschrift „TORA", ein hebräisches Wort, das „Lehre" oder „Weisung" bedeutet. Es symbolisiert universelles Wissen und die verborgenen Geheimnisse des Lebens. Die Hohepriesterin hat Zugang zu diesen höheren Wahrheiten, doch sie gibt sie nur an jene weiter, die bereit sind, sie zu empfangen.

✳ **Der weiße Baum und die schwarzen Haare:** Der weiße Baum an ihrer Seite steht für Reinheit und spirituelles Wachstum. Die schwarzen, langen, prächtig geschmückten Haare der Hohepriesterin symbolisieren das Unbewusste und das verborgene Wissen, das unter der Oberfläche liegt. Während der weiße Baum mit seinen Ästen eine Verbindung zum Sternenhimmel herstellt, scheinen die schwarzen Haare der Hohepriesterin sich wie Wurzeln tief in die Erde hineinzugraben. Die Farben Schwarz und Weiß stehen für Gegensätzlichkeit und Dualismus.

✳ **Der Nachtfalter auf dem Baumstamm und der Schmetterling:** Nachtfalter symbolisieren Transformation, spirituelles Wachstum und die Fähigkeit, im Dunkeln zu navigieren. Während Schmetterlinge für sichtbare Veränderung stehen, verkörpert der Nachtfalter eine tiefere, unaufdringliche Transformation. Er bewegt sich durch die Nacht, geführt von Lichtquellen, so wie die Hohepriesterin uns lehrt, der inneren Führung zu folgen, selbst wenn der Weg nicht klar erkennbar ist.

✳ **Die geschlossenen Augen:** Ihre geschlossenen Augen zeigen, dass sie nach innen blickt und ihre Weisheit aus ihrer inneren Stimme schöpft. Was dem bloßen Auge verborgen bleibt, wird durch Intuition sichtbar. Die Hohepriesterin urteilt nicht nach dem, was sie sieht, sondern vertraut ihrem Gefühl.

✳ **Die kleinen Lichter:** Die kleinen leuchtenden Symbole in ihrer Umgebung stehen für Erleuchtung und die Orientierung in der Dunkelheit. Sie erinnern an Sterne und Monde und symbolisieren die tiefe spirituelle Verbindung der Hohepriesterin mit dem Universum.

Symbolik der Karte "Die Hohepriesterin"

Vergleich mit dem ursprünglichen Rider-Waite-Tarot

✦ **Die Umgebung und ihre Symbole:** In der Rider-Waite-Darstellung sitzt die Hohpriesterin zwischen zwei Säulen: einer schwarzen (Boaz) und einer weißen (Jachin). Diese stehen für Gegensätze wie Licht und Dunkelheit, Bewusstes und Unbewusstes, männliche und weibliche Energie. Die Hohepriesterin befindet sich in der Mitte, denn sie versteht, dass wahres Wissen nicht in Extremen liegt, sondern im Gleichgewicht.

Hinter ihr hängt ein Schleier mit Granatapfel-Motiven, die für Fruchtbarkeit und verborgenes Wissen stehen. Der Schleier verdeckt, was hinter ihr liegt. Er zeigt, dass es Ebenen der Realität gibt, die nicht sofort zugänglich sind.

Das blaue Kleid der Hohepriesterin fällt in Wellen wie fließendes Wasser. Auch im Hintergrund ist Wasser zu erkennen. Wasser ist das Element der Gefühle, des Unterbewusstseins und der spirituellen Tiefe. Es symbolisiert, dass Wissen nicht nur rational, sondern auch intuitiv erfasst werden muss. Es lädt dazu ein, in die Tiefe der eigenen Seele zu tauchen und verborgene Schichten des Selbst zu entdecken.

Im Gegensatz dazu setzt die Darstellung im Buch den Fokus stärker auf Natur und persönliche Intuition. Während die Rider-Waite-Version eher formal und traditionell wirkt, vermittelt diese Interpretation eine fließende, organische Energie und eine tiefere Verbundenheit mit der Erde. Der Nachtfalter, die leuchtenden Symbole und die spiralförmigen Ranken unterstreichen ihre Rolle als Mittlerin zwischen innerer Weisheit und spirituellem Wachstum.

✦ **Religion und Glaube:** In der Rider-Waite-Karte vereint die Hohepriesterin Symbole verschiedener Religionen. Sie trägt ein Kreuz um den Hals und hält in ihren Händen das Buch „Tora", ein zentrales Schriftstück des jüdischen Glaubens. Ihr Kopfschmuck erinnert an die Krone der ägyptischen Göttin Hathor und zu ihren Füßen liegt ein Halbmond. Er steht für das Unbewusste, die Emotionen und die Zyklen des Lebens. Der Halbmond bzw. die Mondsichel ist aber auch ein Symbol des Islam.

Diese Darstellung verleiht der Karte eine universelle Botschaft, denn sie betrachtet alle Glaubensrichtungen als gleichwertig und urteilt nicht über religiöse Wahrheiten.

In der alternativen Version in diesem Buch ist die Hohepriesterin stärker mit der Natur verwurzelt. Der Baum, die verwurzelten Haare, der Nachtfalter und Schmetterling betonen ihre Verbindung zur Erde, zur Natur und zur heidnischen Welt. Während das klassische Deck eine sakrale Atmosphäre vermittelt, steht diese Interpretation für eine spirituelle Weisheit, die sich aus den Rhythmen der Natur formt.

Symbolik der Karte "Die Hohepriesterin"

Suche dir aus jedem beliebigen Tarot-Kartendeck die Karte der Hohepriesterin und betrachte die Karte genau. Welche Elemente springen dir als erstes ins Auge? Welche Symbole ziehen dich besonders an? Welche Bedeutung könnten die Symbole für dich persönlich haben?

Die Symbole der Karte "Die Hohepriesterin"

Symbole interpretieren

1 Die Hohepriesterin hält ein Buch mit der Aufschrift „TORA", das für geheimes Wissen und universelle Weisheit steht. Was bedeutet für dich das Konzept von verborgenem Wissen? Wie gehst du mit Themen um, die du nicht sofort oder gar nicht verstehst?

Das Buch „TORA"

2 Die Verbindung zur Natur und die Rolle des Mondes stehen für Zyklen, Intuition und Transformation. Wie beeinflussen Zyklen und Veränderungen dein Leben? Erkennst du Muster oder Phasen in deinem Alltag, die sich wiederholen?

Natur und Mond

3 In der klassischen Rider-Waite-Karte sitzt die Hohepriesterin zwischen zwei Säulen, die die Dualität von Licht und Schatten symbolisieren. Wo in deinem Leben spürst du Gegensätze oder Konflikte zwischen Licht und Schatten oder Bewusstsein und Unterbewusstsein?

Die Bedeutung von Dualität

Symbolik der Karte "Die Hohepriesterin"

Wenn du ein zusätzliches Symbol auf die Karte setzen könntest, welches wäre das? Warum würdest du es wählen, und was würde es repräsentieren?

Dein eigenes Symbol

Eigenschaften der Karte "Die Hohepriesterin"

Positive Eigenschaften:

- Tiefgründig
- Tiefe Erkenntnis
- Weise
- Geduldig
- Mystisch und geheimnisvoll
- Spirituell verbunden
- Empathisch
- Vertrauen in die Intuition

Weitere positive Eigenschaften

Negative Eigenschaften:

- Passiv
- Zurückgezogen
- Übermäßig nach innen gekehrt
- Vertrauen in die Intuition
- Zögerlich
- Emotional distanziert
- Unklarheit und Unsicherheit

Weitere negative Eigenschaften

Botschaften der Karte "Die Hohepriesterin"

Vertraue auf deine Intuition.

Die Hohepriesterin erinnert dich daran, dass deine innere Stimme oft die ehrlichste Führung bietet. Doch im hektischen Alltag wird diese leise Weisheit leicht vom äußeren Lärm überdeckt. Sie ermutigt dich, bewusst innezuhalten und deine Intuition wahrzunehmen. Wenn du vor einer schwierigen Entscheidung stehst, frage dich: „Was spüre ich tief in mir?" und beobachte, wohin dich dein Gefühl führt.

Weisheit kommt aus der Stille.

Tiefe Erkenntnisse offenbaren sich nicht in Hektik, sondern in Momenten der Ruhe. Wenn du dich ständig ablenkst, verlierst du den Zugang zu deinem inneren Wissen. Die Hohepriesterin lädt dich ein, bewusst Stille zu suchen, um Klarheit zu gewinnen. Nimm dir regelmäßig Zeit, um einfach nur zu sein. Lausche deinen Gedanken, ohne sie zu bewerten. Welche Einsichten zeigen sich, wenn du still wirst?

Akzeptiere die Dualität des Lebens.

Die Hohepriesterin sitzt zwischen den Säulen der Gegensätze – Licht und Dunkelheit, Bewusstsein und Unbewusstes. Sie erinnert dich daran, dass Gegensätze nicht bekämpft, sondern verstanden und integriert werden müssen. Wahre Harmonie entsteht, wenn du beide Seiten akzeptierst. Wo in deinem Leben gibt es Gegensätze? In deinen Beziehungen, in deinen Entscheidungen oder in dir selbst? Kannst du beide Seiten wertschätzen, ohne eine davon abzulehnen?

Alles hat seine Zeit.

Nicht alles lässt sich sofort lösen. Erkenntnisse und Entwicklungen brauchen ihre eigene Reife. Die Hohepriesterin lehrt dich, mit dem Fluss des Lebens zu gehen, anstatt gegen ihn anzukämpfen. Wenn du ungeduldig bist oder das Gefühl hast, dass etwas nicht schnell genug geschieht, erinnere dich an die Natur. Ein Samen wächst nicht über Nacht zu einem prächtigen Baum. Auch persönliches Wachstum benötigt Zeit und Vertrauen.

Gehe in die Tiefe.

Oberflächliche Antworten und schnelle Lösungen führen selten zu echter Erkenntnis. Die Hohepriesterin fordert dich auf, tiefer zu blicken. Was liegt unter der Oberfläche? Welche verborgenen Aspekte einer Situation übersiehst du? Wenn du vor einer Herausforderung stehst, frage dich: „Was steckt wirklich dahinter?" Erkunde, welche emotionalen, geistigen oder unbewussten Kräfte wirken. Dort liegt die wahre Weisheit.

Reflexion zur Botschaft der Hohepriesterin

★ Vertraue deiner Intuition

Hörst du auf dein Bauchgefühl? In welchen Situationen folgst du deiner Intuition ganz automatisch? Fällt es dir leicht, deine innere Stimme wahrzunehmen, oder überhörst du sie manchmal?

Gibt es Momente, in denen du eher deinem Verstand oder äußeren Meinungen vertraust? Notiere drei Situationen, in denen du in Zukunft bewusster auf deine innere Stimme hören möchtest, auch wenn du dich unsicher fühlst, ob du ihr trauen kannst.

★ Unklarheit und Passivität

Gibt es Situationen, in denen du dich zu sehr zurückziehst oder zögerst, Entscheidungen zu treffen? Woran könnte deine Passivität liegen? Unsicherheit oder die Angst wovor?

Überlege dir, welche Glaubensätze von aussen behindern deine Intuition? Welche Meinungen anderer beeinflussen deine Entscheidungen im Alltag, obwohl du eigentlich anders darüber denkst und fühlst.

★ Innere Ruhe und Geduld

Beobachte dich eine Woche lang. In welchen Bereichen und Situationen deines Lebens fühlst du dich eher überfordert? Was könntest du tun, um in solchen Situationen ruhiger zu reagieren?

Welche Rolle spielt Stille in deinem Leben, und wie könntest du mehr davon in deinen Alltag integrieren? Wann könntest du geduldiger sein, um die richtigen Antworten zu finden?

Reflexion zur Botschaft der Hohepriesterin

✦ Innere Stille finden

Die Hohepriesterin lädt dich ein, in die Stille zu gehen, um Antworten zu finden.

- Nimm dir 10 Minuten Zeit, um in absoluter Stille zu sitzen. Suche dir einen ungestörten Platz und versuche 10 Minuten einfach mal nichts zu machen, ausser zu atmen.
- Notiere anschließend, welche Gedanken oder Einsichten dir gekommen sind. Wiederhole dies gerne jeden Tag.

✦ Geheimnisse erkunden

Neugier ist der Schlüssel zu Wachstum. Indem du bewusst nach Antworten suchst, öffnest du dich für neue Perspektiven und tiefere Erkenntnisse. Welche Themen oder Lebensbereiche faszinieren dich, aber du hast sie noch nicht vollständig verstanden? Gibt es Fragen, die dich immer wieder beschäftigen? Gibt es spirituelle, kreative, wissenschaftliche oder persönliche Themen, die du tiefer erforschen möchtest?

- Notiere drei Themen, die du gerne besser verstehen würdest. Das können große Fragen des Lebens sein oder alltägliche Dinge, die dich neugierig machen.
- Was zieht dich an diesen Themen an? Was erwartest du dir von einem tieferen Verständnis?
- Überlege dir, wie kannst du mehr über diese Themen lernen? Z.B. durch lesen und recherchieren, schreiben und reflektieren, beobachten und erleben oder Fragen stellen und dich mit anderen austauschen.
- Wähle eines deiner notierten Themen aus und setze eine konkrete Handlung, um mehr darüber zu erfahren.

✦ Intuition & Inneres Wissen vs. Verschlossenheit & Zurückhaltung

In welchen Situationen vertraust du deiner Intuition bereits? Wie kannst du deine innere Stimme im Alltag bewusster wahrnehmen und ernstnehmen?

Hältst du dich manchmal zurück, aus Angst, zu viel preiszugeben oder nicht verstanden zu werden? Wo neigst du dazu, dich zu verschließen, obwohl es befreiend wäre, dich mitzuteilen? Überlege dir, woran deine Zurückhaltung liegen könnte

Kreative Aufgaben "Die Hohepriesterin"

 Das Tor zur inneren Weisheit

Die Hohepriesterin sitzt zwischen zwei Säulen und bewacht das Geheimnis hinter dem Schleier. Zeichne ein mystisches Tor oder einen Schleier.

- Male oder skizziere ein Tor, einen Vorhang oder eine Schwelle, die du durchschreiten könntest, um dein verborgenes Wissen zu entdecken.
- Was liegt auf der anderen Seite? Eine Bibliothek des Wissens, ein stiller See, ein dunkler Himmel voller Sterne? Lass dein Unterbewusstsein entscheiden, was erscheint.

 Schreibe deine eigene "Tora"

Schreibe ein eigenes „Buch der Weisheit".

- Notiere darin deine wichtigsten Erkenntnisse, die du bisher erfahren hast.
- Welches Wissen würdest du gerne an andere weitergeben? Vielleicht kommst du sogar auf neue Erkenntnisse, etwas, das du intuitiv schon lange wusstest, aber bisher ignoriert hast?
- Nach und nach füllst du so das Buch mit deinem Wissen und deiner Weisheit.

 Deine Botschaft der Hohepriesterin

Meditiere über die Karte der Hohepriesterin. Stell dir vor, vor dir stehen zwei hohe Säulen mit geheimnisvollen Symbolen. Zwischen ihnen sitzt die Hohepriesterin. Sie sitzt still, weise und mit ruhigem Blick.

Sie deutet auf den Schleier hinter ihr. Es ist das Tor zu deinem Unterbewusstsein. Langsam öffnet sich der Schleier und du siehst eine Landschaft, die dein inneres Wissen repräsentiert.

Welche Bilder erscheinen? Sind es Szenen deines Alltags, Vergangenes, vertraute Menschen oder Unbekanntes? Spüre, dass du hier Antworten auf deine tiefsten Fragen finden kannst.

Noch mehr Übungen und Reflexionsfragen

✦ Höre auf dein Bauchgefühl

Wissen ist nicht immer offensichtlich. Oft liegen die Antworten nicht im Außen, sondern in deinem Inneren. Intuition ist eine leise, aber kraftvolle Führung, die sich in Gedanken, Gefühlen, Träumen oder scheinbar zufälligen Zeichen zeigt. Sie hilft dir, den richtigen Weg zu finden, wenn du ihr zuhörst.

Nimm dir vor jedem neuen Projekt Zeit und vertraue darauf, was dein Gefühl dir sagt. Denke an dein nächstes Vorhaben und schreibe auf, was deine Intuition dazu verrät.

- Denke an ein Projekt oder eine Entscheidung, die vor dir liegt. Welche ersten Gedanken oder Gefühle steigen spontan in dir auf? Fühlt sich dein Vorhaben leicht und stimmig an oder gibt es innere Zweifel?
- Sammle intuitive Botschaften. Gibt es wiederkehrende Symbole oder Themen? Was sagt dein Bauchgefühl? Welche Emotionen löst dein Vorhaben aus?
- Schreibe eine Liste mit Fragen, die dich in Bezug auf dein Vorhaben beschäftigen. Schließe die Augen und lausche, welche Antworten kommen spontan?
- Eine bewusste Entscheidung treffen: Basierend auf deinen intuitiven Eingebungen, fühlt sich dein Vorhaben richtig an? Welche kleinen Schritte kannst du gehen, um deiner inneren Stimme zu folgen?

✦ Finde die verborgene Wahrheit

Setze dich an einen ruhigen Ort, schließe die Augen und stelle dir vor, du bist die Hohepriesterin. Du sitzt in stiller Klarheit, mit tiefem Wissen über deinen eigenen Weg. Deine innere Weisheit ist wie ein Buch, das sich Seite für Seite offenbart. Es gibt nichts, was du im Außen suchen musst, die Antworten sind bereits in dir.

- Welche Erkenntnisse steigen in dir auf, wenn du ganz ohne Erwartung lauschst?
- Gibt es eine wiederkehrende Botschaft oder ein Gefühl, das sich zeigt?
- Was weiß dein Herz bereits, wofür dein Verstand noch Beweise sucht?

✦ Affirmationen für mehr Intuition und Vertrauen

Überlege dir 3 Affirmationen, die dir helfen, dich stärker von deiner Intuition leiten zu lassen.

Beispiele: "Alle Antworten, die ich suche, trage ich bereits in mir."

"Ich vertraue meiner inneren Stimme, denn sie führt mich immer auf den richtigen Weg."

"Je mehr ich in die Stille gehe, desto klarer erkenne ich meine Wahrheit."

Die Hohepriesterin

"Die Hohepriesterin" verkörpert Intuition, verborgenes Wissen und innere Weisheit. Sie zeigt uns, dass die tiefsten Antworten nicht im Außen, sondern in uns selbst liegen.

Ihre Energie lädt dazu ein, in die Stille zu gehen, Geduld zu üben und zwischen den Zeilen zu lesen. Sie erinnert uns daran, dass wahre Erkenntnis oft im Verborgenen liegt und nur durch Selbstreflexion und die Verbindung mit dem Unbewussten ans Licht kommt. Die Hohepriesterin ermutigt uns, unserer inneren Stimme zu vertrauen und die Dualität des Lebens anzunehmen, um ein tieferes Verständnis für uns selbst und die Welt zu gewinnen.

Schreibe abschließend deine Erkenntnisse auf, die du aus der Arbeit mit der Hohepriesterin gewonnen hast, und wie du sie in deinem Leben anwenden möchtest.

3 Die Herrscherin

3 Die Herrscherin

Die Reise des Narren und die Lehren der Herrscherin

Nachdem der Narr von der Hohepriesterin gelernt hat, seiner Intuition zu vertrauen, begegnet er der Herrscherin. Sie empfängt ihn mit Wärme und zeigt ihm, dass Schöpfung und Wachstum natürliche Kräfte des Lebens sind. In ihrer Gegenwart spürt er Geborgenheit und erkennt, dass wahre Kreativität aus Liebe und Achtsamkeit entsteht. Die Herrscherin lehrt ihn, dass das Leben sich ständig wandelt und dass er diesen Wandel nicht nur erleben, sondern aktiv mitgestalten kann.

Die Lehren der Herrscherin

- **Die Kraft der Kreativität:** Gedanken und Emotionen sind nicht bloß flüchtige Impulse, sondern eine Quelle der Schöpfung. Die Herrscherin zeigt dem Narren, dass seine innere Welt eine direkte Auswirkung auf seine äußere Realität hat. Indem er bewusst denkt, fühlt und handelt, kann er sein Leben nach seinen Vorstellungen gestalten.
- **Die Bedeutung von Selbstliebe:** Wahre Fürsorge beginnt im Inneren. Die Herrscherin erinnert den Narren daran, dass er sich selbst mit der gleichen Liebe begegnen muss, die er auch anderen schenkt. Wer sich selbst nährt und wertschätzt, kann aus einer inneren Fülle heraus handeln, anstatt sich aufzubrauchen.
- **Die Verbindung zur Natur:** Alles Leben folgt einem natürlichen Rhythmus, einem stetigen Zyklus von Wachstum, Veränderung und Erneuerung. Die Herrscherin ermutigt den Narren, sich mit der Natur zu verbinden, ihre Zeichen zu erkennen und in Harmonie mit ihr zu leben. Denn wer die Natur achtet, versteht auch das Leben besser.

Durch diese Begegnung erkennt der Narr, dass wahre Schöpfung nicht nur durch den Verstand, sondern auch durch Liebe, Hingabe und Respekt vor dem Leben entsteht. Die Herrscherin ermutigt ihn, das Leben in seiner ganzen Fülle zu genießen, aber auch achtsam und verantwortungsvoll damit umzugehen.

Mit diesem Wissen und einem tiefen Gefühl der Verbundenheit setzt er seine Reise fort. Nun ist er bereit, seine schöpferische Kraft bewusst zu nutzen und seinen Platz in der Welt mit Freude und Liebe zu gestalten.

Symbolik der Karte "Die Herrscherin"

✳ **Die Herrscherin:** Die Herrscherin verkörpert Wachstum, Schöpfung und mütterliche Fürsorge. Während sie als Sinnbild für Fruchtbarkeit und Schönheit gilt, verkörpert sie auch eine tiefe, intuitive Weisheit. Ihre Nähe zur Natur und die bewusste Art, mit der sie ihre Welt erschafft und pflegt, erinnern daran, dass wahre Schöpferkraft nicht nur aus Tun, sondern auch aus Sein entsteht. Sie ist nicht nur eine Herrscherin über die Natur, sie ist die Natur selbst.

✳ **Das Herz in ihren Armen:** Das Herz, das sie liebevoll hält, steht für bedingungslose Liebe, Schutz und Fürsorge. Es ist das Zentrum allen Lebens, die Quelle von Wärme und Mitgefühl. Seine Form erinnert an einen Apfel, ein Symbol der Fruchtbarkeit und des Überflusses, das in vielen Mythen als Zeichen für Wissen, Leben und die göttliche Schöpfungskraft gilt. Die Herrscherin zeigt, dass wahrer Wohlstand nicht allein durch materielle Errungenschaften entsteht, sondern aus Liebe, Mitgefühl und der Fähigkeit, Leben zu nähren und zu fördern.

✳ **Die Sternenkrone:** Die Sterne in ihrer Krone verdeutlichen ihre Verbindung zur universellen Weisheit und den kosmischen Gesetzen. Die Herrscherin ist nicht nur eine weltliche Herrscherin, sondern eine spirituelle Autorität, die sowohl die irdischen als auch die geistigen Reiche umfasst. Die Sterne laden dazu ein, die Balance zwischen den natürlichen Rhythmen der Erde und dem höheren spirituellen Wissen zu finden. Wachstum geschieht nicht nur auf materieller, sondern auch auf geistiger Ebene. Wahre Schöpfung erfordert beides.

✳ **Die Blumen und die Natur:** In dieser Version ist die Herrscherin noch stärker in die Natur eingebettet, umgeben von einer Vielfalt an Blumen. Jede Blume symbolisiert Schönheit, Kreativität und die untrennbare Verbindung aller Lebewesen. Die Fülle der Natur spiegelt die schöpferische Kraft wider, die überall präsent ist. Die Herrscherin erinnert uns daran, dass wir Teil eines größeren Ganzen sind, dass das Leben in Zyklen verläuft und dass wahre Fülle im Einklang mit diesen natürlichen Rhythmen entsteht.

✳ **Die Verbindung zur Erde:** Während viele Herrscherfiguren über der Welt thronen, sitzt die Herrscherin fest verwurzelt in ihrer Umgebung. Ihre Position zeigt, dass ihre Macht nicht auf Kontrolle beruht, sondern auf Verbundenheit mit der Erde und ihren Gaben. Sie ist nicht über der Natur erhaben, sondern ein Teil von ihr. Diese Symbolik erinnert uns daran, unsere Wurzeln zu kennen, im Moment zu leben und die Schönheit und Fülle des Lebens zu schätzen. Sie fordert uns auf, nicht nur zu nehmen, sondern auch zu geben und so einen Kreislauf des harmonischen Wachstums zu schaffen.

Symbolik der Karte "Die Herrscherin"

Vergleich mit dem ursprünglichen Rider-Waite-Tarot

✦ **Die Verbindung zur Natur:** In der Rider-Waite-Version sitzt die Herrscherin auf einem prachtvollen Thron, umgeben von einer üppigen Landschaft mit einem Wasserlauf im Hintergrund. **Ihr Thron**, reich verziert und stabil, steht für ihre unerschütterliche innere Sicherheit und ihre Rolle als Quelle von Fülle und Fürsorge. Während ein König oft aus der Ferne regiert, ist die Herrscherin eine direkte, nährende Kraft. Doch ihre leicht erhöhte Position zeigt, dass sie ihre Schöpfung mit Weisheit lenkt und nicht in das Chaos der materiellen Welt verstrickt ist. Sie beobachtet, schützt und führt, anstatt blind zu handeln.

Die fruchtbare Landschaft mit Bäumen, Kornfeldern und dem sanft fließenden Fluss im Hintergrund steht für Wachstum, Erneuerung und den natürlichen Kreislauf des Lebens. Das Wasser symbolisiert den Fluss der Emotionen, der Intuition und des unaufhaltsamen Wandels. Es zeigt, dass die Herrscherin ihre schöpferische Kraft nicht aus Kontrolle, sondern aus Harmonie mit den natürlichen Prozessen schöpft.

In der Darstellung in diesem Buch hingegen ist die Herrscherin vollständig in die Natur eingebettet, als sei sie ein Teil von ihr. Sie wirkt nicht distanziert oder erhaben, sondern verschmilzt mit ihrer Umgebung. Diese Darstellung verstärkt ihre tiefe Verbindung zur Erde und zur zyklischen Energie des Lebens.

✦ **Das Herz statt des Zepters:** In der klassischen Rider-Waite-Darstellung hält die Herrscherin ein Zepter in ihrer Hand. Dieses Zepter symbolisiert ihre Autorität über die materielle Welt und ihre Fähigkeit, zu erschaffen und zu gebieten. Es steht für Macht, Kontrolle und Führung und ist ein Zeichen dafür, dass sie nicht nur eine Beschützerin, sondern auch eine souveräne Herrscherin ist.

In der Darstellung dieses Buches trägt die Herrscherin anstelle des Zepters ein Herz. Diese Veränderung verschiebt den Fokus von weltlicher Macht hin zur bedingungslosen Liebe. Das Herz steht für Mitgefühl, Fürsorge und emotionale Verbindung. Es erinnert an einen Apfel, ein uraltes Symbol für Fruchtbarkeit und Leben, das in vielen Kulturen mit Weiblichkeit, Wachstum und Geburt in Verbindung gebracht wird.

✦ **Der Fokus auf die Sterne:** In der Rider-Waite-Karte trägt die Herrscherin eine Krone mit zwölf Sternen. Diese Sterne symbolisieren die zwölf Tierkreiszeichen und stehen für ihre Verbindung zur kosmischen Ordnung und spirituellen Weisheit. Sie zeigt, dass die Herrscherin nicht nur die Materie beherrscht, sondern auch die tieferen Rhythmen des Universums versteht.

In diesem Buch sind die Sterne im Haarschmuck subtiler in ihr Erscheinungsbild eingebettet. Sie unterstreichen ihre Verbindung zum Universum und zu spiritueller Führung, ohne dabei ihre erdige, nährende Qualität zu überdecken.

Symbolik der Karte "Die Herrscherin"

Suche dir aus jedem beliebigen Tarot-Kartendeck die Karte der Herrscherin und betrachte die Karte genau. Welche Elemente springen dir als erstes ins Auge? Welche Symbole ziehen dich besonders an? Was könnten diese Symbole für dich persönlich bedeuten?

Die Symbole der Karte "Die Herrscherin"

Symbole interpretieren

1 Das Herz, das sie hält, symbolisiert Liebe, Fürsorge und Schutz. Was bedeutet Liebe und Fürsorge in deinem Leben? Schreibe drei Dinge auf, die du für andere tust, um Fürsorge auszudrücken, und drei Dinge, die du für dich selbst tun kannst.

Das Herz in ihren Armen

2 Die Sterne stehen für Inspiration und kosmische Weisheit. Wo findest du Inspiration in deinem Alltag? Schreibe auf, wer oder was dich inspiriert. Das können z.B. Menschen sein oder Träume oder Wünsche.

Die Sternenkrone

3 Die Herrscherin ist umgeben von üppiger Natur, die Wachstum und Fülle symbolisiert. Wie pflegst du Wachstum in deinem Leben, sei es in Beziehungen, Projekten oder persönlichem Wachstum? In welchen Bereichen ist es dir wichtig zu lernen und dich weiter zu entwickeln?

Die Natur und Blumen

Symbolik der Karte "Die Herrscherin"

Wenn du ein zusätzliches Symbol auf die Karte setzen könntest, welches wäre das? Warum würdest du es wählen, und was würde es repräsentieren?

Dein eigenes Symbol

Eigenschaften der Karte "Die Herrscherin"

Positive Eigenschaften:

- Kreativität und Schöpfung
- Nährende Energie
- Fülle und Wohlstand
- Verbundenheit mit der Natur
- Fürsorge und Liebe
- Mütterlichkeit

Weitere positive Eigenschaften

Negative Eigenschaften:

- Überbehütung
- Übermäßiger Genuss und Konsum
- Abhängigkeit von äußeren Ressourcen
- Unkontrollierte Emotionen

Weitere negative Eigenschaften

Botschaften der Karte "Die Herrscherin"

Liebe ist die Grundlage allen Wachstums.

Die Herrscherin zeigt, dass wahres Wachstum aus Liebe entsteht. Ob es die Liebe zu uns selbst oder zu anderen ist, sie schenkt Kraft, nährt und hilft, Herausforderungen zu meistern. Liebe ist die Energie, die alles verbindet und fruchtbar macht.

Wie kannst du mehr Liebe in deinen Alltag bringen? Manchmal sind es kleine Gesten, ein aufmerksames Wort oder ein Moment der Fürsorge für dich selbst, die dein Herz öffnen.

Die Natur ist dein Spiegel.

Alles, was wir über das Leben wissen müssen, zeigt sich in der Natur. Wachstum, Veränderung, Zyklen und Schönheit sind überall zu finden. Die Erde heilt, inspiriert und lehrt uns, dass alles seine Zeit hat.

Nimm dir bewusst Momente, um die Natur mit offenen Augen wahrzunehmen. Achte auf die Farben, die Geräusche, den Wechsel der Jahreszeiten. Was zeigt sie dir über dein eigenes Leben? Welche Botschaft kannst du aus ihr mitnehmen?

Deine Kreativität ist grenzenlos.

Die Herrscherin erinnert daran, dass jeder Mensch die Fähigkeit hat, Neues zu erschaffen. Jeder Gedanke, jede Idee, jede Tat trägt das Potenzial, etwas zu verändern. Kreativität ist nicht nur Kunst, sie zeigt sich in Gesprächen, in Lösungen oder im Ausdruck deiner Gefühle. Wo in deinem Leben kannst du kreativer sein? Gibt es eine Idee, die du verwirklichen möchtest? Lass deine Inspiration frei fließen, ohne dich selbst zu begrenzen.

Dankbarkeit öffnet dir die Türen zur Fülle.

Das Leben wird reicher, wenn wir dankbar sind. Die Herrscherin lehrt uns, Schönheit und Fülle bewusst wahrzunehmen und zu schätzen. Alles, was du heute besitzt und erlebst, ist bereits ein Geschenk.

Nimm dir jeden Tag einen Moment, um drei Dinge zu notieren, für die du dankbar bist. Sie müssen nicht groß sein, ein Lächeln, eine freundliche Begegnung, ein Sonnenstrahl reichen aus. Beobachte, wie sich dein Gefühl für Fülle verändert.

Veränderung bringt Wachstum.

Für Wohlstand und Fortschritt ist Transformation notwendig, um das volle Potenzial zu entfalten. Wachstum geschieht nicht in der Stagnation, sondern im Wandel.

Welche Veränderungen haben dich bereits stärker oder bewusster gemacht? Gibt es einen Wandel, den du bisher gefürchtet hast? Vielleicht birgt er eine Chance, die du noch nicht erkannt hast. Die Herrscherin lehrt uns, Veränderungen anzunehmen und ihnen mit Vertrauen zu begegnen.

Reflexion zur Botschaft der Herrscherin

★ Fülle, Kreativität und Liebe

Die Herrscherin steht für Wachstum und die schöpferische Energie, die in jedem von uns ruht. Welche kreativen Ausdrucksformen bringen dich in deine natürliche Schöpferkraft, und wie kannst du ihnen mehr Raum in deinem Alltag geben?

Wo in deinem Leben erlebst du bereits Fülle, und wie kannst du dein Bewusstsein noch mehr für Dankbarkeit und Genuss öffnen?

★ Transformation und Wandel

Was hast du aus früheren Abschlüssen oder Neuanfängen gelernt? Wie gehst du mit Übergängen und Veränderungen um? Erlebst du sie als Herausforderung oder als natürliche Entwicklung?

Notiere eine Veränderung, die du als schwierig empfunden hast, und überlege, wie sie zu deinem Wachstum beigetragen hat. Was hast du daraus gelernt? Welche Erkenntnis kannst du für kommende schwierigen Phasen mitnehmen?

★ Lebenszyklen

Die Spiralen symbolisieren die zyklische Natur des Lebens. Welche Muster wiederholen sich in meinem Leben? Gibt es Zyklen oder Themen, die immer wieder auftauchen?

Was möchtest du für deinen zukünftigen Lebenszyklus erschaffen? Welche Samen möchtest du heute pflanzen, um morgen Früchte zu ernten?

Reflexion zur Botschaft der Herrscherin

✦ Fülle und Dankbarkeit erkennen

Schreibe zehn Dinge auf, für die du heute dankbar bist. Achte dabei auch auf die kleinen Freuden des Alltags – ein freundliches Lächeln, ein Moment der Ruhe oder eine unerwartete Geste der Freundlichkeit.

Erkenne, wie selbst die unscheinbaren Dinge dein Leben bereichern. Dankbarkeit lenkt den Blick auf das Positive und öffnet dein Herz für mehr Fülle und Zufriedenheit.

✦ Pflege und Selbstfürsorge

Was tust du, um dich selbst zu nähren und achtsam mit dir umzugehen? Wie kannst du mehr Liebe in dein Leben einladen – sowohl für dich selbst als auch für andere – und sie frei und bedingungslos fließen lassen?

- Überlege, welche Formen der Selbstfürsorge dir guttun und dich in deiner kreativen und emotionalen Entfaltung unterstützen. Vielleicht ist es ein gutes Essen, das du bewusst genießt, das Lesen eines inspirierenden Buches oder ein Moment der Stille, in dem du ganz bei dir bist.
- Schreibe fünf Aktivitäten auf, die dir Freude bereiten und deine schöpferische Energie stärken. Nimm dir bewusst Zeit für sie und erlaube dir, dich von innen heraus zu nähren.

✦ Wohlstand vs. Übermaß

Die Herrscherin steht für Liebe, Kreativität, Fülle, Fürsorge und Schöpfungskraft. In welchen Bereichen deines Lebens fühlst du dich kreativ und erfüllt? Schreibe eine Liste mit fünf Dingen, die du erschaffen hast, z. B. Projekte, Beziehungen oder Kunstwerke.

Manchmal kann zu viel Fürsorge oder Genuss zu Abhängigkeit oder Übermaß führen. Wo in deinem Leben neigst du dazu, dich zu verlieren, sei es in Beziehungen, Genuss oder Arbeit? Schreibe eine Möglichkeit auf, wie du Balance schaffen kannst.

Kreative Aufgaben "Die Herrscherin"

 Zeichne deinen inneren Garten

Erstelle eine Collage oder zeichne deinen inneren Garten. Dies kann ein echter Garten sein oder eine abstrakte Darstellung deiner inneren Fülle.
- Was bedeutet für dich Fülle, Wachstum und Schöpfung?
- Welche Farben, Pflanzen und Symbole siehst du?
- Welche Energie strahlt dieser Ort aus?

 Ein Tagebuch der Fürsorge führen

Führe eine Woche lang ein Tagebuch, in dem du notierst, in welcher Form du Liebe und Fürsorge in deinem Leben gibst und empfängst. Schreibe auf:
- Welche kleinen und großen Gesten hast du für andere getan?
- Was hast du Gutes für dich selber getan?
- In welcher Form kommt diese Liebe und Fürsorge zu dir zurück?

Am Ende der Woche reflektiere: Welche dieser Handlungen haben dich besonders bereichert? Welche möchtest du beibehalten oder vertiefen?

 Deine Botschaft der Herrscherin

Meditiere über die Karte der Herrscherin. Es ist ein warmer Sommertag und du sitzt mit der Herrscherin inmitten einer üppig blühenden Wiese auf einer Picknick Decke. Es wurde mit allen erdenklichen Leckereien reichlich aufgedeckt.

Sieh dich um. Spüre die Wärme der Sonne auf deiner Haut, höre das Summen der Bienen und das sanfte Rascheln des Grases im Wind. Alles um dich herum ist lebendig und in vollkommener Harmonie. Du fühlst dich schön und richtig zufrieden.

Da spricht die Herrscherin zu dir. Welche Botschaft hat sie für dich?

Noch mehr Übungen und Reflexionsfragen

✦ Umarme dein inneres Kind

Viele Menschen fühlen sich nicht gut genug und gehen oft hart mit sich selbst ins Gericht.
Doch tief in uns lebt ein inneres Kind, das gesehen, geliebt und umsorgt werden möchte.
Stelle dir vor, du begegnest diesem Kind – deinem jüngeren Ich.

- Welche Sehnsüchte, Bedürfnisse oder Emotionen deines inneren Kindes hast du bisher übersehen und wie kannst du ihm heute Liebe und Sicherheit schenken?
- Wie kannst du mehr Leichtigkeit, Freude und spielerische Kreativität in dein Leben bringen, um deinem inneren Kind Raum zum Ausdruck zu geben?
- Welche liebevollen Botschaften würdest du deinem jüngeren Ich geben?

✦ Vision der Fülle

Schreibe eine Vision deines Lebens, in der du in völliger Fülle und Kreativität lebst.

- Wie sieht dein Alltag in dieser Vision aus? Welche Tätigkeiten erfüllen dich? Welche Menschen umgeben dich? Wo bist du, und wie fühlt sich dein Umfeld an? Lasse diese Bilder lebendig werden und spüre die Energie dieses Lebens.
- Nun frage dich: Welche Schritte kannst du heute unternehmen, um dieser Vision näher zu kommen? Vielleicht beginnt es damit, dir mehr Zeit für kreative Ausdrucksformen zu nehmen oder dir selbst zu erlauben, groß zu träumen. Vielleicht bedeutet es, hinderliche Glaubenssätze loszulassen oder neue Gewohnheiten zu etablieren, die dich auf deinem Weg unterstützen.

✦ Affirmationen für mehr Fülle und Wachstum

Schreibe drei Affirmationen, die dich daran erinnern, dass Wachstum und die schöpferische Energie in dir sind.
Beispiele: "Ich bin eine Quelle der Kreativität und Schöpfung."
"Ich nähre mich selbst und andere mit Liebe und Fürsorge."
"Ich empfange die Fülle des Lebens mit Dankbarkeit und Offenheit."

Die Herrscherin

"Die Herrscherin" verkörpert Kreativität, Fülle und mütterliche Fürsorge. Sie ist die Verbindung zur Natur, zum Wachstum und zur sinnlichen Lebensfreude. Als Symbol der Schöpfung zeigt sie uns, dass alles, was wir brauchen, bereits in uns ruht, wir müssen es nur nähren und entfalten.

Ihre Energie erinnert uns daran, unsere Kreativität auszuleben, mit Vertrauen zu empfangen und unser Leben in Liebe und Harmonie zu gestalten. Sie lehrt uns, im Einklang mit der Natur und unseren inneren Zyklen zu leben und aus unserer tiefsten Essenz heraus zu erschaffen.

Die Herrscherin ruft uns auf, unser Potenzial in voller Blüte zu erkennen und mit Freude zu feiern.

Schreibe abschließend deine Gedanken und Erkenntnisse auf, die du aus der Arbeit mit der Herrscherin gewonnen hast, und wie du sie in deinem Leben anwenden möchtest.

4 Der Herrscher

4 Der Herrscher

Die Reise des Narren und die Lehren des Herrschers

Nachdem der Narr von der Herrscherin gelernt hat, wie wichtig Liebe, Kreativität und Fürsorge sind, begegnet er dem Herrscher. Er ist das Gegenstück zur sanften, nährenden Kraft der Herrscherin, stattdessen ein Symbol für Ordnung, Struktur und Beständigkeit. Der Narr erkennt, dass jede schöpferische Kraft ein stabiles Fundament benötigt, um zu wachsen. Ohne Regeln, Disziplin und Verantwortung kann selbst die brillanteste Idee im Chaos versinken.

Der Herrscher steht für Klarheit und Führung. Er zeigt dem Narren, dass wahre Stärke nicht nur in Freiheit liegt, sondern auch in der Fähigkeit, sich selbst zu lenken und für die eigenen Entscheidungen geradezustehen. Ordnung ist kein Hindernis für Kreativität, sondern der Rahmen, in dem sie gedeihen kann. Er vermittelt, dass Kontrolle über das eigene Leben bedeutet, sich nicht von äußeren Umständen treiben zu lassen, sondern bewusst und gezielt zu handeln.

Die Lehren des Herrschers

- **Verantwortung übernehmen:** Wahre Stärke zeigt sich darin, Verantwortung für das eigene Handeln zu tragen. Jede Entscheidung hat Konsequenzen, und echte Führung bedeutet klug und vorausschauend zu handeln. Der Narr lernt, dass innere Stabilität nur entstehen kann, wenn er bereit ist, für sich selbst einzustehen.
- **Struktur schaffen:** Visionen und Ideen brauchen ein solides Fundament, um Wirklichkeit zu werden. Der Herrscher gibt dem Narren die Werkzeuge, um seine Gedanken in die Tat umzusetzen und sein Leben bewusst zu gestalten. Durch Struktur und klare Ziele entstehen Sicherheit und Erfolg.
- **Grenzen setzen:** Ohne klare Grenzen zerfließt Energie. Der Herrscher erinnert daran, dass gesunde Grenzen Schutz und Orientierung, sowohl im Umgang mit anderen als auch mit sich selbst, bieten. Sie sind keine Einschränkung, sondern ermöglichen eine stabile Basis für Wachstum.

Durch diese Begegnung versteht der Narr, dass Disziplin und Ordnung keine Fesseln sind, sondern die Grundlage für wahre Freiheit. Die Klarheit und Stärke des Herrschers geben ihm das nötige Wissen, seinen Weg selbstbewusst und verantwortungsvoll weiterzugehen.

Symbolik der Karte "Der Herrscher"

✳ **Der Herrscher:** Seine aufrechte, aber gelassene Haltung verkörpert Selbstkontrolle, Stabilität und Besonnenheit. Die ruhige Körpersprache und seine verschränkten Hände zeigen, dass er nicht aus Eile oder Emotionen heraus handelt, sondern überlegt und mit klarem Verstand. Dies verdeutlicht, dass wahre Führung nicht von äußeren Einflüssen getrieben wird, sondern aus innerer Stärke heraus entsteht.

✳ **Der Bart des Herrschers:** Sein langer, weißer Bart steht für Weisheit, Erfahrung und Reife. Er zeigt, dass die Macht des Herrschers nicht auf Impulsivität, sondern auf Wissen und Lebenserfahrung beruht. Der Bart ist nicht nur ein Zeichen des Alters, sondern auch der tiefen Einsicht, die mit Zeit und geleisteter Arbeit wächst. Er steht für den Respekt, den man sich durch Weisheit und Beständigkeit verdient.

✳ **Die Berge im Hintergrund:** Die hohen, schneebedeckten Berge hinter dem Herrscher stehen für Standhaftigkeit, Stärke und die Fähigkeit, Herausforderungen zu meistern. Sie symbolisieren das Erreichen neuer Höhepunkte durch harte Arbeit und Disziplin. Gleichzeitig zeigen sie, dass der Herrscher über das Alltägliche hinausblickt. Er behält das große Ganze im Auge und bleibt selbst in schwierigen Zeiten standhaft.

✳ **Die Verzierungen des Thrones:** Die kunstvollen Linien und Muster auf seinem Thron können als Darstellung seiner Verantwortung gesehen werden. Jede Entscheidung, die er trifft, hinterlässt Spuren und beeinflusst die Welt um ihn herum. Die Verzierungen sind somit ein Symbol für die Konsequenzen seines Handelns und die Notwendigkeit, mit Bedacht zu regieren.

✳ **Die großen Hörner des Herrschers** stehen für Stärke, Ausdauer und die Fähigkeit, Hindernisse zu überwinden. Sie verleihen ihm eine imposante, fast mythische Präsenz und erinnern an das unerschütterliche Wesen eines Anführers, der sich Herausforderungen mit Entschlossenheit stellt.
Die Hörner des Herrschers sind mit den Hörnern der Widder verschmolzen, was eine tiefe symbolische Bedeutung hat. Es zeigt, dass seine Stärke nicht nur aus seinem Willen oder seiner Position stammt, sondern dass er mit den Urkräften der Natur und des Lebens verbunden ist. Diese Verschmelzung deutet darauf hin, dass er sich nicht nur auf äußere Macht verlässt, sondern seine innere Stärke aus Instinkt, Erfahrung und Führungskompetenz schöpft. Die Widder sind keine bloßen Begleiter, sondern ein Teil seiner Identität. Diese Symbolik verdeutlicht auch, dass wahre Führung nicht durch rohe Gewalt oder Zwang entsteht, sondern durch eine natürliche Autorität, die aus Selbstvertrauen, Entschlossenheit und der Weisheit, wann man vorwärtsstürmen oder innehalten sollte, erwächst. Der Herrscher ist kein Tyrann, sondern ein Lenker, der Kraft mit Weitsicht vereint.

Symbolik der Karte "Der Herrscher"

Vergleich mit dem ursprünglichen Rider-Waite-Tarot

✦ **Die Kleidung und Accessoirs des Herrschers:** In der Rider-Waite-Karte trägt der Herrscher unter seinem roten königlichen Umhang eine Ritterrüstung. Diese Rüstung symbolisiert Schutz, Stärke und die Bereitschaft, seine Macht zu verteidigen. Sie zeigt, dass wahre Führung nicht nur Weisheit, sondern auch Widerstandsfähigkeit erfordert. Ein goldener Reichsapfel in der linken Hand steht für seine Kontrolle über die Welt und seine Autorität über das Materielle. In der rechten Hand hält er ein Zepter, das die Form des altägyptischen Anch-Kreuzes hat. Dieses Symbol, ursprünglich für das Weiterleben im Jenseits stehend, wird in der modernen Esoterik oft als Zeichen für Unsterblichkeit, Lebenskraft und göttliche Energie interpretiert. Die Kombination aus Zepter und Reichsapfel verdeutlicht, dass der Herrscher sowohl spirituelle als auch weltliche Macht innehat.

In der modernen Darstellung dieser Karte hat der Herrscher eine deutlich geerdetere und bodenständigere Ausstrahlung. Die erdigen Brauntöne seiner Kleidung unterstreichen seine enge Verbindung zur physischen Welt und zur praktischen Realität. Während der Rider-Waite-Herrscher eher als distanzierter, strategischer Anführer dargestellt wird, vermittelt diese Version mehr Nähe zur Erde und eine greifbarere Führungsmentalität. Ein weiteres wesentliches Detail sind seine robusten Stiefel, die seine Standhaftigkeit und seine Verwurzelung im Hier und Jetzt symbolisieren. Anders als die königliche Rüstung des Rider-Waite-Herrschers, die auf Schutz und Distanz hindeutet, steht diese Interpretation für eine direkte, bodenständige Autorität, die nicht nur aus Hierarchie, sondern aus Erfahrung und Weisheit erwächst.

✦ **Die Widder** in der Rider-Waite-Karte sind in den Thron des Herrschers eingearbeitet. Diese starren Symbole stehen für seine Durchsetzungskraft, Willensstärke und sein strategisches Denken. Der Widder, als Tierkreiszeichen des Feuers, repräsentiert Mut, Entschlossenheit und die Fähigkeit, Hindernisse mit roher Kraft zu durchbrechen. Seine Hörner sind nicht nur Zeichen von Stärke, sondern auch von Führungskompetenz. Sie symbolisieren die Fähigkeit, Herausforderungen direkt anzugehen und Verantwortung zu übernehmen.

In der alternativen Illustration dieses Buches sind die Widder jedoch nicht mehr nur verzierte Elemente des Thrones, sondern lebendige Wesen, die aktiv an seiner Seite stehen. Ihre präsente Haltung verdeutlicht, dass der Herrscher nicht nur auf Symbole seiner Macht setzt, sondern seine Führungsqualitäten aktiv lebt. Er nutzt seine Stärke nicht nur zur Kontrolle, sondern auch zur Verteidigung und zum Schutz. Dies zeigt eine dynamischere Interpretation der Karte, in der der Herrscher nicht nur eine Position der Autorität innehat, sondern diese mit kluger Entscheidungsfähigkeit und physischer Präsenz ausfüllt.

Symbolik der Karte "Der Herrscher"

Suche dir aus jedem beliebigen Tarot-Kartendeck die Karte des Herrschers und betrachte die Karte genau. Welche Elemente springen dir als erstes ins Auge? Welche Symbole ziehen dich besonders an? Was könnten diese Symbole für dich persönlich bedeuten?

Die Symbole der Karte "Der Herrscher"

Symbole interpretieren

1 Die Widder stehen für Stärke, Entschlossenheit und Durchsetzungsfähigkeit. Wo in deinem Leben könntest du mehr Durchsetzungsvermögen zeigen? Denke an eine Situation, in der du zögerlich gehandelt hast. Notiere, wie du mit mehr Mut und Entschlossenheit hättest handeln können.

Die Widder

2 Die Berge symbolisieren Standhaftigkeit und Herausforderungen, die überwunden werden können. Schreibe über eine schwierige Situation, die du bewältigt hast. Was hat dir geholfen, standhaft zu bleiben?

Die Berge im Hintergrund

3 Die Haltung des Herrschers zeigt Kontrolle, Ruhe und Selbstsicherheit. In welchen Situationen fühlst du dich besonders selbstsicher? Notiere drei Dinge, die dir helfen, in stressigen Momenten Ruhe und Kontrolle zu bewahren.

Die Haltung des Herrschers

Symbolik der Karte "Der Herrscher"

Wenn du ein zusätzliches Symbol auf die Karte setzen könntest, welches wäre das? Warum würdest du es wählen, und was würde es repräsentieren?

Dein eigenes Symbol

Eigenschaften der Karte "Der Herrscher"

Positive Eigenschaften:

- Struktur
- Ordnung
- Führungskraft
- Disziplin
- Stärke und Stabilität
- Verantwortung
- Autorität

Weitere positive Eigenschaften

Negative Eigenschaften:

- Inflexibilität
- Starrheit
- Unnachgiebigkeit
- Kontrolle und Dominanz
- Emotionslosigkeit
- Machtmissbrauch

Weitere negative Eigenschaften

Botschaften der Karte "Der Herrscher"

Führung bedeutet Verantwortung.

Ein wahrer Anführer trägt nicht nur Verantwortung für sich selbst, sondern auch für das Wohl anderer. Der Herrscher zeigt, dass Macht und Verantwortung untrennbar miteinander verbunden sind. Wahre Führung bedeutet, ein Vorbild zu sein, andere zu unterstützen und dabei den eigenen Werten treu zu bleiben.

Denke an eine Situation, in der du eine Führungsrolle übernommen hast. Welche Verantwortung hast du getragen? Wie hat sich dein Handeln auf dich und dein Umfeld ausgewirkt?

Ruhe ist Stärke.

Der Herrscher verkörpert innere Stabilität und Gelassenheit. Er zeigt, dass kluge Entscheidungen aus Ruhe und Besonnenheit entstehen. Ein starker Führer bleibt auch im Chaos zentriert und gibt anderen Sicherheit.

Denke an eine stressige Situation in deinem Leben. Wie hast du darauf reagiert? Überlege, wie du durch Atemübungen, Meditation oder bewusste Pausen innere Ruhe bewahren kannst, um künftig noch souveräner zu handeln.

Mut bedeutet, die eigenen Werte zu leben.

Der Herrscher fordert uns auf, selbst mit Widerständen, für das einzustehen, woran wir glauben. Wahre Stärke zeigt sich darin, Entscheidungen zu treffen, die mit den eigenen Überzeugungen übereinstimmen.

Schreibe deine wichtigsten Werte auf. Wie kannst du in deinem Alltag Entscheidungen treffen, die diese Werte widerspiegeln?

Stärke entsteht in Balance.

Der Herrscher lehrt uns, dass wahre Stärke aus dem Gleichgewicht zwischen Kontrolle und Vertrauen entsteht. Zu viel Kontrolle macht starr, zu wenig Vertrauen führt zu Unsicherheit. Die richtige Balance ermöglicht es, mit Weisheit und Zuversicht zu handeln.

In welchen Bereichen deines Lebens könntest du mehr Vertrauen entwickeln? Welche Kontrolle könntest du loslassen, um mehr innere Balance zu finden?

Struktur schafft Freiheit.

Der Herrscher zeigt uns, dass Ordnung und Struktur nicht einengen, sondern die Basis für Freiheit und Wachstum bilden. Ohne klare Richtlinien und Organisation bleiben Ziele oft vage. Struktur schafft den Rahmen, in dem Kreativität und Entfaltung gedeihen können.

Überlege, wie mehr Struktur dir helfen kann, deine Energie effizienter zu nutzen und Raum für das zu schaffen, was dir wirklich wichtig ist.

Reflexion zur Botschaft des Herrschers

★ Bewahre deine eigenen Grenzen

Welche Werte sind für dich unverzichtbar, und wie lebst du sie im Alltag? Gibt es Prinzipien, die deine Entscheidungen leiten und dir Orientierung geben? Wo in deinem Leben überschreitest du deine eigenen Grenzen oder lässt sie von anderen überschreiten?

Welche Hindernisse könnten auftreten, wenn du für dich selbst einstehst? Könnten Zweifel, Angst vor Ablehnung oder Unsicherheit eine Rolle spielen? Wie könntest du diesen Herausforderungen mit Mut begegnen und deine innere Stärke bewahren?

★ Führung bedeutet Verantwortung

Verantwortung bedeutet nicht nur Pflichten zu erfüllen, sondern auch bewusst Entscheidungen zu treffen, die dein Umfeld positiv beeinflussen. Überlege, in welchen Bereichen deines Lebens du eine tragende Rolle spielst, sei es in der Familie, im Beruf, in Freundschaften oder in deinem persönlichen Wachstum.

Welche Rolle spielt Verantwortung in deinen täglichen Entscheidungen? Wie sehr leiten dich Werte wie Verlässlichkeit, Fairness und Integrität?

★ Ordnung für mehr Kreativität

In welchem Bereich deines Lebens könntest du mehr Struktur einführen, um deine Ziele besser zu erreichen?

Wie fühlt sich für dich der Zusammenhang zwischen Struktur und Freiheit an? Passen die beiden Begriffe überhaupt zusammen? Wenn ja, wie? Wenn nein, warum?

Reflexion zur Botschaft des Herrschers

✦ Stärke und Ausdauer

Denke an ein Ziel oder ein Projekt, das dir wirklich am Herzen liegt. Vielleicht ist es etwas, das du schon lange umsetzen möchtest, aber immer wieder aufschiebst. Wo in deinem Leben könntest du mehr Ausdauer zeigen, um dieses Ziel zu erreichen?

- Schreibe über dein Vorhaben und stelle eine Liste mit realistische, machbare Schritte, zusammen, um dein Ziel mit Entschlossenheit zu verfolgen. Welche kleinen, konsequenten Handlungen kannst du täglich oder wöchentlich tun, um deinem Ziel näher zu kommen?
- Gibt es Hindernisse, die dich bisher zurückgehalten haben? Wie kannst du diese bewusst angehen oder umgehen?
- Wähle drei konkrete Schritte aus der Liste, die du noch diese Woche unternehmen kannst.
- Notiere auch, wie du dich selbst motivieren kannst, dranzubleiben. Zum Beispiel durch eine Belohnung, durch Routinen oder indem du dir bewusst machst, warum dieses Ziel für dich so wichtig ist.

✦ Ordnung schaffen

Wähle einen Bereich in deinem Leben, der mehr Struktur benötigt, sei es deine Arbeit, deine Beziehungen oder dein persönlicher Alltag.

- Überlege, warum du dir hier mehr Ordnung wünschst und wie sie dir helfen könnte, Klarheit, Stabilität oder Fortschritt zu gewinnen.
- Schreibe konkrete Schritte auf, die du unternehmen kannst, um mehr Struktur zu schaffen. Denke dabei an kleine, umsetzbare Veränderungen, die eine langfristige Wirkung haben.

✦ Verantwortung vs. Kontrolle loslassen

Der Herrscher verkörpert Führung, Stabilität und Verantwortung. Überlege dir, wie du in einer aktuellen Situation eine Führungsrolle einnehmen könntest. Notiere, welche Werte und Prinzipien dich dabei leiten sollen. Welche Lebenserfahrung hast du gesammelt, die dir hilft, in schwierigen Zeiten Entscheidungen zu treffen?

Zu viel Kontrolle kann zu Starrheit und Dominanz führen. Wo könntest du loslassen und anderen mehr Vertrauen schenken? Denke an eine Situation, in der du versucht hast, die Kontrolle zu behalten. Wie hätte Loslassen die Situation verbessert?

Kreative Aufgaben "Der Herrscher"

 Dein Herrscher-Thron

Zeichne deinen eigenen Thron.

- Stelle dir vor, DU bist der Herrscher deines Lebens, wie würde dein Thron aussehen? Ist er aus Stein, Holz oder Metall? Ist er schlicht und massiv oder prunkvoll mit vielen Verzierungen?
- Welche Symbole stehen für deine Stärke und Autorität? z. B. eine Krone, ein Adler, Berge, Sterne oder Säulen.

 Balance für mehr Kontrolle

Zeichne eine Waage, bei der eine Seite für Kontrolle und die andere für Vertrauen steht. Anschließend kannst du reflektieren, welche Faktoren in deinem Leben das Gleichgewicht beeinflussen und wie du es ausbalancieren kannst.

- Ist deine Waage aktuell im Gleichgewicht oder neigt sie sich eher zu einer Seite?
- Welche Veränderungen könntest du vornehmen, um eine bessere Balance zu erreichen?

 Deine Botschaft des Herrschers

Meditiere über die Karte des Herrschers. Stelle dir vor, du stehst am Fuße einer großen Steintreppe. Vor dir ragt ein mächtiger Thron empor, der Kraft, Stabilität und Führung ausstrahlt. Spüre den festen Boden unter deinen Füßen und atme tief ein.

Mit jedem Schritt, den du hinaufgehst, wächst deine Klarheit. Du lässt Zweifel und Unsicherheiten hinter dir. Dein Gang wird aufrechter, dein Blick fester. Spüre, wie mit jeder Stufe dein Selbstbewusstsein und deine innere Stärke zunehmen.

Oben angekommen setzt du dich auf den Thron. Er ist ein Symbol für deine persönliche Macht, Verantwortung und Weisheit. Du bist Herr oder Herrscherin über dein eigenes Leben. Da erscheint ein sanftes Licht vor dir, und eine leuchtende Schrift formt sich in der Luft. Welche Botschaft kannst du erkennen?

Noch mehr Übungen und Reflexionsfragen

✦ Innere Stärke

Innere Stärke entsteht durch Selbstkenntnis. Je klarer du deine Werte definierst, desto einfacher wird es, dein Leben mit innerer Stärke und Integrität zu führen.

Reflektiere über deine inneren Prinzipien:

- Was sind deine drei wichtigsten Werte im Leben? Welche Überzeugungen sind für dich unverzichtbar?
- Wann fühlst du dich wirklich mit dir selbst im Einklang? Gibt es bestimmte Momente oder Entscheidungen, in denen du spürst, dass du vollkommen authentisch bist?
- Was sind drei Dinge, die du nicht länger akzeptieren wirst? Vielleicht Respektlosigkeit, zu viel Verantwortung für andere oder das Zurückstellen deiner eigenen Bedürfnisse.
- Lebst du tatsächlich nach deinen Werten? Wo handelst du bewusst danach, und wo gerätst du in Konflikt mit ihnen?
- In welchen Bereichen deines Lebens könntest du noch authentischer sein? Gibt es Situationen, in denen du dich anpasst, obwohl du eigentlich anders handeln möchtest?

Schreibe deine Antworten auf und nimm sie als Leitfaden für bewusste Entscheidungen.

✦ FührungsQualitäten

Wie kannst du deine Führungsfähigkeiten weiterentwickeln, um andere besser zu unterstützen? Führung bedeutet nicht Kontrolle, sondern die Fähigkeit, andere zu stärken und gemeinsam zu wachsen.

- Wie kannst du Führung auf Augenhöhe gestalten und andere in ihren Stärken fördern?
- Welche Aufgaben kannst du sinnvoll delegieren, um Effizienz zu steigern und Vertrauen aufzubauen?
- Wie kannst du durch klare Kommunikation und Empathie ein unterstützendes Umfeld schaffen?

✦ Affirmationen für mehr Stärke und Selbstbewusstsein

Schreibe drei Affirmationen, die dich daran erinnern, dass du Stärke und Selbstbewusstsein besitzt und auf fairer und verantwortungsvoller Weise Führung übernehmen kannst.

Beispiele: "Ich bin stark und handle mit Verantwortung."

"Ich erschaffe Struktur und finde Freiheit darin."

"Ich führe mit Weisheit, Ruhe und Klarheit."

Der Herrscher

"Der Herrscher" steht für Struktur, Führung und bewusste Kontrolle über das eigene Leben. Er verkörpert Stabilität, Disziplin und die Fähigkeit, klare Entscheidungen zu treffen. Seine Energie hilft, Chaos zu ordnen, Grenzen zu setzen und Verantwortung für sich selbst und andere zu übernehmen.

Während er Sicherheit und Schutz bietet, fordert er uns zugleich auf, unsere eigene Autorität anzuerkennen und aktiv unser Leben zu gestalten. Der Herrscher erinnert uns daran, dass wahre Stärke nicht in Kontrolle liegt, sondern in kluger Führung, innerer Klarheit und weisem Handeln.

Schreibe abschließend deine Gedanken und Erkenntnisse auf, die du aus der Arbeit mit dem Herrscher gewonnen hast, und wie du sie in deinem Leben anwenden möchtest.

5 Der Hierophant

5 Der Hierophant

Die Reise des Narren und die Lehren des Hierophanten

Nachdem der Narr vom Herrscher gelernt hat, wie Struktur und Ordnung sein Leben bereichern können, begegnet er dem Hierophanten. Dieser öffnet ihm die Tür zu einer anderen Art des Wissens, das nicht nur durch persönliche Erfahrung, sondern auch durch Tradition, Rituale und überlieferte Weisheit vermittelt wird.

Der Hierophant zeigt dem Narren, dass spirituelle Erkenntnis oft durch Symbole, Lehren und gemeinschaftliche Rituale zugänglich wird. Nicht alles muss neu erfunden werden. Viele Antworten, die er sucht, wurden bereits von anderen entdeckt und weitergegeben.

Die Lehren des Hierophanten

- **Tradition als Fundament nutzen:** Der Hierophant erinnert den Narren daran, dass das Wissen der Vergangenheit eine wertvolle Grundlage für die Zukunft bildet. Er zeigt ihm, dass er aus den Erfahrungen anderer schöpfen kann, ohne seine eigene Individualität zu verlieren.
- **Den Schlüssel zur inneren Weisheit finden:** Durch Rituale, Meditation und bewusste Reflexion lehrt der Hierophant, dass wahre Erkenntnis oft bereits in uns ruht. Es geht darum, den Zugang dazu zu finden und zu lernen, den eigenen inneren Lehrer zu erkennen.
- **Gemeinschaft und Verbindung:** Der Hierophant macht deutlich, dass spirituelles Wachstum nicht isoliert geschieht. Wissen wird durch Austausch vertieft, und jeder ist Teil eines größeren Gefüges. Die Erkenntnisse anderer können helfen, den eigenen Weg klarer zu sehen.
- **Hinterfrage überliefertes Wissen:** Der Hierophant lehrt auch, dass wahre Weisheit nicht allein in überliefertem Wissen liegt, sondern in der Fähigkeit, es zu hinterfragen, zu überprüfen und in die eigene Realität zu integrieren. Er fordert den Suchenden auf, Traditionen bewusst zu reflektieren und eine persönliche, lebendige Wahrheit zu finden, die Vergangenheit und Gegenwart miteinander verbindet.

Durch diese Begegnung erkennt der Narr, dass Weisheit sowohl aus persönlicher Erfahrung als auch aus dem kollektiven Wissen der Menschheit entsteht. Der Hierophant gibt ihm nicht nur Antworten, sondern auch die Werkzeuge, um tiefer in seine eigene Wahrheit einzutauchen und seinen Weg mit mehr Bewusstsein und Verständnis fortzusetzen.

Symbolik der Karte "Der Hierophant"

✳ **Der Hierophant:** Durch seine Symbole lehrt der Hierophant, dass spirituelle Erkenntnis oft durch Rituale, Traditionen und überliefertes Wissen zugänglich wird. Doch er fordert den Suchenden auch auf, dieses Wissen zu hinterfragen, es für sich selbst zu überprüfen und seinen eigenen Zugang zur Wahrheit zu finden. In dieser Darstellung wird deutlich, dass wahre Weisheit nicht nur in der Vergangenheit liegt, sondern auch im bewussten Weitergeben und Anpassen an die Gegenwart.

✳ **Die Krone** des Hierophanten ist reich verziert und symbolisiert nicht nur seine weltliche Autorität, sondern auch seine Verbindung zu spiritueller Weisheit. Jede Verzierung repräsentiert Aspekte des heiligen Wissens, das er verkörpert.
Die Krone symbolisiert, dass der Hierophant als Vermittler zwischen den göttlichen und irdischen Welten fungiert. Sie erinnert uns daran, dass wahre Autorität aus Weisheit und einem höheren Verständnis hervorgeht.

✳ **Der Schlüssel** steht für den Zugang zu verborgenen spirituellen Wahrheiten. Er symbolisiert die Brücke zwischen Bewusstsein und Unterbewusstsein und die Fähigkeit, heilige Geheimnisse zu entschlüsseln. Der Schlüssel zeigt, dass wahre Erkenntnis oft durch den Zugang zu tiefem Wissen, sowohl äußeren als auch inneren, erlangt wird.

✳ **Die beiden Säulen** in der Darstellung symbolisieren Stabilität, Dualität und den Eintritt in einen heiligen Raum. Sie erinnern an die Säulen von Boas und Jachin, die in der Karte der Hohepriesterin präsenter sind, und symbolisieren Gegensätze wie Tradition und Fortschritt, Wissen und Glauben, sowie auch die Weisheiten der Hohepriesterin. Die Säulen repräsentieren den spirituellen Tempel der Schutz, Orientierung und Struktur auf dem Weg zur Erkenntnis bietet.

✳ **Das Gewand** des Hierophanten ist reich verziert, häufig in Gold, Braun oder Rot gehalten, und geschmückt mit spirituellen Symbolen, die seine Verbindung zur göttlichen Ordnung betonen. Die Farben und Muster seines Gewandes deuten auf Erdverbundenheit und Weisheit hin. Sie zeigen, dass der Hierophant nicht nur spirituelles Wissen besitzt, sondern dieses Wissen auch in die materielle Welt integriert.

✳ **Funkelnde Sterne:** Die kleinen funkelnden Sterne über dem Kopf des Hierophanten repräsentieren Erleuchtung, göttliche Inspiration und das Streben nach Höherem. Sie symbolisieren, dass der Hierophant ein Lichtbringer ist, der Orientierung und Klarheit bietet. Die Sterne erinnern uns daran, dass die Verbindung zum Göttlichen das Leben erhellen kann und uns den Weg zu höherem Wissen und Weisheit zeigt.

Symbolik der Karte "Der Hierophant"

Vergleich mit dem ursprünglichen Rider-Waite-Tarot

✦ **Die Gestalt des Hierophanten:** In der klassischen Rider-Waite-Darstellung erscheint der Hierophant als eine würdige, fast priesterliche Gestalt mit einer hohen Tiara und traditionellen liturgischen Gewändern. Er thront zwischen zwei massiven Säulen, die für Stabilität, Tradition und geistige Ordnung stehen. Seine Haltung ist autoritär, und er strahlt eine sakrale, lehrende Präsenz aus. Seine rechte Hand ist zum Segen erhoben, während er mit der linken ein dreifaches Zepter hält, ein Zeichen für seine Herrschaft über Körper, Geist und Seele. Diese Darstellung des Hierophanten vermittelt das Bild eines strengen Lehrers, eines Vermittlers zwischen der göttlichen Wahrheit und den Menschen. Er steht für festgelegte Strukturen, traditionelle Weisheit und spirituelle Hierarchie.

Die beiden knienden Figuren zu seinen Füßen symbolisieren Schüler oder Gläubige, die bereit sind, seine Lehren zu empfangen. Hier ist Wissen nicht etwas, das individuell gesucht wird, sondern etwas, das durch Institutionen, Rituale und überlieferte Weisheiten weitergegeben wird.

In der alternativen Interpretation dieses Buches erscheint der Hierophant in einer völlig anderen Form. Anstelle der massiven, autoritären Erscheinung mit schweren Gewändern hat er eine leichtere, fast ätherische Gestalt mit elfenhaften Zügen. Seine spitzen Ohren deuten auf eine tiefere Verbindung zur Natur und feinstofflichen Energien hin, anstatt auf eine reine Zugehörigkeit zu einer organisierten Religion oder einer dogmatischen Lehre. Diese Version des Hierophanten symbolisiert eine Weisheit, die nicht aus starren Strukturen, sondern aus einer natürlichen, intuitiven Verbindung zur Welt entsteht. Während die Rider-Waite-Version den Hierophanten als Brücke zwischen dem Göttlichen und den Menschen durch feste Rituale und Gesetze darstellt, wirkt die elfenhafte Figur eher wie ein weiser Mystiker oder Druide, der Wissen auf sanfte, erdverbundene Weise vermittelt.

✦ **Die Schlüssel:** Ein zentrales Symbol der Rider-Waite-Karte sind die beiden Schlüssel, die vor dem Thron des Hierophanten liegen. Sie sind oft in Gold und Silber gehalten und stehen für die Verbindung zwischen Geist und Materie, Himmel und Erde, Bewusstsein und Unterbewusstsein. Die beiden Schlüssel erinnern daran, dass wahre Erkenntnis darin liegt, Gegensätze zu vereinen und das Gleichgewicht zwischen verschiedenen Aspekten des Lebens zu finden.

In der Interpretation dieses Buches hält der Hierophant den Schlüssel in der Hand, anstatt ihn nur vor sich liegen zu haben. Dies verstärkt seine Rolle als Lehrer und Wissensvermittler. Er besitzt nicht nur die Weisheit, sondern nutzt sie aktiv, um anderen den Zugang zu verborgenen Wahrheiten zu ermöglichen.

Symbolik der Karte "Der Hierophant"

Suche dir aus jedem beliebigen Tarot-Kartendeck die Karte des Hierophanten und betrachte die Karte genau. Welche Elemente springen dir als erstes ins Auge? Welche Symbole ziehen dich besonders an? Was könnten diese Symbole für dich persönlich bedeuten?

Die Symbole der Karte "Der Hierophant"

Symbole interpretieren

1 Die Krone symbolisiert weltliche Autorität und seine Verbindung zu spiritueller Weisheit. Was könnte die reiche Verzierung der Krone für dich persönlich symbolisieren? Entwirf deine eigene Krone. Welche Symbole würdest du darauf platzieren, um deine Weisheit und Erfahrungen darzustellen?

Die Krone

2 Welche verborgenen „Schlüssel" zu Weisheit und Erkenntnis trägst du in dir?
Schreibe auf, welche Geheimnisse oder Lektionen in deinem Leben dir geholfen haben, inneres Wachstum zu erlangen.

Die Schlüssel zur Weisheit

3 Wie schaffst du in deinem Leben Stabilität und Balance zwischen Gegensätzen?
Zeichne zwei Säulen und beschrifte sie mit zwei Aspekten deines Lebens, die sich ergänzen oder balancieren. Schreibe auf, wie du diese Balance bewahrst.

Die Säulen

Symbolik der Karte "Der Hierophant"

Wenn du ein zusätzliches Symbol auf die Karte setzen könntest, welches wäre das? Warum würdest du es wählen, und was würde es repräsentieren?

Dein eigenes Symbol

Eigenschaften der Karte "Der Hierophant"

Positive Eigenschaften:

- Weisheit
- Wahrheit
- Spirituelle Führung
- Tradition und Stabilität
- Verbundenheit

Weitere positive Eigenschaften

Negative Eigenschaften:

- Dogmatismus
- Starrheit
- Übermäßige Abhängigkeit von Ritualen und Gesetzen
- Eigene innere Weisheit vernachlässigen
- Der Fokus auf Traditionen hemmt die Individualität

Weitere negative Eigenschaften

Botschaften der Karte "Der Hierophant"

Wissen ist der Schlüssel zur Selbsterkenntnis.

Der Hierophant lehrt, dass Wissen nicht nur den Verstand schärft, sondern auch spirituell befreiend wirken kann. Er ermutigt uns, neue Perspektiven zu erkunden, Weisheiten aufzunehmen und über uns selbst hinauszuwachsen.

Ob durch inspirierende Bücher, Meditation oder Gespräche mit Mentoren, jede Form des Lernens öffnet neue Türen. Selbsterkenntnis entsteht, wenn wir bereit sind, unser Denken zu erweitern und neue Wege zu gehen.

Tradition ist der Anker in turbulenten Zeiten.

Der Hierophant erinnert uns daran, dass Traditionen und Rituale, besonders in unsicheren Zeiten, Stabilität und Orientierung bieten. Sie verbinden uns mit unseren Wurzeln und schenken ein tiefes Gefühl der Zugehörigkeit.

Rituale wie das Zünden einer Kerze, das Schreiben in einem Tagebuch oder das bewusste Innehalten können einfache, aber kraftvolle Wege sein, um inneren Frieden zu finden.

Ein wahrer Lehrer bleibt immer auch Schüler.

Das Streben nach Wissen endet nie. Der Hierophant zeigt, dass selbst der erfahrenste Lehrer immer Neues zu lernen hat. Wahres Wachstum entsteht durch Neugier, Offenheit und Demut.

Jeder Mensch kann uns etwas Neues beibringen. Diese Haltung bewahrt uns vor Stillstand und Arroganz, denn wahre Weisheit liegt in der Bereitschaft, stets weiterzulernen.

Spirituelles Wachstum beginnt mit dem Zuhören.

Der Hierophant lehrt, dass tiefe Erkenntnis oft mit der Fähigkeit beginnt, wirklich zuzuhören. Zuhören bedeutet, nicht nur Worte wahrzunehmen, sondern auch die Zwischentöne, die Stille und die eigene innere Stimme. Es ist ein Weg, um mit sich selbst und anderen in Einklang zu kommen.

Verbinde Himmel und Erde in deinem Sein.

Der Hierophant symbolisiert die Brücke zwischen der materiellen und der spirituellen Welt. Er fordert uns auf, beide Aspekte in Einklang zu bringen und die Weisheit des Universums bewusst im Alltag zu leben.

Spirituelle Praktiken wie Gebet, Meditation oder bewusste Achtsamkeit helfen uns, die Verbindung zwischen höheren Idealen und den Anforderungen des Lebens herzustellen. Wahre Erkenntnis liegt in der Balance zwischen Himmel und Erde.

Reflexion zur Botschaft des Hierophanten

★ Tradition und Weisheit

Traditionen und Rituale sind tief mit unserer Identität und unserem Gefühl von Zugehörigkeit verbunden. Sie geben uns Stabilität, Orientierung und oft auch Trost in herausfordernden Zeiten. Welche Rituale begleiten dich in deinem Alltag? Gibt es eine Tradition, die du besonders schätzt, sei es aus deiner Familie, Kultur oder deinem eigenen spirituellen Weg?

Schreibe über ein Ritual oder eine Tradition, die dir wichtig ist. Was bedeutet sie für dich? Warum praktizierst du sie gerne? Wie hilft sie dir, dich mit dir selbst oder mit etwas Größerem verbunden zu fühlen?

★ Lernen und Lehren

Wo in deinem Leben bist du ein Schüler, und wo ein Lehrer? Lässt du es zu, dass dich andere belehren? Bist du offen für neue bzw. andere Ansichten von Dingen?

Schreibe über eine wichtige Lektion, die du gelernt hast. Was hat sie dir gelehrt und wie kannst du sie in deinen Alltag integrieren?

★ Verbindung zur spirituellen Welt

Wie verbindest du dich mit deinem inneren Wissen oder dem Göttlichen? Meditation ist eine der tiefsten und kraftvollsten Methoden, um Zugang zu deinem inneren Wissen zu finden. Welche Methoden fallen dir noch ein? Z.B. Journaling, Gebete oder Atemübungen.

Notiere eine tägliche Praxis, die nur ein paar Minuten dauert und dir hilft, dich mit deiner spirituellen Seite zu verbinden. Was könnte sich in dir verändern, würdest du sie als festen Bestandteil in deine tägliche Routine integrieren?

Reflexion zur Botschaft des Hierophanten

✦ Tradition neu interpretieren

Rituale und Symbole aus verschiedenen spirituellen oder persönlichen Traditionen können eine Brücke zu unserem inneren Wissen sein. Sie helfen uns, innezuhalten, uns zu zentrieren und bewusst mit uns selbst oder etwas Größerem in Verbindung zu treten.

- Gibt es eine Tradition oder ein Ritual, das dich anspricht, sei es aus deiner eigenen oder einer fremden Kultur, einer spirituellen Richtung oder einfach aus deinem Alltag? Vielleicht hast du schon ein kleines Morgenritual, einen Glücksbringer oder eine Geste, die dir Sicherheit gibt.
- Wähle ein Ritual, das dich fasziniert, und überlege, wie du es auf deine eigene Weise anpassen kannst. Was bedeutet es für dich persönlich? Welche neue Bedeutung kannst du ihm geben? Wie könnte es sich harmonisch in deinen Lebensstil integrieren?
- Schreibe auf, wie du dieses Ritual bewusst gestalten und vertiefen kannst. Vielleicht möchtest du es mit neuen Symbolen erweitern, es zu einem täglichen Moment der Achtsamkeit machen oder mit einer eigenen Intention füllen. Dein Ritual, deine Bedeutung.

✦ Die Suche nach der Weisheit

Welche Weisheit möchtest du in deinem Leben noch entdecken oder vertiefen? Gibt es ein Thema, das dich besonders fasziniert, eine Fähigkeit, die du entwickeln möchtest, oder eine tiefere Wahrheit, die du verstehen willst?

- Wie kannst du diesem Wissen näherkommen? Durch Bücher und Studien, den Austausch mit erfahrenen Menschen oder eigene direkte Erfahrungen? Finde heraus, welcher Weg dich am meisten anspricht
- und setze den ersten Schritt.

✦ Stabilität vs. alte Strukturen

Wie kannst du die Weisheit und Stabilität, die der Hierophant repräsentiert, stärker in deinem Alltag verankern? Notiere eine konkrete Situation, in der du Stabilität oder Weisheit ausstrahlen möchtest. Überlege dir, wie du dies umsetzen könntest.

Gibt es Bereiche in deinem Leben, in denen du zu sehr an Traditionen oder alten Strukturen festhältst? Denke an eine Situation, in der du dich vielleicht durch starren Glauben oder Regeln eingeschränkt gefühlt hast. Schreibe auf, wie du dich davon lösen und mehr Flexibilität entwickeln kannst.

Kreative Aufgaben "Der Hierophant"

 Collage „Landkarte des Wissens"

Schneide aus Zeitschriften, alten Büchern oder Zeitungen Bilder, Symbole oder Wörter aus, die für dein Wissen und Lernen stehen. Füge eigene Zeichnungen oder handgeschriebene Notizen hinzu.

Stell dir vor, dein Wissen ist wie eine Karte mit verschiedenen Gebieten:

- Berge des Gelernten (Schule, Studium, Bücher)
- Fluss der Erfahrung (Erlebnisse, Fehler, Wachstum)
- Wälder der Intuition (Bauchgefühl, innere Weisheit)
- Pfad der Neugier (Dinge, die du noch lernen willst)

 Dein Schlüssel öffnet den heiligen Raum

Zeichne oder gestalte einen Schlüssel, der für dich ein Symbol der Weisheit oder inneren Wahrheit ist und schreibe auf, welche Tür dieser Schlüssel in deinem Leben öffnen kann.

- Steht sie für eine neue Erkenntnis, einen persönlichen Durchbruch oder den Zugang zu einer tieferen Wahrheit? Vielleicht öffnet er eine Tür zu deinem wahren Selbst, zu einem unentdeckten Potenzial oder zu einem lange verborgenen Wunsch.
- Beschreibe den „heiligen Raum", der sich hinter dieser Tür befindet. Wie sieht er aus? Welche Elemente sind enthalten, die dich inspirieren und Kraft schenken?

 Deine Botschaft des Hierophanten

Meditiere über die Karte des Hierophanten. Stell dir vor, du stehst vor einem alten, prachtvollen Tempel. Die hohen Säulen und kunstvollen Ornamente strahlen eine tiefe Weisheit aus. Dies ist der Tempel des Wissens – ein Ort, an dem die Antworten auf deine Fragen verborgen sind.

Langsam steigst du die breiten Stufen hinauf. Mit jedem Schritt öffnest du dich mehr für neue Erkenntnisse, bereit, deinem inneren Lehrer zu begegnen. Welche Botschaft hat er für dich?

Noch mehr Übungen und Reflexionsfragen

✦ Zwischen den Gegensätzen

Das Leben besteht aus Gegensätzen – Rationalität und Intuition, Pflicht und Freiheit, Tradition und Fortschritt. Diese Kräfte scheinen oft im Widerspruch zu stehen, doch wahre Weisheit liegt nicht darin, sich für eine Seite zu entscheiden, sondern darin, eine Brücke zwischen ihnen zu bauen.

- Wie gelingt es dir, deine innere Balance zu finden? Wann vertraust du auf deinen Verstand, und wann lässt du dich von deiner Intuition leiten? In welchen Momenten spürst du, dass deine Werte aus der Vergangenheit dir eine stabile Grundlage geben, während du gleichzeitig offen für Veränderung bleibst?
- Schreibe über eine Situation, in der du scheinbare Gegensätze in Einklang gebracht hast. Was hat dir geholfen, eine Balance zu finden? Welche Erkenntnisse kannst du daraus für deine zukünftigen Entscheidungen mitnehmen?

✦ Dein Wissen vermitteln

Gibt es ein Thema, das dich mit Leidenschaft erfüllt? Etwas, über das du stundenlang sprechen könntest, weil es dich fasziniert und bereichert? Vielleicht ist es ein kreatives Hobby, eine spirituelle Praxis, eine besondere Fähigkeit oder ein Bereich des Wissens, der dich tief berührt.

- Schreibe darüber, warum dieses Thema für dich so bedeutend ist. Was macht es so spannend? Welche Erkenntnisse oder Erlebnisse haben dich besonders geprägt?
- Überlege, wie du dein Wissen mit anderen teilen kannst. Welche Aspekte sind besonders wichtig? Wie kannst du es so vermitteln, dass es verständlich, lebendig und inspirierend wirkt? Könntest du es in einfachen Worten erklären, mit persönlichen Erfahrungen verknüpfen oder durch anschauliche Beispiele greifbar machen?
- Wissen wird wertvoll, wenn es weitergegeben wird. Stelle dir vor, du würdest jemanden für dein Thema begeistern wollen, wie würdest du es tun?

★ Affirmationen für innere Weisheit und Wissen

Schreibe drei Affirmationen, die dir helfen, die Lehren des Hieophanten zu verinnerlichen.
Beispiele: "Ich öffne mich für die Weisheit, die mich umgibt."
"Ich finde Stabilität in Traditionen und Offenheit im Lernen."
"Ich teile mein Wissen mit Liebe und Demut."

Der Hierophant

"Der Hierophant" steht für Wissen, spirituelle Führung und die Verbindung zwischen Himmel und Erde. Er repräsentiert Traditionen, Lehren und tiefere Einsichten, die uns auf unserem Lebensweg begleiten.

Seine Energie erinnert uns daran, dass Weisheit sowohl aus äußeren Quellen, wie Lehrern, Büchern oder Ritualen, als auch aus unserem eigenen Inneren kommt. Er lädt uns ein, die verborgenen Wahrheiten des Lebens zu erforschen, Glaubenssätze zu hinterfragen und unser Wissen mit Sinn und Verantwortung zu nutzen.

Der Hierophant zeigt uns, dass wahre Erkenntnis nicht nur im Lernen, sondern im bewussten Erleben liegt.

Schreibe abschließend deine Gedanken und Erkenntnisse auf, die du aus der Arbeit mit dem Hierophanten gewonnen hast, und wie du sie in deinem Leben anwenden möchtest.

6 Die Liebenden

6 Die Liebenden

Die Reise des Narren und die Lehren der Liebenden

Nachdem der Narr vom Hierophanten gelernt hat, wie Tradition und spirituelle Verbundenheit ihm Orientierung geben können, begegnet er den Liebenden. Diese Begegnung konfrontiert ihn mit der Essenz von Beziehungen, Liebe und den Entscheidungen, die mit ihnen einhergehen. Er erkennt, dass Liebe weit über reine Emotion hinausgeht. Sie erfordert Hingabe, Verständnis und manchmal auch die Bereitschaft, Kompromisse einzugehen oder Opfer zu bringen.

Die Lehren der Liebenden

- **Verbindung und Selbstreflexion:** Die Liebenden zeigen dem Narren, dass jede Beziehung ein Spiegel ist. Sie reflektiert seine Stärken, aber auch seine Ängste, Unsicherheiten und unbewussten Muster. Durch seine Beziehungen kann er sich selbst besser verstehen und wachsen.
- **Entscheidungen mit dem Herzen treffen:** Liebe ist nicht nur ein Gefühl, sondern oft eine Entscheidung. Die Liebenden lehren ihn, bewusst zu wählen, sei es in Beziehungen oder im Leben allgemein. Er lernt, seinem Herzen zu folgen und Entscheidungen zu treffen, die mit seinen tiefsten Werten und seiner inneren Wahrheit übereinstimmen.
- **Harmonie in Gegensätzen finden:** Die Liebenden erinnern den Narren daran, dass Gegensätze keine Hindernisse, sondern Möglichkeiten für Wachstum sind. Wahre Einheit entsteht nicht durch Gleichheit, sondern durch das bewusste Zusammenführen verschiedener Energien. Beziehungen, die auf gegenseitigem Verständnis und Akzeptanz beruhen, schaffen eine tiefe, harmonische Verbindung.

Mit diesen Erkenntnissen setzt der Narr seine Reise fort. Er hat nun ein tieferes Verständnis für die Kraft der Liebe und die Verantwortung, die sie mit sich bringt. Die Liebenden schenken ihm nicht nur Weisheit über Beziehungen, sondern auch über sich selbst. Er versteht, dass wahre Harmonie sowohl in zwischenmenschlichen Verbindungen als auch im eigenen Inneren entsteht.

Symbolik der Karte "Die Liebenden"

✳ **Die beiden Figuren:** Die beiden einander gegenüberstehenden Figuren verkörpern Gegensätze und Harmonie zugleich. Sie repräsentieren Yin und Yang, das Maskuline und das Feminine oder die bewussten und unbewussten Anteile eines Individuums. Ihre Haltung drückt Nähe, Respekt und tiefe Verbindung aus und betont das Potenzial einer harmonischen Partnerschaft. Gleichzeitig symbolisieren sie die Notwendigkeit, Entscheidungen zu treffen, die sowohl die individuelle Freiheit als auch die Partnerschaft achten.

✳ **Der Baum** steht für Stabilität, Wachstum und die Verbindung zwischen Himmel und Erde. Seine Äste streben nach oben, während seine Wurzeln tief in der Erde verankert sind. Das ist ein Symbol für das Gleichgewicht zwischen materieller Welt (Wurzeln) und spirituellem Streben (Äste). Er zeigt, dass Liebe Zeit, Pflege und Hingabe benötigt, um zu wachsen.

✳ **Die Zweige des Baumes**, die sich wie eine schützende Umarmung um die Szene legen, symbolisieren Sicherheit und Geborgenheit, die in einer liebevollen Verbindung gefunden werden können. Sie stehen für die Stabilität, die entsteht, wenn zwei Menschen einander unterstützen und Halt geben.
Die schützenden Zweige erinnern daran, dass Beziehungen sowohl ein Zufluchtsort als auch ein Ort des Wachstums sein können und ein Raum, in dem Vertrauen, Fürsorge und gemeinsame Entwicklung möglich sind.

✳ **Die Flügel einer Figur:** Die Flügel, die eine der Figuren trägt, sind ein kraftvolles Symbol für Spiritualität, Schutz und die göttliche Dimension der Liebe.
Sie repräsentieren die Präsenz des Göttlichen, das über diese Verbindung wacht. Wahre Liebe ist nicht nur eine emotionale, sondern auch eine spirituelle Erfahrung. Sie ist frei, bedingungslos und inspiriert von höheren Idealen.

✳ **Der gepflasterte Pfad:** Der Pfad steht für den Weg des Lebens und die Entscheidungen, die darauf getroffen werden müssen.
Jeder Schritt auf diesem Weg symbolisiert eine bewusste Wahl, die das Leben und die Beziehung formt. Er zeigt, dass Liebe eine gemeinsame Reise ist, die von beiden bewusst gestaltet wird.

✳ **Die Farben und das Licht:** Die warmen, erdigen Farben der Szene schaffen eine Atmosphäre der Geborgenheit und Harmonie. Das Licht im Hintergrund symbolisiert Klarheit, Hoffnung und göttliche Führung. Die Farben stehen für die Verbindung zur Realität, während das Licht auf die höhere Präsenz hinweist, die die Beziehung segnet und leitet.

Symbolik der Karte "Die Liebenden"

Vergleich mit dem ursprünglichen Rider-Waite-Tarot

✦ **Die Darstellung der Figuren:** In der Rider-Waite-Karte stehen Adam und Eva unter zwei verschiedenen Bäumen - dem Baum des Lebens und dem Baum der Erkenntnis. Diese Darstellung verweist auf das biblische Motiv der Entscheidung und den Übergang vom Paradies in die bewusste menschliche Existenz. Über den beiden Figuren wacht der Erzengel Raphael, der als Schutzengel und Vermittler zwischen menschlicher Liebe und göttlicher Führung fungiert. Seine Anwesenheit unterstreicht, dass Liebe nicht nur eine irdische Verbindung, sondern auch eine spirituelle Dimension besitzt.

In der Darstellung in diesem Buch hingegen stehen die Figuren ohne die Präsenz eines Engels, gleichberechtigt einander gegenüber. Dies rückt die menschliche Erfahrung und Verantwortung in den Vordergrund. Während die Rider-Waite-Version betont, dass Liebe und Beziehungen unter göttlichem Schutz stehen, zeigt diese Interpretation, dass es die Menschen selbst sind, die ihre Verbindungen gestalten. Die Verantwortung für Liebe und Entscheidungen liegt bei den Liebenden selbst.

✦ **Der Symbolismus des Engels:** In der Rider-Waite-Karte schwebt der Engel über den Figuren und breitet seine Arme in einer segnenden Geste aus. Dies verdeutlicht, dass die Liebe der Liebenden nicht nur von Gefühlen, sondern auch von einer höheren spirituellen Kraft geleitet wird. Raphael ist zudem der Engel der Heilung, was darauf hinweist, dass wahre Liebe nicht nur verbindet, sondern auch emotionalen und seelischen Wachstum fördert.

In dieser neuen Interpretation jedoch sind keine äußeren Engel zu sehen. Stattdessen trägt eine der Figuren Flügel, was darauf hinweist, dass Spiritualität und höhere Erkenntnis nicht von außen kommen, sondern in uns selbst liegen.

✦ **Der Baum und die Umgebung:** In der Rider-Waite-Darstellung stehen die beiden Bäume für zwei grundlegende Aspekte menschlicher Erfahrung:

- Der Baum der Erkenntnis, hinter Eva, ist mit einer Schlange umwunden und steht für das Wissen um Gut und Böse, für Versuchung und für die Entscheidung, sich dem Bewusstsein und der menschlichen Erfahrung zuzuwenden.
- Der Baum des Lebens, hinter Adam, steht für Unschuld, Lebenskraft und spirituelle Verbindung.

Diese beiden Bäume symbolisieren das Spannungsfeld, in dem sich die Liebenden befinden: die Wahl zwischen Unschuld und Erkenntnis, zwischen Instinkt und Bewusstsein, zwischen Abhängigkeit und Freiheit.

In der modernen Darstellung dieses Buches wird der Baum jedoch nicht als moralisches Symbol, sondern als ein Element des Wachstums und der Stabilität dargestellt.

Symbolik der Karte "Die Liebenden"

Suche dir aus jedem beliebigen Tarot-Kartendeck die Karte der Liebenden und betrachte die Karte genau. Welche Elemente springen dir als erstes ins Auge? Welche Symbole ziehen dich besonders an? Was könnten sie für dich persönlich bedeuten?

Die Symbole der Karte "Die Liebenden"

Symbole interpretieren

1 Was bedeuten die beiden Figuren für dich? Welche verschiedenen Aspekte deiner Persönlichkeit spiegeln sie wider?
Schreibe über eine wichtige Beziehung in deinem Leben. Welche Gegensätze oder Gemeinsamkeiten prägen diese Beziehung? Was macht sie so besonders?

Die Beziehung der beiden Figuren

2 Was bedeuten die Flügel für dich? In welchen Beziehungen fühlst du dich beschützt oder inspiriert? Schreibe über eine Person, die dir spirituelle oder emotionale Unterstützung gibt. Was lernst du von ihr?

Die Flügel

3 Wie symbolisiert der Pfad in der Karte Entscheidungen, die du treffen musst?
Notiere eine wichtige Entscheidung, die du vor kurzem getroffen hast. Was hat dich dabei geleitet? Was hat dich dazu bewegt, schlussendlich die Entscheidung zu treffen?

Der Pfad aus Steinen

Symbolik der Karte "Die Liebenden"

Wenn du ein zusätzliches Symbol auf die Karte setzen könntest, welches wäre das? Warum würdest du es wählen, und was würde es repräsentieren?

Dein eigenes Symbol

Eigenschaften der Karte "Die Liebenden"

Positive Eigenschaften:

- Verbundenheit
- Harmonie
- Respekt
- Bewusst Entscheidungen treffen
- Liebe als Transformation
- Gemeinsam wachsen

Weitere positive Eigenschaften

Negative Eigenschaften:

- Abhängigkeit
- Persönliches Wachstum hemmen
- Andere in ihrem Wachstum hemmen
- Unentschlossenheit
- Konflikte in der Dualität
- Missbrauch

Weitere negative Eigenschaften

Botschaften der Karte "Die Liebenden"

Liebe ist ein Spiegel.

Beziehungen zeigen uns nicht nur die schönen, sondern auch die verborgenen Seiten unseres Wesens. Sie reflektieren unsere Stärken, aber auch unsere Unsicherheiten, Ängste und Muster. Diese Spiegelung gibt uns die Möglichkeit, uns selbst bewusster wahrzunehmen und zu wachsen.

Wenn du liebst, lernst du auch, dich selbst anzunehmen. Konflikte oder Unsicherheiten in einer Beziehung sind oft Hinweise auf innere Themen, die Heilung brauchen.

Frage dich: Was zeigt dir diese Verbindung über dich selbst? Welche inneren Themen fordern dich auf, genauer hinzusehen?

Entscheidungen formen unser Leben.

Jede Wahl, besonders in Beziehungen, trägt Verantwortung. Die Liebenden erinnern daran, dass dein Herz und deine Intuition oft die klarsten Wegweiser sind.

Entscheidungen, die aus Liebe und Bewusstsein getroffen werden, legen den Grundstein für Wachstum und Harmonie. Frage dich: Handelst du im Einklang mit deinen Werten? Fühlst du dich in deiner Entscheidung frei und authentisch?

Gegensätze bereichern die Beziehung.

Unterschiede zwischen Menschen können sowohl Herausforderungen als auch Chancen für Wachstum sein. Wahre Harmonie entsteht nicht durch Gleichheit, sondern durch das bewusste Zusammenwirken unterschiedlicher Energien.

Ein spontaner und ein organisierter Partner mögen auf den ersten Blick widersprüchlich erscheinen, doch genau darin liegt ihr Potenzial. Sie können voneinander lernen und eine Balance erschaffen, die sonst keiner von beiden allein erreichen würde.

Liebe ist eine Reise, nicht das Ziel.

Liebe ist kein statischer Zustand, sondern ein lebendiger Prozess, der sich stetig verändert und entwickelt. Beziehungen durchlaufen Höhen und Tiefen, und jede Phase birgt die Chance, die Bindung zu vertiefen und einander immer wieder neu zu entdecken.

Langjährig harmonische Partnerschaften bestehen nicht, weil alles perfekt ist, sondern weil beide bereit sind, sich gegenseitig mit Geduld und Offenheit zu begegnen.

Spirituelle Liebe fördert persönliche Entwicklung.

Liebe ist mehr als eine emotionale oder körperliche Verbindung. Spirituelle Liebe inspiriert uns, unser höchstes Potenzial zu entfalten und tiefere Verbindungen zu anderen und zum Universum zu spüren. Eine Partnerschaft, die auf gegenseitiger Unterstützung und spirituellen Werten basiert, hilft beiden, bewusster zu leben.

Reflexion zur Botschaft der Liebenden

★ Stabilität und Wachstum

Stabilität entsteht durch Vertrauen, Respekt und Verlässlichkeit, während Wachstum Offenheit, Reflexion und Anpassungsfähigkeit erfordert. Was bedeutet für dich Stabilität und Wachstum in einer Beziehung? Welche Aspekte geben dir in einer Beziehung Sicherheit?

Veränderung und Weiterentwicklung erfordern Mut, die Bereitschaft, den gewohnten Kurs zu verlassen und neue Wege zu gehen. Doch wie kannst du gleichzeitig offen für diese Veränderungen bleiben, ohne die Stabilität aus den Augen zu verlieren, die dir Halt gibt?
Wo wünschst du dir ein sicheres Fundament, auf das du dich verlassen kannst? Und wo strebst du nach mehr Wachstum und Veränderung?

★ Verantwortung in Beziehungen

In welchen Situationen hast du schon einmal Verantwortung in einer Beziehung übernommen ohne dass du das wolltest? Was hat dich dazu gebracht?

In jeder Beziehung tragen beide Verantwortung für sich und füreinander. Was bedeutet diese Aussage für dich? Wie definierst du Verantwortung in einer Beziehung?

★ Gegensätze ziehen sich an

Welche Gegensätze existieren in deinem Leben? Z.B. Herz vs. Verstand, Hingabe vs. Ablehnung oder Harmonie vs. Konflikt. Wie kannst du sie in Balance bringen?

Welche gegensätzlichen Eigenschaften findest du toll bei anderen? Überlege dir, warum du sie bewunderst? Würdest du diese Eigenschaften gerne selber haben oder doch lieber nicht?

Reflexion zur Botschaft die Liebenden

⭐ Verantwortung in Beziehungen

Verantwortung in Beziehungen bedeutet, bewusst Entscheidungen und Handlungen zu übernehmen, die das Wohl der Beziehung und der beteiligten Personen fördern. Es bedeutet, für die eigenen Bedürfnisse einzustehen, ohne die des anderen zu ignorieren, und die Konsequenzen des eigenen Verhaltens zu tragen. Verantwortung erfordert Empathie, Respekt und die Bereitschaft, Konflikte konstruktiv zu lösen.

- Was bedeutet Verantwortung für dich?
- Schreibe 5 konkrete Beispiele für Verantwortung in Beziehungen.

⭐ Nicht über deine Grenzen

Deine Werte sind die Grundlage deiner Entscheidungen und Handlungen. Sie bestimmen, was dir im Leben wirklich wichtig ist und geben dir Orientierung, besonders in schwierigen Situationen. Werte wie Ehrlichkeit, Respekt oder Freiheit sind nicht nur abstrakte Begriffe, sondern Prinzipien, die dein tägliches Leben prägen.

- Welche Werte sind für dich unverzichtbar? Warum sind sie dir wichtig? Überlege dir, in welchen Bereichen deines Lebens du bereits in Übereinstimmung mit diesen Werten handelst und wo du vielleicht noch bewusster nach ihnen leben könntest.
- Schreibe drei deiner wichtigsten Werte auf und erkläre, warum sie dir bedeutsam sind.
- Denke an eine Entscheidung, die du in letzter Zeit getroffen hast. War sie im Einklang mit deinen Werten? Wenn nicht, was könntest du in Zukunft anders machen?

⭐ Konfliktlösung

Wie kannst du Harmonie und gegenseitiges Verständnis in deinen Beziehungen stärken? Schreibe über eine Beziehung, in der du bewusst dazu beigetragen hast, Konflikte zu lösen oder Harmonie zu fördern. Welche Wirkung hatte das auf die Beziehung?

Gibt es Beziehungen, in denen du dich von Gegensätzen überfordert fühlst? Wie könntest du damit umgehen? Notiere eine Situation, in der Gegensätze in einer Beziehung zu einem Konflikt geführt haben. Überlege, wie du diese Unterschiede als Bereicherung betrachten könntest, und formuliere eine konkrete Handlung, die du ausprobieren kannst.

Kreative Aufgaben "Die Liebenden"

 ## Zwei Hälften – Ein Ganzes

Erstelle eine Zeichnung mit zwei gegensätzlichen, aber miteinander verbundenen Elementen.
- Schritt 1: Teile dein Zeichenblatt in zwei Hälften (vertikal oder diagonal).
- Schritt 2: Zeichne auf jeweils einer Hälfte symbolische Motive, die auf den ersten Blick gegensätzlich erscheinen, aber gemeinsam eine Einheit bilden Z.B. Sonne & Mond, Feuer & Wasser, Tag & Nacht oder Mensch & Natur
- Schritt 3: Verbinde die gegensätzlichen Motive zu einer Einheit.

Was bedeuten diese beiden Seiten für dich? Wie bilden sie aus ihren Gegensätzlichkeiten ein Ganzes?

 ## Entscheidungsspiel

Denke an drei wichtige Entscheidungen, die du in letzter Zeit getroffen hast. Welche Faktoren haben deine Wahl beeinflusst? War es dein Verstand, der nach Logik und Sicherheit suchte? Oder dein Herz, das dich von Emotionen und Intuition leiten ließ? Vielleicht war es eine Balance aus beidem?
- Notiere drei Entscheidungen und die Hauptfaktoren, die dich beeinflusst haben.
- Überlege, wohin diese Entscheidungen geführt haben. Haben sie dich näher zu deinen Zielen gebracht oder fühlst du, dass du heute etwas anders machen würdest?
- Würdest du eine Entscheidung heute anders treffen? Welche neuen Erkenntnisse hast du gewonnen? Wie kannst du dieses Wissen für zukünftige Entscheidungen nutzen?

 ## Deine Botschaft der Liebenden

Meditiere über die Karte der Liebenden. Vor dir erscheint eine Gestalt. Vielleicht bist es du selbst, ein geliebter Mensch oder eine symbolische Verkörperung von Liebe. Zwischen euch entsteht ein sanfter Lichtstrahl, der eure Herzen verbindet.

Spüre die Energie der Liebe, des Verständnisses und der Harmonie zwischen euch. Lass dieses Gefühl dein Herz erfüllen und höre in dich hinein, gibt es eine Botschaft, ein Gefühl oder ein Symbol, das dir diese Gestalt mitteilen möchte?

Noch mehr Übungen und Reflexionsfragen

✦ Identität in Beziehungen

Eine gesunde Beziehung bedeutet, dass beide Partner als eigenständige Persönlichkeiten existieren, während sie gleichzeitig eine gemeinsame Basis schaffen. Es geht darum, dich selbst mit all deinen Wünschen, Bedürfnissen und Stärken zu erkennen, ohne dich dabei zu verlieren. Die Balance zwischen Individualität und Verbindung ist entscheidend, damit sich beide in der Beziehung erfüllt fühlen.

- Welche Rolle hast du in vergangenen Beziehungen eingenommen? Warst du eher der Gebende oder hast du dich vielleicht zu sehr angepasst? Hat sich diese Dynamik für dich stimmig angefühlt oder gab es Momente, in denen du dich unausgeglichen oder nicht gesehen gefühlt hast?
- Welche Werte möchtest du leben? Wo kannst du heute bewusster darauf achten, deine eigenen Bedürfnisse zu kommunizieren und deine Grenzen zu wahren?

✦ Spiegel oder Reflexion

Der Unterschied zwischen Spiegel und Reflexion liegt in der Art und Weise, wie wir Dinge wahrnehmen und verstehen. Ein Spiegel zeigt eine direkte, oft oberflächliche Abbildung dessen, was vor ihm steht. Er reflektiert das Äußere, aber ohne Tiefe oder Interpretation. Eine Reflexion hingegen geht über das bloße Abbild hinaus und fordert Nachdenken, Hinterfragen und das Erkennen von Zusammenhängen.

Ein Spiegel kann dir dein Gesicht zeigen, aber eine Reflexion kann dir offenbaren, was dein Ausdruck über deine Gefühle aussagt. Ein Spiegelbild ist statisch, doch eine Reflexion ermöglicht Veränderung und Wachstum. Sich selbst und andere besser zu verstehen bedeutet, nicht nur auf den Spiegel zu schauen, sondern sich aktiv mit der Reflexion auseinanderzusetzen.

- Wo in deinem Leben siehst du nur ein Spiegelbild, anstatt wirklich zu reflektieren?
- Wie kannst du bewusster mit deinen Beziehungen und deiner persönlichen Entwicklung umgehen?

★ Affirmationen für Liebe und Harmonie

Schreibe drei Affirmationen, die dir helfen, die Botschaften der Liebenden zu verinnerlichen.
Beispiele: "Ich wähle Liebe in all meinen Entscheidungen."
"Ich schaffe Harmonie zwischen meinen Gegensätzen und finde Balance in mir."
"Ich öffne mich für die transformierende Kraft der Liebe."

Die Liebenden

Die Karte "Die Liebenden" steht für tiefe Verbindungen, Einheit und bewusste Entscheidungen. Sie symbolisiert nicht nur romantische Liebe, sondern auch die Beziehung zu sich selbst, zu anderen Menschen und zu den eigenen Werten.

Oft verweist sie auf eine Wahl, die sowohl mit dem Herzen als auch mit dem Verstand getroffen werden muss. Diese Entscheidung sollte Wachstum und Harmonie fördern, anstatt aus Angst oder Unsicherheit getroffen zu werden. Wahre Liebe und echte Verbindungen entstehen durch Vertrauen, Offenheit und gegenseitiges Verständnis.

Die Liebenden fordern uns auf, bewusst nach dem zu greifen, was uns wirklich erfüllt. Dies gilt nicht nur für Beziehungen, sondern auch für unseren persönlichen Lebensweg. Sie erinnern uns daran, dass Liebe eine Entscheidung ist, die Mut erfordert, aber zugleich die größte Quelle für persönliches Wachstum und tiefe Erfüllung sein kann.

Schreibe abschließend deine Gedanken und Erkenntnisse auf, die du aus der Arbeit mit den Liebenden gewonnen hast, und wie du sie in deinem Leben anwenden möchtest.

7 Der Wagen

7 Der Wagen

Die Reise des Narren und die Lehren des Wagens

Nachdem der Narr von den Liebenden gelernt hat, wie wichtig Verbindung und bewusste Entscheidungen sind, begegnet er dem Wagen. Hier erfährt er, dass es nicht ausreicht, eine Entscheidung zu treffen. Es braucht Willenskraft, Entschlossenheit und Selbstdisziplin, um den gewählten Weg konsequent zu verfolgen.

Die Lehren des Wagens

- **Die Kraft der Entschlossenheit:** Ein Ziel zu haben ist der erste Schritt, doch der Wagen zeigt dem Narren, dass Erfolg von Beharrlichkeit abhängt. Auch wenn Hindernisse auftauchen, gilt es, den Kurs zu halten und sich nicht von Zweifeln oder Ablenkungen aufhalten zu lassen.
- **Die Balance der Gegensätze:** Fortschritt entsteht nicht allein durch reine Kraft, sondern durch das harmonische Zusammenspiel unterschiedlicher Energien. Der Wagen lehrt, wie man innere Widersprüche und äußere Herausforderungen in Einklang bringt, um mit voller Kraft voranzukommen.
- **Selbstkontrolle und bewusste Steuerung:** Emotionen und Impulse sind wertvolle Wegweiser, doch sie müssen gezielt gelenkt werden. Der Wagen erinnert daran, dass wahre Stärke in innerer Disziplin liegt. Wer sich nicht von Stimmungen oder äußeren Einflüssen treiben lässt, sondern bewusst steuert, kann sein eigenes Leben aktiv gestalten.

Mit diesen Erkenntnissen versteht der Narr, dass Erfolg nicht allein von äußeren Umständen abhängt, sondern von innerer Klarheit und zielgerichtetem Handeln. Er erkennt, dass er selbst die Zügel in der Hand hält. Mit neuer Entschlossenheit setzt er seine Reise fort, bereit, sein Leben bewusst in die gewünschte Richtung zu lenken.

Symbolik der Karte "Der Wagen"

✳ **Der Wagenlenker:** Die zentrale Figur des Wagens strahlt Kontrolle, innere Kraft und Entschlossenheit aus. Sie repräsentiert einen Menschen, der sein Ziel klar vor Augen hat und sich weder von äußeren noch von inneren Konflikten ablenken lässt.
Ihr Auftreten zeigt, dass wahre Führung nicht durch Zwang, sondern durch innere Balance und Selbstsicherheit entsteht. Der Wagenlenker ist nicht nur ein Eroberer des Materiellen, sondern auch des Geistes, denn echte Kontrolle beginnt im Inneren.

✳ **Die Kopfbedeckung des Wagenlenkers:** Die reich verzierte Kopfbedeckung trägt ein Symbol, das an das dritte Auge erinnert, welches für geistige Klarheit und Erhabenheit über niedere Instinkte steht. Das allsehende Auge symbolisiert Bewusstsein, innere Führung und Wachsamkeit.

✳ **Die Kleidung des Wagenlenkers** ist mit feinen Mustern und Symbolen verziert, die Weisheit und spirituelle Führung repräsentieren. Sie zeigt, dass er Herausforderungen nicht mit roher Kraft, sondern mit Wissen und innerer Stärke meistert.

✳ **Die Säule im Hintergrund:** Seitlich im Hintergrund kann man eine Säule wahrnehmen, die möglicherweise zu einem größeren Bauwerk gehört. Die Säule steht für Stabilität und Struktur und ist eine Erinnerung daran, dass auf jeder Reise feste Prinzipien und Werte als Leitfaden dienen. Während der Wagen für Bewegung und Fortschritt steht, symbolisiert die Säule die Notwendigkeit von Beständigkeit und innerer Ausrichtung. Sie zeigt, dass Erfolg nicht nur von Geschwindigkeit abhängt, sondern auch von der Festigkeit der eigenen Grundlagen.

✳ **Der dunkle und helle Sternenhimmel:** In vielen spirituellen und philosophischen Traditionen spiegeln die Sterne die Verbindung zwischen dem Irdischen und dem Göttlichen wider. Der dunkle Sternenhimmel symbolisiert das Unbekannte und das Verborgene, die Kraft des Nicht-Wissens und die Tiefe des Unterbewusstseins.
Der helle Sternenhimmel symbolisiert Hoffnung und Inspiration, klare Erkenntnisse, Führung und Schutz.

✳ **Die zwei Katzen:** Die beiden Katzen, die den Wagen ziehen, symbolisieren die Dualität des Lebens, die der Wagenlenker in Einklang bringen muss, um voranzukommen. Die weiße Katze repräsentiert Licht, Klarheit, Vernunft und spirituelle Erkenntnis. Die schwarze Katze symbolisiert das Unbewusste, Instinkte, Emotionen und das Unbekannte. Der Wagen kann nur dann in Bewegung bleiben, wenn beide Kräfte in Balance sind. Er muss sowohl Bewusstsein als auch Intuition integrieren, um das Leben bewusst zu steuern.

Symbolik der Karte "Der Wagen"

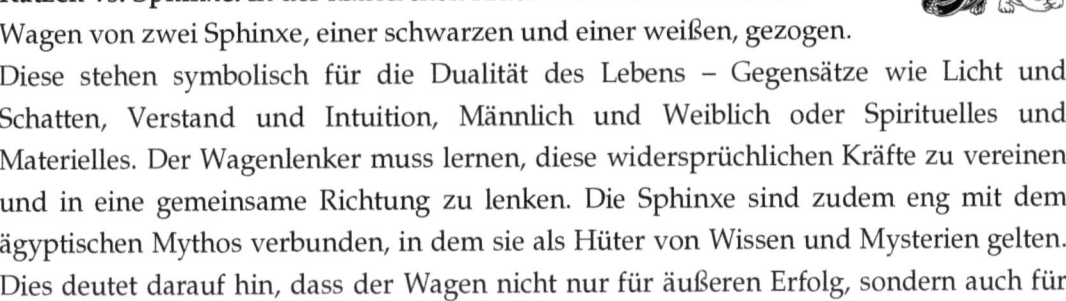

Vergleich mit dem ursprünglichen Rider-Waite-Tarot

✦ **Katzen vs. Sphinxe:** In der klassischen Rider-Waite-Karte wird der Wagen von zwei Sphinxe, einer schwarzen und einer weißen, gezogen. Diese stehen symbolisch für die Dualität des Lebens – Gegensätze wie Licht und Schatten, Verstand und Intuition, Männlich und Weiblich oder Spirituelles und Materielles. Der Wagenlenker muss lernen, diese widersprüchlichen Kräfte zu vereinen und in eine gemeinsame Richtung zu lenken. Die Sphinxe sind zudem eng mit dem ägyptischen Mythos verbunden, in dem sie als Hüter von Wissen und Mysterien gelten. Dies deutet darauf hin, dass der Wagen nicht nur für äußeren Erfolg, sondern auch für eine tiefere spirituelle Reise steht.

In der modernen Darstellung dieses Buches übernehmen stattdessen zwei Katzen, eine schwarze und eine weiße, diese Rolle. Katzen symbolisieren traditionell Intuition, Unabhängigkeit und Mysterium. Während die Rider-Waite-Karte eine starke Kontrolle über äußere Kräfte darstellt, verlagert sich der Fokus durch die Katzen stärker auf innere Meisterschaft und emotionale Führung. Der Wagenlenker wird nicht nur als ein Eroberer der äußeren Welt, sondern als jemand dargestellt, der seine inneren Instinkte zähmt und mit ihnen in Einklang kommt. Die Wahl der Katzen zeigt, dass die wahre Reise nicht nur physisch, sondern auch spirituell und emotional ist.

✦ **Dominanz vs. Ruhe:** In der Rider-Waite-Karte trägt der Wagenlenker eine Rüstung und eine Krone, die für Schutz, Macht und Autorität stehen. Seine aufrechte Haltung strahlt aktive Kontrolle, Disziplin und Entschlossenheit aus. Er hält keine physischen Zügel, was bedeutet, dass er seine Sphinxe nicht mit Gewalt, sondern durch mentale Kraft und Willensstärke lenkt. Der Wagen steht für Willenskraft, Entschlossenheit und Kontrolle. Er symbolisiert das Vorankommen trotz Hindernissen, indem gegensätzliche Kräfte in Einklang gebracht werden. Die Karte zeigt, dass Erfolg durch Zielstrebigkeit, innere Disziplin und eine klare Richtung erreicht wird. Die Stadtmauer im Hintergrund symbolisiert eine vergangene Phase. Der Wagen verlässt den sicheren Raum und bricht auf, um neue Erfahrungen zu sammeln.

In der modernen Interpretation dieses Buches zeigt sich eine sanftere, fast meditative Haltung des Wagenlenkers. Anstelle einer schweren Rüstung trägt er kunstvoll verziertes Gewand und eine Kopfbedeckung mit einem zentralen Auge, was auf Bewusstsein, Einsicht und höhere Wahrnehmung hindeutet. Dies betont, dass seine Reise nicht nur auf äußerem Erfolg basiert, sondern auf einem tieferen Verständnis der eigenen Gedanken und Emotionen. Die Darstellung in diesem Buch vermittelt, dass wahre Kontrolle nicht durch Dominanz, sondern durch inneres Gleichgewicht erreicht wird. Der Wagenlenker folgt nicht nur einem Ziel, sondern ist sich bewusst, dass die Reise selbst ein Prozess des Lernens und Wachsens ist.

Symbolik der Karte "Der Wagen"

Suche dir aus jedem beliebigen Tarot-Kartendeck die Karte des Wagens und betrachte die Karte genau. Welche Elemente springen dir als erstes ins Auge? Welche Symbole ziehen dich besonders an? Was könnten diese Symbole für dich persönlich bedeuten?

Die Symbole der Karte "Der Wagen"

Symbole interpretieren

1 Wo fühlst du dich innerlich zerrissen zwischen zwei Kräften oder Entscheidungen? Welche Gegensätze existieren in deinem Leben, und wie kannst du sie in Einklang bringen? Notiere eine Situation, in der du zwei widersprüchliche Impulse gespürt hast. Wie hast du sie ausbalanciert?

Die zwei Katzen - Schwarz & Weiß

2 Welche festen Prinzipien oder Werte geben dir im Alltag Orientierung? Wie kannst du Stabilität in dein Leben bringen, während du gleichzeitig vorwärtsgehst? Schreibe eine Liste von drei Kernwerten, die dich auf deinem Weg leiten.

Die Säule im Hintergrund

3 Welche Rolle spielt Intuition in deinem Leben? Wann hast du zuletzt auf dein Bauchgefühl gehört? Schreibe über eine Situation, in der deine innere Weisheit dich geleitet hat.

Die Krone und das Dritte Auge

Symbolik der Karte "Der Wagen"

Wenn du ein zusätzliches Symbol auf die Karte setzen könntest, welches wäre das? Warum würdest du es wählen, und was würde es repräsentieren?

Dein eigenes Symbol

Eigenschaften der Karte "Der Wagen"

Positive Eigenschaften:

- Entschlossenheit
- Kontrolle
- Die Fähigkeit Schicksal aktiv zu gestalten
- Selbstdisziplin
- Balance
- Willenskraft
- Überzeugung große Erfolge zu erzielen

Weitere positive Eigenschaften

Negative Eigenschaften:

- Übermäßiger Ehrgeiz
- Mangel an Flexibilität
- Innere Konflikte
- Kampf gegen sich selbst
- Ungeduld

Weitere negative Eigenschaften

Botschaften der Karte "Der Wagen"

Erfolg erfordert Gleichgewicht und Ausdauer.

Fortschritt entsteht nicht allein durch Geschwindigkeit oder Kraft, sondern durch eine harmonische Balance zwischen Entschlossenheit und Anpassungsfähigkeit.

Der Wagen erinnert uns daran, dass wir trotz Hindernissen vorankommen, wenn wir unsere inneren und äußeren Kräfte in Einklang bringen.

Ein Sportler muss nicht nur körperlich, sondern auch mental ausgeglichen sein, um Bestleistungen zu erzielen. Genauso erfordert jede persönliche Reise eine Mischung aus Willenskraft und innerer Ruhe.

Kontrolle ist wichtig, aber Vertrauen ist entscheidend.

Wir können nicht alles kontrollieren. Manchmal müssen wir lernen, den natürlichen Fluss des Lebens anzunehmen. Der Wagen zeigt, dass Erfolg nicht nur durch eisernes Festhalten an Plänen, sondern auch durch Flexibilität und Vertrauen entsteht.

Ein erfolgreiches Projekt braucht einen klaren Plan, doch wer sich nicht an unvorhergesehene Herausforderungen anpassen kann, verliert leicht die Kontrolle über das Gesamtziel.

Herausforderungen sind Prüfungen deiner Stärke.

Jede Hürde auf unserem Weg ist eine Gelegenheit, unsere innere Kraft zu beweisen und über uns hinauszuwachsen. Der Wagen lehrt uns, Hindernisse nicht als Blockaden, sondern als Trainingsfelder für persönliches Wachstum zu sehen.

Jemand, der nach einem Rückschlag nicht aufgibt, sondern daraus lernt und gestärkt weitermacht, verkörpert genau diese Botschaft.

Dein Wille ist die treibende Kraft deines Erfolgs.

Ohne klaren Willen und Entschlossenheit kommen wir nicht voran. Der Wagen fordert uns auf, mit Klarheit und Fokus unseren eigenen Weg zu gehen.

Das Beherrschen eines Instruments erfordert Übung und Durchhaltevermögen. Es kann frustrierend sein, aber nur mit Willenskraft erreicht man echte Meisterschaft.

Jeder Weg ist individuell – folge deinem Weg.

Es gibt keinen einzigen richtigen Weg zum Erfolg. Der Wagen erinnert uns daran, dass wir unseren eigenen Kurs bestimmen müssen, basierend auf unseren Werten und Träumen.

Manche finden Erfüllung in einer klassischen Karriere, andere in kreativen oder spirituellen Wegen. Der Schlüssel liegt darin, die eigene Richtung bewusst zu wählen.

Reflexion zur Botschaft des Wagens

★ Die Bewegung und das Gleichgewicht

Wo in deinem Leben möchtest du vorankommen, doch spürst eine innere Blockade? Reflektiere, welche Hindernisse dich zurückhalten. Gibt es äußere Umstände oder sind es innere Überzeugungen, die dich daran hindern, den nächsten Schritt zu wagen?

Erkunde dein volles Potenzial. Welche konkreten, umsetzbaren Schritte kannst du gehen, um deine Fähigkeiten gezielt zu stärken? Überlege, welche Fertigkeiten du weiterentwickeln möchtest und wie du dies in deinen Alltag integrieren kannst.

★ Erfolg und Wachstum

Was bedeutet Erfolg für dich? Wie definierst du dein eigenes Wachstum? Schreibe auf, welche persönlichen Erfolge du in nächster Zukunft erreichen möchtest.

Welche spirituelle oder persönliche Erkenntnis gibt dir Kraft und fördert dein inneres Wachstum? Denke an einen Moment in deinem Leben, in dem du dich besonders stark, verbunden oder erleuchtet gefühlt hast. Was hat diesen Moment so bedeutsam gemacht? Welche Einsicht hast du daraus gewonnen, und wie hat sie deine Sicht auf dich selbst oder das Leben verändert?

★ Innere Klarheit und Fortschritt

Was sind die wichtigsten Prioritäten in deinem Leben? Nimm dir Zeit, um zu reflektieren, was dir wirklich am Herzen liegt, sei es persönliche Entwicklung, Familie, Gesundheit, Kreativität oder spirituelles Wachstum.

Überlege, ob deine aktuellen Handlungen und Gewohnheiten diese Prioritäten widerspiegeln. Wo kannst du bewusster wählen, um deine Zeit und Energie gezielt für das einzusetzen, was dir am wichtigsten ist?

Reflexion zur Botschaft des Wagens

✦ Vertrauen

Ohne Vertrauen bleibt der Wagen stehen. Zweifel, Ängste und der Drang, alles kontrollieren zu wollen, können den Fortschritt lähmen. Wahres Vertrauen bedeutet, sich dem Fluss des Lebens hinzugeben, darauf zu vertrauen, dass der Weg sich mit jedem Schritt weiter öffnet, auch wenn das Ziel noch nicht klar erkennbar ist.

- Was bedeutet Vertrauen für dich?
- In welchem Lebensbereich könntest du mehr Vertrauen entwickeln, um dich freier und selbstbewusster vorwärtszubewegen?
- Wie würde es sich anfühlen, weniger zu kontrollieren und mehr dem Prozess zu vertrauen?

✦ Entschlossenheit

Wo in deinem Leben handelst du mit Entschlossenheit und Zielstrebigkeit? Welche Eigenschaften oder Strategien helfen dir dabei, deine Ziele zu erreichen?
Überlege, wie du diese innere Stärke auf andere Lebensbereiche übertragen kannst.

- Erinnere dich an einen Moment, in dem du trotz Herausforderungen standhaft geblieben bist und Erfolg hattest. Was hat dich in diesem Moment angetrieben, nicht aufzugeben? Welche Fähigkeiten oder Überzeugungen haben dein Durchsetzungsvermögen gestärkt?
- Schreibe darüber, wie du diese Entschlossenheit auch in zukünftigen Situationen nutzen kannst, um weiterhin mit Klarheit und Ausdauer deinen Weg zu gehen.

✦ Flexibilität vs. Kontrollzwang

Was bedeutet "Loslassen" und "Flexibilität" für dich? Wie können sie dir helfen Herausvorderungen zu bewältigen und Situationen zu meistern, die nicht nach Plan laufen?

Gibt es Situationen, in denen du zu viel Kontrolle über etwas ausüben willst? Wie wirkt sich das auf dich und andere aus?
Überlege, in welchen Bereichen du weniger Kontrolle, dafür mehr Gelassenheit in den Fluß des Lebens entwickeln könntest. Notiere drei Möglichkeiten, die dir helfen, mit den Überraschungen des Lebens besser umzugehen.

Kreative Aufgaben "Der Wagen"

 Gestalte dein eigenes Gefährt des Fortschritts

Stelle dir vor, dein innerer Wagen trägt dich zu einem wichtigen Ziel. Welche Art von Gefährt repräsentiert dich?

- Zeichne deinen Wagen, ob groß oder klein, realistisch oder abstrakt.
- Der Wagen im Tarot wird von zwei Sphinxe oder Pferden gezogen. Wähle zwei gegensätzliche Energien in deinem Leben und zeichne sie als Zugkräfte deines Wagens (Tiere, Symbole oder abstrakte Formen).

Welche Symbole oder Elemente hast du für deinen Wagen verwendet und warum?

Welche Kräfte lenken dich gerade? Sind sie im Gleichgewicht?

 Fortschritts-Tagebuch

Setze dir ein klares Ziel für die kommende Woche, etwas, das dir wichtig ist und dich weiterbringt. Es kann eine kleine, aber bedeutungsvolle Veränderung sein oder ein erster Schritt in Richtung eines größeren Vorhabens. Führe eine Woche lang ein Tagebuch, um deine Entwicklung zu reflektieren:

- Was ist dein Ziel? Warum ist es dir wichtig? Welche ersten Schritte kannst du unternehmen?
- Notiere täglich, welche kleinen oder großen Fortschritte du gemacht hast. Welche Herausforderungen sind aufgetreten? Was hat dich motiviert weiterzumachen?
- Blicke auf deine Woche zurück. Was hast du erreicht? Wie hat sich dein Blick auf dein Ziel verändert? Welche Erkenntnisse nimmst du mit?

 Deine Botschaft des Wagens

Meditiere über die Karte des Wagens. Stelle dir vor du steigst in einen Wagen. Du spürst seine Energie und Willenskraft und schon beginnt er, sich vorwärts zu bewegen.

Während du reist, spürst du wie die Kraft in dir, deine Entschlossenheit, dein Mut und dein Vertrauen stärker werden.

Der Weg vor dir entfaltet sich. Wohin führt er dich? Lass dich von deiner Intuition leiten. Vielleicht erscheint eine Botschaft oder ein Bild, das dir zeigt, was dein nächster Schritt ist.

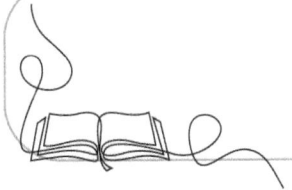

Noch mehr Übungen und Reflexionsfragen

✦• Neue Perspektiven

Wahres Wachstum entsteht, wenn du offen für neue Perspektiven bist und bereit, aus Fehlern zu lernen. Der Wagen erinnert dich daran, dass es nicht nur darum geht, voranzukommen, sondern auch darum, durch neue Erfahrungen weiser zu werden.

Übung: Erstelle eine Liste mit mindestens drei Erfahrungen, die deinen Blick auf das Leben verändert haben. Notiere dazu:

- Die Situation: Welche Erfahrung hat dir eine neue Perspektive eröffnet?
- Die Erkenntnis: Was hast du daraus gelernt?
- Die Umsetzung: Wie kannst du dieses Wissen nutzen, um deine Ziele bewusster zu verfolgen?

Diese Übung hilft dir, deine persönlichen Lektionen zu erkennen und sie gezielt für deinen weiteren Weg einzusetzen. Wachstum bedeutet nicht nur Bewegung, sondern auch bewusste Reflexion und Anwendung deiner Erkenntnisse.

✦• Disziplin

In welchen Bereichen deines Lebens zeigt sich deine Willenskraft am stärksten?

- Wie kannst du sie gezielt einsetzen, um deine Ziele zu erreichen? Überlege, welche Situationen dich bereits gefordert haben und in denen du Durchhaltevermögen bewiesen hast. Wie kannst du diese innere Stärke bewusster nutzen?
- Finde Wege, um dich selbst zu motivieren, ohne dich unter Druck zu setzen. Deine Willenskraft ist ein wertvolles Werkzeug, setze sie achtsam und gezielt ein, um nachhaltig voranzukommen. Welche Strategien helfen dir, deine Disziplin zu stärken? Gibt es Routinen oder Gewohnheiten, die dich unterstützen, konsequent an deinen Vorhaben dranzubleiben?

 Affirmationen für Vertrauen, Balance und Entschlossenheit

Schreibe drei Affirmationen, die dir helfen, deinen Weg mit mehr Vertrauen und Entschlossenheit zu gehen.

Beispiele: "Ich vertraue darauf, dass mein innerer Kompass mich sicher leitet."

"Ich finde Balance zwischen Kontrolle und dem Fluss des Lebens."

"Ich habe die Kraft, jede Herausforderung mit Klarheit und Entschlossenheit zu meistern."

Der Wagen

"Der Wagen" symbolisiert Zielstrebigkeit, Kontrolle und den Mut, voranzuschreiten. Er verkörpert die Balance zwischen gegensätzlichen Kräften und die Fähigkeit, den eigenen Weg bewusst zu lenken.

Diese Karte erinnert uns daran, dass Erfolg nicht von äußeren Umständen abhängt, sondern von innerer Entschlossenheit. Herausforderungen mögen auftauchen, doch mit Selbstdisziplin und klarem Fokus lassen sie sich meistern.

Der Wagen fordert uns auf, die Zügel unseres Lebens selbst in die Hand zu nehmen und aktiv unseren Kurs zu bestimmen.

Schreibe abschließend deine Gedanken und Erkenntnisse auf, die du aus der Arbeit mit dem Wagen gewonnen hast, und wie du sie in deinem Leben anwenden möchtest.

8 Die Kraft

8 Die Kraft

Die Reise des Narren und die Lehren der Kraft

Nachdem der Narr mit dem Wagen gelernt hat, seinen Weg mit Entschlossenheit zu verfolgen, begegnet er der Kraft. Diese Karte lehrt ihn, dass wahre Stärke nicht in äußerer Kontrolle, sondern in der Meisterschaft über sich selbst liegt. Hier geht es nicht mehr darum, Hindernisse zu besiegen, sondern innere Widerstände zu überwinden und Impulse bewusst zu lenken. Wahre Kraft zeigt sich nicht im Kampf gegen sich selbst, sondern in Geduld, Achtsamkeit und Selbstbeherrschung.

Die Lehren der Kraft

- **Sanfte Führung ist mächtiger als Zwang:** Stärke bedeutet nicht, laut oder aggressiv zu sein. Wahre Kraft zeigt sich in Ruhe, Ausstrahlung und bewusster Führung. Die Fähigkeit, mit Feingefühl und Beharrlichkeit Einfluss zu nehmen, ist oft wirkungsvoller als jede Form von Zwang.
- **Wahre Stärke kommt von innen:** Nur wer seine Emotionen versteht und akzeptiert, kann sie in sinnvolle Bahnen lenken. Die Kraft erinnert daran, dass Selbsterkenntnis der Schlüssel zu echter Macht ist. Sie lehrt, dass wahre Kontrolle nicht darin liegt, andere zu dominieren, sondern in der Fähigkeit, sich selbst zu führen.
- **Geduld ist ein Zeichen von Macht:** Wer sich nicht von äußeren Reizen aus der Ruhe bringen lässt, behält die Kontrolle über sein Leben. Geduld bedeutet nicht Passivität, sondern die Fähigkeit, bewusst zu handeln, statt impulsiv zu reagieren. Sie zeigt, dass wahre Stärke oft darin liegt, den richtigen Moment abzuwarten.
- **Es ist okay, auch mal Schwäche zu zeigen:** Verletzlichkeit ist kein Zeichen von Schwäche, im Gegenteil, sie ist ein Ausdruck von Mut, Echtheit und emotionaler Reife. Die Kraft lehrt den Narren, dass das Annehmen der eigenen Sensibilität eine Form der inneren Stärke ist, die Stabilität und Selbstvertrauen schenkt.

Die Kraft zeigt dem Narren, dass er seine Energie beherrschen und zugleich im Einklang mit seinen Gefühlen stehen muss, um wirklich weise zu werden. Sie symbolisiert Selbstakzeptanz, emotionale Intelligenz und das Vertrauen in die eigene innere Kraft. Mit diesem Wissen setzt der Narr seine Reise fort – nicht mit roher Gewalt, sondern mit der unerschütterlichen Stärke, die aus innerem Gleichgewicht entsteht.

Symbolik der Karte "Die Kraft"

✳ **Die Frau, als Symbol für innere Stärke und Sanftmut:** Die weibliche Figur auf der Karte verkörpert sanfte, aber bestimmte Kraft. Sie zeigt, dass wahre Macht nicht in Dominanz oder Aggression liegt, sondern in Geduld, Selbstkontrolle und respektvoller Führung. Sie benutzt keine Fesseln oder Gewalt, um den Löwen zu kontrollieren. Stattdessen lenkt sie ihn durch eine sanfte Berührung, was symbolisiert, dass wahre Autorität aus Vertrauen und innerem Gleichgewicht entsteht.

Ihr Gesichtsausdruck ist ruhig und gelassen. Das ist ein Zeichen dafür, dass sie sich ihrer inneren Stärke bewusst ist und keine äußere Bestätigung oder Zwang benötigt, um Einfluss auszuüben. Ihre geschlossenen Augen deuten auf Selbstreflexion und eine intuitive Verbindung zu sich selbst hin. Sie lenkt nicht durch äußere Kontrolle, sondern durch innere Weisheit und Klarheit.

✳ **Der Löwe** repräsentiert unsere ungezähmte, instinktive Natur. Er steht sowohl für Durchsetzungskraft und Stärke als auch für ungebändigte Wut, Ungeduld und impulsives Verhalten. In dieser Darstellung wirkt der Löwe ruhig, aber dennoch kraftvoll. Seine Energie wurde nicht unterdrückt, sondern bewusst gezähmt und in eine sinnvolle Richtung gelenkt.

Die Verbindung zwischen der Frau und dem Löwen zeigt, dass der Mensch seine Instinkte nicht verdrängen sollte, sondern lernen muss, mit ihnen in Harmonie zu leben. Statt den Löwen zu besiegen, zähmt sie ihn durch Vertrauen und bewusste Führung, welches eine Metapher für den Umgang mit unseren eigenen Emotionen und Trieben ist.

✳ **Die prachtvollen Haare der Frau:** Die langen, kunstvoll verzierten Haare der Frau erinnern an Wellen oder Wirbel, die den natürlichen Fluss des Lebens symbolisieren. Haare stehen oft für Lebensenergie und gelten als Brücke zwischen Körper und spiritueller Welt. Ihre fließende Form deutet darauf hin, dass sie im Einklang mit sich selbst und dem Universum ist.

Die Blumen in ihrem Haar stehen für die Schönheit der Sanftheit. Sie zeigen, dass wahre Stärke nicht hart oder kalt sein muss, sondern auch eine Form von Wärme, Mitgefühl und Geduld beinhaltet. Dies verdeutlicht, dass Autorität nicht in Strenge liegt, sondern in Fürsorge und bewusster Führung.

✳ **Die Umgebung mit Blumen und Natur:** Die Natur, die die Frau und den Löwen umgibt, symbolisiert, dass wahre Stärke nicht in roher Kraft, sondern in Wachstum, Harmonie und bewusster Entwicklung liegt. Die blühende Natur verdeutlicht, dass Stärke mit Achtsamkeit, Geduld und Selbstreflexion wächst, genau wie eine Pflanze, die Zeit und Pflege braucht, um sich zu entfalten.

Symbolik der Karte "Die Kraft"

Vergleich mit dem ursprünglichen Rider-Waite-Tarot

✦ **Die Frau:** In der klassischen Rider-Waite-Darstellung steht die Frau aufrecht und hält den Löwen sanft am Kiefer. Sie übt Kontrolle aus, aber nicht mit Gewalt, sondern durch ruhige Präsenz und innere Ausstrahlung. Ihr Blick ist gelassen und wachsam, was zeigt, dass ihre Kraft nicht in körperlicher Überlegenheit liegt, sondern in Geduld und innerer Stärke.

Über ihrem Kopf schwebt die Unendlichkeits-Schleife (∞), ein Symbol für unerschöpfliche Energie, spirituelle Weisheit und das Verständnis, dass wahre Macht aus einem höheren Bewusstsein entspringt. Sie ist nicht nur eine Herrscherin über das Tier, sondern eine Vermittlerin zwischen der wilden, instinktiven Natur und der bewusst gesteuerten Kraft des Geistes.

In der modernen Interpretation dieser Karte lehnt sich die Frau stattdessen sanft an den Löwen. Ihre Augen sind geschlossen, was darauf hindeutet, dass ihre Kraft aus Vertrauen und innerer Harmonie statt äußerer Kontrolle entsteht. Sie hält den Löwen nicht fest, sondern berührt ihn entspannt, fast liebevoll. Das zeigt eine tiefere Verbindung zwischen ihr und dem Tier, eine Beziehung, die auf Respekt, Akzeptanz und intuitivem Verständnis basiert.

✦ **Der Löwe:** In der Rider-Waite-Karte steht der Löwe wachsam, sein Körper ist angespannt, als wäre er bereit, sich zu verteidigen. Er symbolisiert rohe Instinkte, ungezähmte Triebe und starke Emotionen. Diese Kräfte können nicht unterdrückt, sondern müssen mit Weisheit und Selbstbeherrschung gelenkt werden. Der Löwe folgt der Führung der Frau, aber es ist ersichtlich, dass er noch nicht vollständig losgelassen oder entspannt ist.

In der Darstellung in diesem Buch hingegen wirkt der Löwe vollkommen ruhig. Seine Augen und Mimik strahlen Frieden und Vertrauen aus. Anstatt gezähmt zu werden, gibt er sich freiwillig der Harmonie hin. Dies verdeutlicht, dass wahre Kontrolle über unsere Instinkte und Emotionen nicht durch Kampf entsteht, sondern durch Akzeptanz, Achtsamkeit und sanfte Führung.

✦ **Die zentrale Botschaft - Stärke durch Sanftmut**
Während die Rider-Waite-Karte zeigt, dass Selbstbeherrschung ein bewusster Akt ist, betont die Interpretation im Buch, dass wahre Kraft durch inneres Gleichgewicht und Vertrauen entsteht. Der Unterschied zwischen den beiden Darstellungen liegt in der Art der Führung. In der klassischen Version ist die Frau aktiv, präsent und wachsam und symbolisiert eine bewusste Lenkung der inneren Kräfte.

In der modernen Version geht es um ein intuitives, fast müheloses Verschmelzen mit den eigenen Emotionen und Instinkten.

Symbolik der Karte "Die Kraft"

Suche dir aus jedem beliebigen Tarot-Kartendeck die Karte der Kraft und betrachte die Karte genau. Welche Elemente springen dir als erstes ins Auge? Welche Symbole ziehen dich besonders an? Was könnten diese Symbole für dich persönlich bedeuten?

Die Symbole der Karte "Die Kraft"

Symbole interpretieren

1 In welchen Situationen vertraust du deiner inneren Stärke, ohne äußere Kontrolle auszuüben? Wo kannst du mehr auf deine Intuition hören, anstatt mit rationaler Kontrolle zu handeln? Schreibe über eine Erfahrung, in der du durch Ruhe und Geduld eine Herausforderung gemeistert hast.

Die Frau mit geschlossenen Augen

2 Wann hast du zuletzt erlebt, dass Sanftmut wirkungsvoller war als Härte? Wie kannst du deine persönliche Macht mit mehr Mitgefühl einsetzen? Schreibe über eine Person in deinem Leben, die mit ruhiger Präsenz und Sanftmut viel bewirkt hat.

Die sanfte Berührung

3 Welche kraftvollen Emotionen oder Triebe möchtest du in deinem Leben besser integrieren? Wo hast du das Gefühl, dass dein inneres Feuer gezähmt werden muss, ohne es zu unterdrücken? Beschreibe eine Situation, in der du zwischen Instinkt und Vernunft standest. Wie hast du gehandelt?

Der Löwe als Symbol der Instinkte

Symbolik der Karte "Die Kraft"

Wenn du ein zusätzliches Symbol auf die Karte setzen könntest, welches wäre das? Warum würdest du es wählen, und was würde es repräsentieren?

Dein eigenes Symbol

Eigenschaften der Karte "Die Kraft"

Positive Eigenschaften:

- Innere Stärke
- Geduld
- Selbstbeherrschung
- Harmonie mit der eigenen Natur
- Mitgefühl
- Mut
- Vertrauen

Weitere positive Eigenschaften

Negative Eigenschaften:

- zurückgehaltene Emotionen
- Passivität
- Unbewältigte innere Konflikte
- Zögern in schwierigen Situationen
- Mangelnde emotionale Grenzen

Weitere negative Eigenschaften

Botschaften der Karte "Die Kraft"

Wahre Stärke kommt aus Vertrauen, nicht aus Kontrolle.

Innere Kraft entsteht nicht durch Zwang oder Dominanz, sondern durch Vertrauen in dich selbst, den Lebensprozess und die Menschen um dich herum. Wenn du loslässt und darauf vertraust, dass sich die Dinge fügen, entwickelst du eine innere Gelassenheit, die dir hilft, Herausforderungen mit Mut und Ruhe zu begegnen.

Wer immer alles kontrollieren will, wird schnell überfordert. Doch wer Vertrauen entwickelt, kann sich flexibler an neue Gegebenheiten anpassen und mit mehr Leichtigkeit durchs Leben gehen.

Sanftheit ist eine Form von Kraft.

Viele setzen Stärke mit Härte oder Dominanz gleich, doch wahre Kraft zeigt sich oft in der Fähigkeit, mit Sanftmut und Mitgefühl zu führen. Wer ruhig und bedacht handelt, inspiriert andere und kann Konflikte lösen, ohne Aggression einzusetzen. In einem Streit kann eine ruhige und einfühlsame Reaktion oft mehr bewirken als lautes Argumentieren. Sanftheit schafft Vertrauen, ohne die eigene Position aufzugeben.

Du bist stärker, als du denkst.

Oft unterschätzen wir unsere eigene Kraft, bis wir eines Tages herausgefordert werden. Die Karte „Die Kraft" erinnert uns daran, dass wir in schwierigen Zeiten mehr innere Stärke haben, als wir glauben. Jemand, der eine schwere Krise wie eine Trennung oder den Verlust eines Jobs erlebt, erkennt oft erst im Nachhinein, dass er stärker und widerstandsfähiger ist, als er dachte.

Du kannst deine innere Wildheit lenken, ohne sie zu unterdrücken.

Unsere instinktiven Kräfte, wie Leidenschaft, Wut oder Trauer, sind wertvoll, wenn sie bewusst gelenkt werden. Es geht nicht darum, wilde Emotionen zu unterdrücken, sondern sie in eine produktive Richtung zu lenken. Ein kreativer Mensch, der sich oft unruhig fühlt, kann seine Energie z. B. in Kunst, Musik oder Bewegung umwandeln, anstatt sich von Rastlosigkeit überwältigen zu lassen.

Stärke bedeutet, Emotionen zu akzeptieren, nicht sie zu unterdrücken.

Viele Menschen sehen emotionale Kontrolle als Zeichen von Stärke. Doch wahre Kraft liegt nicht darin, Gefühle zu unterdrücken, sondern sie bewusst zu erkennen und anzunehmen. Wer seine Emotionen akzeptiert, kann sie besser verstehen und bewusst mit ihnen umgehen. Jemand, der sich nie erlaubt, Trauer oder Angst zu fühlen, blockiert sich innerlich. Doch wer lernt, diese Emotionen zu durchleben und gesund zu verarbeiten, entwickelt emotionale Resilienz und echte innere Stärke.

Reflexion zur Botschaft der Kraft

★ Innere Stärke

Welche schwierigen Herausforderungen hast du in deinem Leben gemeistert, von denen du dachtest, du würdest sie nicht schaffen? Wo hast du deine eigene Kraft unterschätzt und wurdest von deiner inneren Stärke überrascht?

Reflektiere darüber, welche Eigenschaften, Entscheidungen oder Unterstützung dir geholfen haben, diese Situationen zu bewältigen. Wie kannst du dieses Wissen nutzen, um zukünftigen Herausforderungen mit mehr Vertrauen und Zuversicht zu begegnen?

★ Gefühle lenken oder unterdrücken?

Wie kannst du deine Leidenschaft und innere Kraft in etwas Produktives lenken? Überlege dir drei konkrete Wege, wie du deine Energie gezielt einsetzen kannst, um persönliches Wachstum oder sinnvolle Projekte zu fördern.

Welche Fähigkeiten oder Talente kannst du bewusst nutzen, um etwas zu erschaffen, das dich erfüllt? Welche Strategien helfen dir, deine Kraft nicht zu zerstreuen, sondern fokussiert in eine Richtung zu lenken?

★ Stärke kommt aus Vertrauen, nicht aus Kontrolle

In welchen Momenten hast du erlebt, dass Mitgefühl eine stärkere Wirkung hatte als Strenge? Überlege dir, warum das so war.

Wo kannst du lernen, Kontrolle loszulassen und darauf zu vertrauen, dass sich die Dinge fügen? Notiere Situationen, in denen Vertrauen dich zu einem besseren Ergebnis geführt hat.

Reflexion zur Botschaft der Kraft

⭐ Sanftmut oder Dominanz?

Wahre Kraft liegt nicht in Kontrolle oder Zwang, sondern in innerer Ruhe – einer Stabilität, die auch in schwierigen Momenten Bestand hat. Sie zeigt sich darin, anderen Raum zu lassen, ohne sich selbst zu verlieren. Sie äußert sich in Geduld, auch wenn schnelle Lösungen verlockend erscheinen. Und sie zeigt sich in der Fähigkeit, Verletzlichkeit nicht als Schwäche, sondern als Ausdruck von Authentizität zu betrachten.

- Welche Menschen inspirieren dich durch ihre sanfte, aber kraftvolle Art zu führen?
- Wie kannst du deine eigene innere Stärke so einsetzen, dass sie dir und anderen dient, anstatt zu dominieren?
- In welchen Situationen kannst du bewusst auf Kontrolle verzichten und stattdessen Vertrauen und Gelassenheit kultivieren?

⭐ Übe deine Geduld

In welchen Bereichen deines Lebens könntest du mehr Gelassenheit bewahren, anstatt impulsiv zu reagieren oder Kontrolle erzwingen zu wollen?
Überlege, in welchen Situationen du dazu neigst, vorschnell zu handeln, ohne innezuhalten oder nachzuspüren. Gibt es Momente, in denen du mehr Vertrauen in den natürlichen Verlauf der Dinge entwickeln könntest?

- Wo fällt es dir schwer, Dinge geschehen zu lassen, anstatt aktiv eingreifen zu wollen?
- Gibt es Bereiche, in denen du durch Geduld mehr erreichen könntest als durch Druck?
- Wie würde es dein Leben bereichern, wenn du in solchen Momenten bewusster, gelassener und mit mehr innerer Stärke agierst?

Nimm dir vor, in einer konkreten Situation in der kommenden Woche bewusst innezuhalten, tief durchzuatmen und Vertrauen, in dich selbst, in den Prozess oder in das Leben, zu üben. Beobachte, wie sich das auf dein Wohlbefinden und deine Entscheidungen auswirkt.

⭐ Dein "innerer Schweinehund" vs. Kraft

Was ist dein "innerer Schweinehund"? Womit musst du kämpfen, um nicht die Motivation zu verlieren. Wo in deinem Leben hält dich dein "innerer Schweinehund" davon ab, dein volles Potenzial auszuschöpfen?

Welche Strategien kannst du nutzen, deinen "inneren Schweinehund" zu überlisten? Schreibe eine Liste mit drei Dingen, bei denen du dich oft selbst sabotierst, und entwickle für jedes eine konkrete Strategie, um es mit innerer Stärke und Motivation zu bewältigen.

Kreative Aufgaben "Die Kraft"

 Der Löwe und das Herz

Die Karte "Die Kraft" zeigt die harmonische Verbindung zwischen roher Energie und sanfter Kontrolle. Diese Zeichenübung hilft dir, die Balance zwischen deinem wilden, kraftvollen Teil und deinem sanften, liebevollen Selbst zu erforschen.

- Zeichne einen Löwen & ein Herz als Symbole für Stärke und Sanftheit. Dein Löwe kann z.B. majestätisch, wild oder beschützend wirken und dein Herz könnte fließend, ruhig oder strahlend sein.
- Wie interagieren die beiden? Verschmelzen beide Symbole zu einem neuen Bild? Beschützt der Löwe das Herz oder ist es umgekehrt? Wie zeigt sich diese Kraft in deinem Leben?

 Schreibe einen Brief an deine innere Kraft

Gibt es eine Situation, in der du deine innere Stärke gerade brauchst?

- Schreibe einen Brief, als würdest du mit einer realen Person oder einem Wesen sprechen, das deine innere Kraft verkörpert. Erläutere deine Situation ausführlich und erzähle, warum es gerade schwierig für dich ist.
- Dann bitte deine innere Kraft um eine Botschaft oder einen Rat für die Zukunft.
- Sei offen für die Antworten, die kommen und bedanke dich bei deiner inneren Kraft.

 Deine Botschaft der Kraft

Meditiere über die Karte der Kraft. Stell dir vor, du stehst in einer beeindruckenden Landschaft, vielleicht eine sonnige Savanne, ein dichter Wald oder ein friedlicher Tempelgarten. Die Landschaft ist dein innerer Ort der Kraft. Du atmest tief ein und spürst die Energie dieses Ortes, die dich stärkt und erdet.

In der Ferne erkennst du einen majestätischen Löwen, der auf dich zukommt. Sein Gang ist ruhig, aber kraftvoll, sein Blick weise und durchdringend. Er verkörpert Stärke, Mut und Gelassenheit. Als er vor dir steht, spürst du seine Präsenz. Seine Energie strahlt Vertrauen und Schutz aus. Welche Botschaft hat er für dich? Lausche in die Stille dieses Moments.

Noch mehr Übungen und Reflexionsfragen

☆ Die innere Kraft erwecken

Es ist oft schwer, die eigene innere Kraft zu erkennen, da sie von äußeren Erwartungen, Selbstzweifeln oder Unsicherheiten überschattet wird. Emotionen wie Angst, Scham oder Zweifel können zusätzlich die Wahrnehmung der eigenen Fähigkeiten einschränken.

Welche Methoden fallen dir ein, wie du dir selber, aber auch anderen helfen kannst, die innere Kraft zu finden und zu stärken? Hier sind ein paar Beispiele:

- Ermutigung durch Zuhören und Reflexion: Menschen fühlen sich oft bestärkt, wenn ihnen wirklich zugehört wird. Offene Fragen zu stellen, kann helfen, eigene Stärken und Ressourcen zu erkennen.
- Erinnerung an vergangene Erfolge: Es hilft oft, sich an herausfordernde Momente zu erinnern, die man bereits gemeistert hat. Manchmal braucht es nur einen Perspektivenwechsel, um die eigene Kraft zu erkennen.
- Förderung von Selbstakzeptanz: Es ist wichtig, das Bewusstsein dafür zu stärken, wertvoll zu sein, unabhängig von Leistung oder Perfektion. Erinnerungen an einzigartigen Talenten und Qualitäten helfen dabei.
- Mut zu kleinen Schritten machen: Große Veränderungen beginnen mit kleinen Entscheidungen. Ermutigungen helfen, Herausforderungen anzunehmen und Neues zu wagen, um innere Kraft bewusst zu erleben.

☆ Spirituelle Wege deine Kraft zu finden

Welche spirituellen Praktiken oder Rituale helfen dir, deine innere Kraft zu spüren? Vielleicht sind es Achtsamkeitsübungen, Gebete, Atemtechniken oder kreative Ausdrucksformen wie Schreiben oder Musik.

- Wie kannst du diese bewusst in deinen Alltag integrieren, um deine innere Balance und Widerstandskraft zu stärken?
- Gibt es besondere Orte oder Momente, in denen du dich besonders kraftvoll fühlst?
- Reflektiere, welche Methoden dich am meisten inspirieren, und finde heraus, wie du sie nutzen kannst, um noch tiefer in deine eigene Stärke einzutauchen.

★ Affirmationen für Mut, Vertrauen und Stärke

Schreibe drei Affirmationen, die deine innere Kraft aktivieren.
Beispiel: "Mit Geduld und Sanftmut lenke ich meine Energie in positive Bahnen."
"Ich vertraue auf meine innere Stärke, die mich durch alle Herausforderungen führt."
"Meine wahre Stärke liegt in meiner Sanftmut, Geduld und inneren Ruhe."

Die Kraft

Die Karte "Die Kraft" steht für Geduld, innere Stärke und die harmonische Balance zwischen Macht und Mitgefühl.

Wahre Stärke liegt nicht in roher Gewalt, sondern in der Fähigkeit, mit Ruhe, Vertrauen und Selbstbeherrschung Herausforderungen zu meistern.

Sanftmut, Selbstliebe und innere Überzeugung sind oft die Schlüssel, um große Hindernisse zu überwinden. Die Kraft erinnert uns daran, unsere tiefsten Instinkte zu zähmen und mutig, aber mit Herz, unseren Weg zu gehen.

Schreibe abschließend deine Gedanken und Erkenntnisse auf, die du aus der Arbeit mit der Kraft gewonnen hast, und wie du sie in deinem Leben anwenden möchtest.

9 Der Eremit

9 Der Eremit

Die Reise des Narren und die Lehren des Eremiten

Die Reise des Narren zum Eremiten ist ein bedeutender Wendepunkt in seiner spirituellen Entwicklung. Nachdem der Narr die äußeren Welten des Magiers, der Hohepriesterin und der Kraft erkundet hat, kommt er zu einem Punkt, an dem er erkennt, dass die Antwort nicht mehr im Außen zu finden ist, sondern in seinem Inneren. Dieser Schritt markiert einen Übergang von äußeren Erfahrungen hin zu einer inneren Reise der Selbstfindung und Weisheit.

Die Lehren des Eremiten

- **Die Kraft der Stille:** In der ruhigen Einsamkeit des Eremiten entdeckt der Narr, dass wahre Klarheit nicht durch laute Stimmen oder hektische Bewegungen im Außen entsteht, sondern durch das Zuhören in der Stille. Der Eremit zeigt ihm, dass Weisheit oft in den Pausen zwischen den Gedanken liegt. Wenn der Narr sich von den Ablenkungen der Welt befreit und nach innen schaut, wird er Antworten finden, die er vorher nicht gehört hat. In der Stille entfaltet sich wahre Einsicht.
- **Finde dein eigenes Licht:** Der Eremit lehrt den Narren, dass wahre Weisheit nicht in den Meinungen und Lehren anderer zu finden ist. Sie liegt tief im Inneren. Jeder Mensch trägt das Licht der Wahrheit in sich, und der Weg zur Erleuchtung erfordert die Entdeckung dieses inneren Lichts. Der Eremit zeigt dem Narren, dass niemand außer ihm selbst den Weg zu seinem eigenen Wissen finden kann. Nur er hat die Schlüssel zu seiner Wahrheit und muss sich auf seine eigene innere Führung verlassen.
- **Geduld und Reflexion:** Der Eremit fordert den Narren zu Geduld auf. Wahrer Fortschritt in der Erkenntnis passiert nicht sofort. Die Antworten, nach denen er sucht, benötigen manchmal Zeit, und es ist wichtig, nicht in Ungeduld zu verfallen. Der Eremit lehrt, dass wir oft erst in Momenten der inneren Ruhe und der Reflexion verstehen, was wirklich wichtig ist. Geduld ist der Schlüssel, um die Weisheit des Lebens in ihrem eigenen Tempo zu entfalten.

Nachdem der Narr die Lehren des Eremiten aufgenommen hat, verändert sich sein Weg. Die schnelle, abenteuerliche Reise wird langsamer und reflektierter. Der Narr hat nun gelernt, dass wahre Weisheit nicht nur in der äußeren Welt zu finden ist, sondern in der inneren Welt der Gedanken, Gefühle und Erfahrungen. Er ist nicht länger nur ein unbeschwerter Reisender, der nach Abenteuer strebt, sondern ein Suchender, der tief in sich hinein horcht, um die wahre Bedeutung des Lebens zu verstehen.

Symbolik der Karte "Der Eremit"

✳ **Der gebeugte Eremit mit weißem Haar und Bart:** Der Eremit steht für Demut und Lebenserfahrung. Sein gebeugter Körper zeigt, dass er nicht von Stolz oder Überheblichkeit geleitet wird, sondern von tiefer Einsicht.

Sein weißes Haar und langer Bart symbolisieren Weisheit, Reife und Zeitlosigkeit. Er erinnert daran, dass wahre Erkenntnis nicht durch Schnelligkeit oder Lautstärke, sondern durch Stille und Geduld entsteht. Er weiß, dass Wissen kein Zeichen von Macht, sondern von Einsicht ist. Der Eremit trägt eine schlichte, aber kunstvoll bestickte Robe. Ihre Schlichtheit zeigt, dass er keinen äußeren Prunk oder materiellen Besitz braucht, um sich erfüllt zu fühlen.

✳ **Die Laterne mit dem leuchtenden Licht:** Die Laterne steht für die Suche nach Wahrheit, Wissen und spiritueller Erkenntnis. Sie symbolisiert, dass der Eremit sein eigenes Licht trägt, anstatt auf äußere Erleuchtung angewiesen zu sein und erinnert uns daran, dass wir unsere eigenen Antworten finden müssen, anstatt nur blind dem Wissen anderer zu folgen. Das Licht in der Laterne kann auch für eine Wahrheit stehen, die nicht sofort enthüllt wird, sondern nur für diejenigen sichtbar ist, die bereit sind, danach zu suchen.

✳ **Die dunkle, mystische Landschaft mit Lichtpunkten:** Die Umgebung des Eremiten ist dunkel und geheimnisvoll, was die Unsicherheit des Lebens und die Phasen des Übergangs symbolisiert. Die Dunkelheit steht für das Unbekannte, für Fragen, auf die es noch keine Antwort gibt.

Die schwebenden Lichtpunkte im Hintergrund könnten für spirituelle Einsichten stehen, die langsam ans Licht kommen oder eine Weisheit, die sich nur durch Geduld und Innenschau offenbart. Selbst in dunklen Zeiten kann das Licht der Erkenntnis den Weg weisen, wenn man bereit ist, innezuhalten und zu lauschen.

✳ **Der steinige, gewundene Pfad:** Der Weg des Eremiten ist nicht gerade und nicht einfach. Er ist steinig und voller Windungen, was darauf hinweist, dass Wahrheit und Weisheit nicht leicht zu finden sind. Während der Narr zu Beginn der Reise sorglos und voller Abenteuerlust unterwegs war, wählt der Eremit seine Schritte mit Achtsamkeit. Manchmal erfordert der Weg eine Pause, eine Reflexion, bevor der nächste Schritt gesetzt wird.

✳ **Die Elfenohren:** Der Eremit wird hier mit Elfenohren dargestellt. Sie sind ein Symbol für seine tiefe Verbindung zur Natur, zur Anderswelt und zur feinstofflichen Wahrnehmung. Diese Darstellung macht ihn zu einer mystischen Gestalt, die nicht nur Wissen besitzt, sondern auch eine besondere Sensibilität für die unsichtbaren Ebenen des Seins.

Symbolik der Karte "Der Eremit"

Vergleich mit dem ursprünglichen Rider-Waite-Tarot

✦ **Die Laterne:** In der klassischen Rider-Waite-Darstellung hält der Eremit eine Laterne, die nicht nur als Lichtquelle dient, sondern auch als tiefgründiges Symbol für Führung und höhere Weisheit. Die Laterne repräsentiert das Licht der Wahrheit, das den Weg des Eremiten erleuchtet, während er sich in der Einsamkeit auf die Suche nach tieferer Erkenntnis begibt. Sie dient als Führer, aber auch als eine Art inneres Licht, das den Weg der Wahrheit zeigt. Die Laterne erinnert den Eremiten daran, dass der wahre Weg zu Weisheit und Erleuchtung oft in der Dunkelheit des Unwissens beginnt, doch das Licht – die Erkenntnis - führt ihn durch diese Dunkelheit.

Der Stern steht in erster Linie für das innere Licht, das jeder Mensch in sich trägt, jene leise, aber klare Stimme der Weisheit, Intuition und Erkenntnis. Der Eremit hat sich von der äußeren Welt zurückgezogen, um genau dieses Licht zu finden. Es symbolisiert Selbsterkenntnis, das Ergebnis tiefer Reflexion, Reifung und innerer Arbeit. Er leuchtet nicht den ganzen Weg aus, sondern nur den nächsten Schritt, was ein Zeichen für Vertrauen, Achtsamkeit und spirituelle Führung von innen ist.

In der modernen Interpretation dieses Buches wird die Laterne in einem wärmeren, natürlicheren Licht dargestellt, das eine sanfte und intuitive Energie vermittelt. Anstelle des sechszackigen Sterns strahlt die Laterne ein eher persönliches, gefühlvolles Licht aus, das noch mehr noch das eigene innere Licht symbolisiert und darauf hinweist, dass wahre Weisheit nicht nur aus überliefertem Wissen kommt, sondern auch aus persönlichen Erfahrungen und intuitivem Verständnis.

✦ **Die Umgebung:** In der klassischen Rider-Waite-Karte steht der Eremit auf einem schroffen Berggipfel. Diese Umgebung symbolisiert den hohen, spirituellen Aufstieg, den der Eremit gemacht hat, um sich von der Welt zu distanzieren und Weisheit zu erlangen. Die Berge stellen sowohl die Herausforderung als auch die Erhebung dar. Der Eremit hat sich vom weltlichen Leben entfernt, um die höheren Ebenen des Wissens zu erreichen. Diese symbolische Distanz zeigt, dass wahre Weisheit oft nur durch die Überwindung von Schwierigkeiten und Herausforderungen, die das Leben uns stellt, erlangt werden kann.

In der modernen Interpretation im Buch befindet sich der Eremit hingegen in einem verwunschenen Wald. Der Wald, voller alter Bäume und Lichtpunkte, strahlt eine mystische und magische Atmosphäre aus. Diese Umgebung deutet darauf hin, dass Weisheit nicht nur durch Distanz zur Welt und Askese gefunden wird, sondern auch durch das Eintauchen in die natürliche Welt und ihre subtile Energie. Der Wald symbolisiert das Unbewusste und das Geheimnisvolle, die Elemente des Lebens, die oft nicht direkt zugänglich sind, aber durch Achtsamkeit und Offenheit erfahren werden können.

Symbolik der Karte "Der Eremit"

Suche dir aus jedem beliebigen Tarot-Kartendeck die Karte des Eremiten und betrachte die Karte genau. Welche Elemente springen dir als erstes ins Auge? Welche Symbole ziehen dich besonders an? Was könnten diese Symbole für dich persönlich bedeuten?

Die Symbole der Karte "Der Eremit"

Symbole interpretieren

1 Wo in deinem Leben benötigst du mehr Klarheit und innere Führung?
Wie kannst du lernen, deinem inneren Licht mehr zu vertrauen?
Schreibe über eine Situation, in der du durch innere Weisheit anstatt äußerer Bestätigung eine Entscheidung getroffen hast.

Die Laterne

2 Welche Erfahrungen haben dich geprägt und zu der Person gemacht, die du heute bist?
Wie kannst du deine Erkenntnisse nutzen, um anderen Orientierung zu bieten?
Notiere drei Lektionen, die du aus vergangenen Herausforderungen gelernt hast.

Der lange weiße Bart

3 Welche Bereiche deines Lebens sind für dich noch im Dunkeln?
Wie kannst du deine Ängste als Wegweiser statt als Hindernisse betrachten?
Schreibe über eine Angst, der du dich gestellt hast, und wie sie dich wachsen ließ.

Der dunkle Wald

Symbolik der Karte "Der Eremit"

Wenn du ein zusätzliches Symbol auf die Karte setzen könntest, welches wäre das? Warum würdest du es wählen, und was würde es repräsentieren?

Dein eigenes Symbol

Eigenschaften der Karte "Der Eremit"

Positive Eigenschaften:

- Weisheit
- Selbstreflexion
- Innere Führung
- Klarheit
- Unabhängigkeit von äusseren Meinungen
- Eigenverantwortung

Weitere positive Eigenschaften

Negative Eigenschaften:

- Einsamkeit
- Isolation
- Zweifel
- Unsicherheit
- Abkehr von der Realität
- Verfangen in spirituellen und philosophischen Gedanken

Weitere negative Eigenschaften

Botschaften der Karte "Der Eremit"

Die größten Antworten findest du in dir selbst.

Oft suchen wir Rat im Außen, wenn wir uns unsicher fühlen. Doch der Eremit lehrt uns, dass die Antworten bereits in uns liegen. Unsere Intuition, unsere Erfahrungen und unser Herz wissen oft genau, was das Richtige für uns ist, wir müssen nur lernen, hinzuhören. Selbstreflexion ermöglicht es uns, Entscheidungen zu treffen, die wirklich zu uns passen, anstatt uns nach den Erwartungen anderer zu richten.

Manchmal ist Rückzug notwendig, um Klarheit zu gewinnen.

Der Eremit symbolisiert den bewussten Rückzug, aber nicht aus Angst, sondern um neue Perspektiven zu gewinnen. Ständige Ablenkung durch Verpflichtungen und Meinungen kann es schwer machen, die eigene Wahrheit zu erkennen. Ein Moment der Stille und Distanz hilft, Gedanken zu ordnen und echte Klarheit zu finden. Ein kurzer Rückzug bedeutet nicht, sich von der Welt zu isolieren, sondern sich Raum zu geben, um sich selbst besser zu verstehen.

Der Weg ist wichtiger als das Ziel.

Wir sind oft fixiert auf das Erreichen eines Ziels. Wir wollen den perfekten Job, die perfekte Beziehung oder den nächsten Meilenstein erreichen. Der Eremit lehrt uns, dass Weisheit und Wachstum nicht erst am Ziel entstehen, sondern auf dem Weg dorthin. Indem wir lernen, den Prozess zu schätzen, erkennen wir, dass jeder Schritt eine wertvolle Lektion in sich trägt. Wahrer Erfolg liegt nicht nur im Ankommen, sondern im Erleben und Wachsen auf dem Weg dorthin.

Dein Licht kann anderen den Weg zeigen.

Der Eremit trägt seine Laterne nicht nur für sich selbst, sondern auch, um anderen Orientierung zu bieten. Jeder, der Erkenntnisse gewinnt, kann diese teilen und anderen helfen, ihren eigenen Weg zu finden. Manchmal sind wir selbst der Leuchtturm, der jemandem Orientierung gibt, sei es durch unsere Erfahrungen, unser Zuhören oder unser Vorbild.

Wahre Erkenntnis kommt aus der Stille.

In einer Welt, die von ständiger Ablenkung geprägt ist, lehrt uns der Eremit, dass wahre Weisheit nicht im äußeren Trubel, sondern in der Stille des eigenen Inneren zu finden ist. In der Stille entsteht der Raum, in dem wir unsere Gedanken, Sehnsüchte und Ängste klar erkennen können. Wer bewusst innehält, gewinnt die Fähigkeit, das Wesentliche vom Unwesentlichen zu unterscheiden.

Reflexion zur Botschaft des Eremiten

★ Vertraue deiner inneren Stimme

Manchmal fürchten wir, die falsche Entscheidung zu treffen, nicht gut genug zu sein oder von anderen verurteilt zu werden. Vielleicht halten uns auch frühere Erfahrungen davon ab, unserem Gefühl zu vertrauen. Welche Erlebnisse aus deiner Vergangenheit haben dein Vertrauen in deine eigenen Entscheidungen erschüttert? Gibt es Momente, in denen du gezweifelt hast, obwohl dein Bauchgefühl richtig lag?

Unsere innere Stimme ist oft leise, besonders wenn Ängste, Zweifel oder äußere Erwartungen sie übertönen. Welche Ängste oder Zweifel halten dich davon ab, auf deine eigene innere Stimme zu hören? Wie kannst du heute daran arbeiten, deinem inneren Kompass wieder mehr zu vertrauen?

★ Selbstbestimmung bewahren

Welche Emotionen löst es in dir aus, wenn jemand deine Sichtweise nicht akzeptiert? Hast du Angst davor, deine eigene Meinung klar zu äußern? Woher, denkst du, kommt das?

In welchen Situationen fühlst du dich unwohl oder unter Druck gesetzt, wenn andere dir ihre Meinung aufzwingen? Was kannst du tun, um deine Grenzen respektvoll, aber bestimmt zu setzen?

★ Traditionen und Weisheit

Viele Traditionen beruhen auf universellen menschlichen Erfahrungen, wie Freude, Trauer, Hoffnung, Wandel. Sie bieten uns Orientierung und Stabilität in einer oft unbeständigen Welt. Durch die Wiederholung bestimmter Rituale oder Bräuche können wir uns selbst besser verstehen und erkennen, was für uns wirklich wichtig ist.

- Was bedeutet für dich Tradition?
- Überlege dir kleine Rituale, wie ein Morgengebet oder eine ruhige Tasse Tee am Nachmittag, die du in deinen Alltag integrieren könntest.

Reflexion zur Botschaft des Eremiten

✦ Dankbarkeit

Dankbarkeit hat die Fähigkeit, unsere Perspektive zu verändern. Sie lenkt unseren Blick auf das, was bereits da ist, anstatt auf das, was fehlt. Oft sind wir so auf ein Ziel fokussiert, dass wir den Moment übersehen und die Schönheit des Weges nicht wahrnehmen. Überlege dir:

- Gibt es Bereiche in deinem Leben, in denen du vor allem auf das Ergebnis fixiert bist?
- Wie könntest du bewusster die Reise genießen, anstatt nur auf das Ziel hinzuarbeiten?
- Welche kleinen Rituale könnten dir helfen, mehr Achtsamkeit und Dankbarkeit in deinen Alltag zu bringen?

Schreibe drei Dinge auf, für die du heute dankbar bist – egal, wie groß oder klein sie sind. Wiederhole diese Übung regelmäßig und beobachte, wie sich dein Blick auf dein Leben verändert.

✦ Mach mal Pause

Oft gehen wir durch den Alltag, ohne uns bewusst Zeit für Reflexion zu nehmen. Wann war der letzte Moment, in dem du wirklich zur Ruhe gekommen bist und deine Gedanken ohne Ablenkung beobachtet hast? Der Eremit erinnert uns daran, dass wahres Wissen nicht in der Außenwelt gesucht werden muss. Es wartet bereits in uns, wenn wir den Mut haben, still zu werden und zuzuhören. Wann hast du zuletzt innegehalten, um über dein Leben nachzudenken?

- Mache einen Tag lang eine bewusste Pause von äußeren Ablenkungen. Vermeide soziale Medien, übermäßige Gespräche oder ständige Reize. Stattdessen höre auf deine Gedanken, spüre deine Emotionen und nimm deine innere Stimme wahr.
- Notiere, was du dabei entdeckst. Welche Themen tauchen immer wieder auf? Welche Gedanken oder Gefühle möchtest du näher erforschen?

✦ Alleinsein

Hast du Angst vor dem Alleinsein? Warum? Wie kannst du das Alleinsein als Kraftquelle nutzen? Verbringe bewusst Zeit mit dir selbst und reflektiere über deine Gefühle dabei.

Wie kannst du das Konzept des Eremiten in dein Leben integrieren, ohne dich isoliert zu fühlen? Welche persönlichen Vorteile fallen dir ein, wenn du dich manchmal vom Alltag zurückziehst?

Kreative Aufgaben "Der Eremit"

 Gestalte deine persönliche Laterne der Weisheit

Der Eremit trägt eine Laterne, die ihm den Weg erhellt. Diese Laterne steht für das innere Wissen, das Licht in der Dunkelheit und die Antworten, die aus der Stille kommen.

Stelle dir vor, deine eigene Laterne enthält deine ganz persönliche Weisheit.

- Welche Form hat sie? Ist sie antik, modern oder magisch? Welches Licht leuchtet in ihr? Eine Flamme, ein Stern, ein Symbol?
- Welche Zeichen, Muster oder Runen kannst du hinzufügen, die für dein persönliches Wissen stehen?

Schreibe in oder neben deine Zeichnung einen Satz, der dich an deine innere Weisheit erinnert. Z.B. „*Mein eigenes Licht weist mir den Weg.*"

 Schreibe einen Brief an deine innere Kraft

Setze dich an einen ruhigen Ort und nimm dir kurz Zeit, deiner inneren Stimme zu lauschen. Stelle dir vor, du triffst den Eremiten.

- Du wanderst einen einsamen Bergpfad entlang und findest eine kleine Hütte. In der Stille des Ortes wartet eine weise Gestalt auf dich, der Eremit. Setze dich zu ihm ans Feuer.
- Er schaut dich an und stellt dir eine Frage: „Was suchst du wirklich?"
- Lasse deine Antwort auf diese Frage fließen und schreibe sie auf. Was kommt dir spontan in den Sinn?

 Deine Botschaft deines inneren Lichtes

Meditiere über die Karte des Eremiten. Stelle dir vor, du betrittst langsam eine Höhle. Die Höhle ist dunkel, doch sie strahlt eine seltsame Ruhe aus. Mit jedem Schritt hinein wird es ruhiger und du spürst diese angenehme Ruhe auch in dir selber.

Tiefer in der Höhle findest du einen weiten, offenen Raum. Du weißt, dass dies ein heiliger Ort ist, ein Ort der inneren Weisheit. Setze dich in die Mitte des Raumes und lausche der Stille. Beobachte, welche Gedanken oder Gefühle auftauchen, ohne sie zu bewerten.

Welche Symbole oder Bilder erscheinen vor deinem inneren Auge?

Noch mehr Übungen und Reflexionsfragen

✦ Auf die Frage kommt es an

Manchmal suchen wir nach Antworten, bevor wir die wahre Frage verstanden haben. Wenn du keine klare Antwort findest, kann es hilfreich sein, die Frage selbst zu hinterfragen oder neu zu formulieren. Statt „Was soll ich tun?" könnte die bessere Frage lauten: „Was hält mich davon ab, eine Entscheidung zu treffen?"

Überlege, welche Fragen dir in deiner aktuellen Situation wirklich weiterhelfen könnten. Hier sind fünf mögliche Ansätze:
- Was brauche ich gerade wirklich – auf emotionaler, geistiger oder körperlicher Ebene?
- Welche Angst oder Unsicherheit hindert mich daran, eine klare Entscheidung zu treffen?
- Welche Möglichkeiten habe ich noch nicht in Betracht gezogen?
- Was würde ich meinem besten Freund raten, wenn er in meiner Situation wäre?
- Wie würde mein zukünftiges Ich auf diese Situation zurückblicken und was würde es mir raten?

Notiere deine eigenen Fragen in Bezug auf deine Situation und beobachte, ob sich durch eine neue Perspektive auch neue Antworten zeigen.

✦ Ich weiß, dass ich nicht weiß

Nicht jede Entscheidung muss sofort getroffen werden. Oft liegt in der Unsicherheit eine wertvolle Botschaft verborgen und zeigt, dass Veränderung im Gange ist. Statt die Unklarheit als Schwäche zu sehen, kannst du sie als Raum für Wachstum betrachten.
- Denke an eine aktuelle Situation, in der du dich unsicher fühlst und nicht genau weißt, welchen Weg du gehen sollst. Welche Emotionen löst diese Unklarheit in dir aus? Schreibe ehrlich darüber, ohne dich zu verurteilen. Erlaube dir, deine Gedanken und Gefühle einfach zu beobachten, ohne sofort eine Lösung finden zu müssen.
- Wie kannst du diesen Zustand mit mehr Ruhe und Akzeptanz annehmen? Überlege, welche Strategien dir helfen könnten, Vertrauen in den Prozess zu entwickeln.

✦ Affirmationen für spirituelle Führung & Vertrauen

Schreibe drei Affirmationen, die dir helfen, deine innere Weisheit und Stille zu finden.
Beispiel: "Ich gehe meinen Weg mit Vertrauen, auch wenn ich das Ziel noch nicht sehe."
"Ich genieße den Prozess der Selbstfindung, ohne mich zu drängen ans Ziel zu gelangen."
"Ich nehme mir bewusst Momente des Rückzugs, um meine Gedanken zu ordnen."

Der Eremit

"Der Eremit" verkörpert den bewussten Rückzug aus der äußeren Welt, um tiefere Erkenntnisse zu gewinnen. Er steht für Selbstreflexion, Stille und spirituelle Führung, die nicht von außen, sondern aus dem eigenen Inneren kommt.

Seine Laterne erleuchtet nur den nächsten Schritt und ist ein Zeichen dafür, dass Antworten nicht immer sofort sichtbar sind, sondern sich mit Geduld und innerer Einkehr offenbaren.

Der Eremit erinnert uns daran, dass wahre Erkenntnis nicht im äußeren Wissen liegt, sondern in bewusster Innenschau. In der Ruhe finden wir Klarheit.

Schreibe abschließend deine Gedanken und Erkenntnisse auf, die du aus der Arbeit mit dem Eremiten gewonnen hast, und wie du sie in deinem Leben anwenden möchtest.

10 Das Rad des Schicksals

10 Das Rad des Schicksals

Die Reise des Narren und die Lehren des Rad des Schicksals

Als der Narr weiter auf seiner Reise voranschreitet, erkennt er, dass nicht alles in seiner Kontrolle liegt. Bislang war er voller Tatendrang und überzeugt, seinen eigenen Weg aktiv zu gestalten. Doch als er das Rad des Schicksals entdeckt, begreift er, dass es Kräfte gibt, die jenseits seines Einflusses wirken.

Zunächst empfindet er Unsicherheit. Warum können Dinge nicht einfach so bleiben, wie sie sind? Warum ist alles im ständigen Wandel? Doch dann beobachtet er, wie sich das Rad dreht. Es bewegt ihn von einem Punkt zum nächsten, zeigt ihm, dass das Leben niemals stillsteht. Mit der Zeit erkennt er, dass jede Bewegung ihn voranbringt, selbst wenn er die Richtung nicht sofort versteht.

Die Lehren des Rad des Schicksals

- **Vertrauen in den Fluss des Lebens:** Der Narr erkennt, dass nicht alles unter seiner Kontrolle liegt. Statt gegen Veränderungen anzukämpfen, lernt er, sich dem natürlichen Wandel hinzugeben.
- **Lernen aus vergangenen Erfahrungen:** Ihm wird bewusst, dass sich bestimmte Muster in seinem Leben wiederholen, solange er die darin verborgene Lektion nicht erkannt hat. Jeder Rückschlag und jede Herausforderung birgt eine wertvolle Erkenntnis.
- **Geduld und Akzeptanz:** Nicht jede Antwort offenbart sich sofort. Der Narr versteht, dass manche Dinge ihre Zeit brauchen und dass wahre Erkenntnis oft in der Stille und im Warten entsteht.
- **Bewusstsein für Chancen und Herausforderungen:** Veränderungen sind keine Bedrohung, sondern eine Gelegenheit zum Wachstum. Der Narr begreift, dass selbst schwierige Situationen neue Türen öffnen und ihn auf einen tieferen, sinnvolleren Weg führen.

Mit dieser Einsicht verlässt der Narr das Rad des Schicksals nicht mehr als unbedarfter Wanderer, sondern als jemand, der den Rhythmus des Universums erkennt und darauf vertraut, dass das Leben ihn dorthin führt, wo er sein soll.

Der Narr setzt seinen Weg mit neuer Klarheit fort. Er hat keine Angst mehr vor dem Unbekannten, sondern eine tiefe Gewissheit, dass jede Drehung des Rades ihn weiterbringt.

Symbolik der Karte "Das Rad des Schicksals"

✳ **Das kunstvoll verzierte Rad als Kopfschmuck** der Frau ist das zentrale Symbol der Karte und repräsentiert den ewigen Kreislauf von Geburt, Wachstum, Tod und Wiedergeburt. In der esoterischen Tradition erinnert es daran, dass alles im Leben einem natürlichen Zyklus unterliegt. Wir erfahren Glück und Leid, Erfolg und Misserfolg, Aufstieg und Fall. Das Leben ist in ständiger Bewegung, nichts bleibt für immer gleich. Es gibt Höhen und Tiefen, und auch wenn diese Veränderungen manchmal herausfordernd sind, dienen sie letztlich dem persönlichen Wachstum.

✳ **Die geschlossenen Augen:** Die Frau hat ihre Augen geschlossen und wirkt vollkommen in sich gekehrt. Dies symbolisiert ihr Vertrauen in den Fluss der Dinge. Sie versucht nicht, das Rad mit Gewalt zu beeinflussen, sondern akzeptiert, dass das Universum seinen eigenen Plan hat. In dieser Haltung liegt eine tiefe Weisheit, denn der Versuch, sich gegen unvermeidbare Veränderungen zu wehren, führt nur zu innerem Widerstand. Wer hingegen mit dem Leben fließt, kann auch in schwierigen Zeiten Gelassenheit bewahren.

✳ **Die feinen Sternenkonstellationen** auf dem Rad deuten darauf hin, dass der Lauf des Lebens nicht zufällig ist, sondern einer unsichtbaren Ordnung folgt. Die Sterne repräsentieren spirituelle Weisheit und das Universum, das uns lenkt. Auch wenn wir den Plan hinter den Ereignissen nicht immer sofort erkennen können, existiert eine tiefere Verbindung zwischen allem. Jeder Mensch ist auf seine Weise mit dem größeren Ganzen verbunden, und oft sind es Zeichen, Eingebungen oder Synchronizitäten, die uns den nächsten Schritt zeigen.

✳ **Die Mondsichel und Sterne im Hintergrund:** Im Hintergrund erhebt sich eine Mondsichel, umgeben von funkelnden Sternen. Der Mond steht für das Verborgene, das Geheimnisvolle und die tiefen Emotionen, die nicht sofort sichtbar sind. In Verbindung mit dem Rad bedeutet dies, dass nicht alles im Leben sofort verständlich sein muss. Manche Wahrheiten werden erst mit der Zeit klar, wenn wir bereit sind, sie zu erkennen. Unsere Intuition kann uns in unsicheren Zeiten den Weg weisen, wenn wir lernen, ihr zu vertrauen.

✳ **Die Spirale im Vordergrund** verdeutlicht, dass sich Muster im Leben oft wiederholen. Herausforderungen, die immer wieder auftreten, sind nicht zufällig, sondern Hinweise darauf, dass es noch etwas zu lernen gibt. Solange eine Lektion nicht verstanden wurde, kehrt sie in unterschiedlicher Form zurück. Indem wir diese Dynamiken erkennen und aus ihnen lernen, können wir uns bewusst weiterentwickeln und die Spirale nicht als endlosen Kreislauf erleben, sondern als fortschreitenden Weg der Erkenntnis.

Symbolik der Karte "Das Rad des Schicksals"

Vergleich mit dem ursprünglichen Rider-Waite-Tarot

✦ **Der Kreislauf des Lebens und die Unvermeidlichkeit von Veränderung:** Das Rad des Schicksals symbolisiert die ewige Bewegung des Lebens. In der klassischen Rider-Waite-Version wird das Rad von vier Wesen umgeben – einem Stier, einem Löwen, einem Adler und einem Engel. Diese repräsentieren die vier festen Tierkreiszeichen (Stier, Löwe, Skorpion und Wassermann), die vier Himmelsrichtungen (Norden, Osten, Süden und Westen), sowie die vier Elemente (Erde, Feuer, Wasser und Luft). Ihre Anwesenheit verdeutlicht, dass das Rad nicht nur ein Symbol für Veränderung ist, sondern dass hinter allem eine göttliche Ordnung liegt.

In der Darstellung in diesem Buch wird diese Idee subtiler vermittelt. Statt mystischer Wesen steht eine ruhige, in sich gekehrte Frau im Mittelpunkt. Ihre Haltung signalisiert Akzeptanz und tiefes Vertrauen in den Zyklus des Lebens. Die sie umgebenden Sternensymbole stellen das Universum dar und erinnern daran, dass jede Veränderung Teil eines größeren Plans ist. Wahres Wachstum besteht darin, mit den Wellen der Veränderung zu fließen, anstatt sich gegen sie aufzulehnen.

✦ **Die Rolle des freien Willens:**

In der Rider-Waite-Karte scheint das Rad von mystischen Kräften bewegt zu werden, was auf eine höhere, oft unkontrollierbare Macht hindeutet. Diese Darstellung betont das Gefühl, dass das Schicksal außerhalb unserer Kontrolle liegt und dass wir lernen müssen, das Unvermeidliche zu akzeptieren.

Die Interpretation in diesem Buch zeigt jedoch eine andere Nuance. Hier wird eine Figur dargestellt, die sich bewusst dem Fluss des Lebens hingibt. Das deutet darauf hin, dass Veränderungen nicht nur geschehen, sondern dass wir selbst entscheiden können, wie wir mit ihnen umgehen. Während das klassische Rad oft als Symbol für unerwartete Wendungen gesehen wird, vermittelt diese Version eine aktive Wahl. Wir können Widerstand leisten oder uns dem natürlichen Wandel mit Vertrauen öffnen.

✦ **Spirituelles Erwachen und kosmische Führung:**

Das Rider-Waite-Rad enthält hebräische Buchstaben, die „YHWH" (den Namen Gottes) formen, sowie alchemistische Symbole für die vier Elemente. Diese Zeichen verdeutlichen, dass das Rad nicht nur eine weltliche Bedeutung hat, sondern auch eine tief spirituelle. Es weist darauf hin, dass alles einer höheren Ordnung folgt, selbst wenn es chaotisch erscheinen mag.

In dieser modernen Interpretation wird das gleiche Prinzip durch die Darstellung des Universums, des Mondes und der Sterne vermittelt. Diese Symbole verweisen darauf, dass unser Schicksal nicht bloß Zufall ist, sondern von einer kosmischen Ordnung gelenkt wird.

Symbolik der Karte "Das Rad des Schicksals"

Suche dir aus jedem beliebigen Tarot-Kartendeck die Karte des Rad des Schicksals und betrachte die Karte genau. Welche Elemente springen dir als erstes ins Auge? Welche Symbole ziehen dich besonders an? Was könnten diese Symbole für dich persönlich bedeuten?

Die Symbole der Karte "Das Rad des Schicksals"

Symbole interpretieren

1 Das Rad steht für den ewigen Kreislauf. Wo in deinem Leben spürst du gerade Veränderung? Wie kannst du lernen, den natürlichen Fluss des Lebens zu akzeptieren? Schreibe über eine Situation in deinem Leben, die sich völlig unerwartet gewandelt hat. Was hast du daraus gelernt?

Das drehende Rad

2 Der Mond repräsentiert Geheimnisse. Gibt es in deinem Leben eine Situation, deren Sinn du erst später verstanden hast? Wie gehst du damit um, wenn du nicht sofort eine Antwort auf deine Fragen findest? Schreibe über eine Herausforderung, die sich im Nachhinein als wertvolle Lektion entpuppt hat.

Der Mond

3 Die vier Wesen (Engel, Adler, Löwe und Stier) stehen für Stabilität und spirituelle Weisheit inmitten der Veränderungen. Wo findest du Halt, wenn dein Leben turbulent ist? Welche spirituellen oder philosophischen Überzeugungen helfen dir, Veränderungen anzunehmen? Notiere drei Dinge, die dir in unsicheren Zeiten Stabilität geben, und reflektiere, wie du sie bewusst nutzen kannst.

Die vier Wesen im Rider-Waite Tarot

Symbolik der Karte "Das Rad des Schicksals"

Wenn du ein zusätzliches Symbol auf die Karte setzen könntest, welches wäre das? Warum würdest du es wählen, und was würde es repräsentieren?

Dein eigenes Symbol

Eigenschaften der Karte "Das Rad des Schicksals"

Positive Eigenschaften:

- Akzeptanz des Wandels
- Vertrauen in das Leben
- Spirituelles Bewusstsein
- Möglichkeiten erkennen
- Lernprozesse annehmen

Weitere positive Eigenschaften

Negative Eigenschaften:

- Gefühl von Kontrollverlust
- Passivität
- Wiederholende Fehler
- Unbeständigkeit
- Schicksalsgläubigkeit
- Überforderung

Weitere negative Eigenschaften

Botschaften der Karte "Das Rad des Schicksals"

Lerne, mit dem Fluss des Lebens zu gehen.

Das Rad des Schicksals erinnert uns daran, dass alles in Bewegung ist und kein Zustand für immer anhält. Widerstand gegen den Wandel kann Leid verursachen, während das Annehmen von Veränderungen uns wachsen lässt. Das Leben folgt einer natürlichen Dynamik von Höhen und Tiefen. Wenn unerwartete Ereignisse eintreten, wie der Verlust eines Jobs oder das Ende einer Beziehung, kann es zunächst schmerzhaft oder beängstigend sein. Doch oft liegt in solchen Momenten eine verborgene Chance. Wer bereit ist, sich dem Wandel zu öffnen, kann neue Möglichkeiten entdecken, die vorher unvorstellbar schienen.

Vertraue auf den Lauf des Lebens, denn nichts bleibt ewig gleich.

Das Rad dreht sich weiter, und das bedeutet, dass schwere Zeiten vergehen, aber auch, dass Erfolge nicht garantiert sind. Diese Erkenntnis ermutigt uns, Momente des Glücks zu schätzen und in herausfordernden Zeiten Hoffnung zu bewahren. Selbst wenn eine Situation im Moment sinnlos oder unfair erscheint, kann sie uns langfristig auf einen besseren Weg führen, den wir noch nicht erkennen können.

Dein freier Wille bestimmt, wie du mit dem Schicksal umgehst.

Während das Rad des Schicksals zeigt, dass es Dinge gibt, die wir nicht beeinflussen können, erinnert es uns gleichzeitig daran, dass unser freier Wille bestimmt, wie wir mit dem umgehen, was geschieht. Das Leben stellt uns vor Herausforderungen, doch unsere Einstellung und unsere Entscheidungen bestimmen, ob wir daran wachsen oder stagnieren. Bei einem persönlichen Verlust haben wir die Wahl, in der Trauer gefangen zu bleiben oder diese Phase als Möglichkeit zur Reflexion und Heilung zu nutzen. Beide Wege führen zu völlig unterschiedlichen Entwicklungen, und wir sind es, die über die Richtung entscheiden.

Akzeptanz ist der Schlüssel zum inneren Frieden.

Akzeptanz ist der Schlüssel zum inneren Frieden. Oft wehren wir uns gegen Ereignisse, die wir nicht beeinflussen können, und erzeugen damit Stress, Angst oder Frustration. Die Karte lehrt uns zu erkennen, wann wir handeln sollten und wann es besser ist, loszulassen. Wahre Gelassenheit entsteht, wenn wir das akzeptieren, was wir nicht ändern können.

Vertraue darauf, dass alles zur richtigen Zeit geschieht.

Manchmal verstehen wir nicht sofort, warum etwas passiert. Doch mit der Zeit erkennen wir, dass jede Erfahrung uns an einen bestimmten Punkt geführt hat. Das Rad des Schicksals erinnert uns daran, dass jeder Abschnitt unseres Lebens, egal ob freudig oder schmerzhaft, eine tiefere Bedeutung hat. Oft erkennen wir erst viel später, was frühere Erfahrungen für einen Sinn haben.

Reflexion zur Botschaft des Rad des Schicksals

★ Umgang mit Veränderungen

Veränderung ist ein natürlicher Teil des Lebens. Welche Ängste hindern dich daran, unerwartete Veränderungen anzunehmen? Was glaubst du, warum?

Schreibe über eine unerwünschte Veränderung, die dich im Ausgang überrascht hat. Was hast du aus dieser Erfahrung gelernt? Wie kannst du dieses Wissen nutzen, um zukünftigen Veränderungen mit mehr Vertrauen zu begegnen?

★ Alles geschieht zu seiner Zeit

Was würdest du anderen raten, die Schwierigkeiten haben damit, nicht sofort oder gar nicht zu bekommen, was sie wollen?

Wie gehst du mit Dingen um, die nicht sofort geschehen? Nimmst du es gelassen oder wirst du vielleicht nervös oder verärgert? Reflektiere darüber und überlege dir, woran deine Reaktion liegen könnte?

★ Auf die Haltung kommt's an

Deine innere Haltung bestimmt, wie du dein Schicksal erlebst. Denke an eine aktuelle Situation, die schwierig ist, weil sie nicht nach Plan läuft. Welche Gedanken beeinflussen deine Wahrnehmung von den Ereignissen?

Beobachte dich selber, bist du generell eher ein Pessimist oder ein Optimist?

Reflexion zur Botschaft des Rad des Schicksals

✦ Aktzeptanz und Veränderung

Veränderungen sind unvermeidlich, doch oft fällt es schwer, sie zu akzeptieren. Unser Verstand klammert sich an das Vertraute, während das Leben uns in eine neue Richtung lenkt. Doch je bewusster wir Veränderungen annehmen, desto leichter können wir aus ihnen wachsen.

- Schreibe eine Geschichte darüber, wie du eine Veränderung in deinem Leben akzeptiert hast. War es schwierig für dich, loszulassen? Welche Gefühle kamen in dir hoch? Gab es einen bestimmten Moment, in dem du erkannt hast, dass diese Veränderung notwendig war?
- Wie hat sich dein Leben nach dieser Entscheidung entwickelt? Welche Erkenntnisse hast du daraus gewonnen? Reflektiere, wie du in Zukunft bewusster mit Veränderungen umgehen kannst – aber nicht als etwas, das dir widerfährt, sondern als einen natürlichen Teil deines Wachstums.

✦ Umgang mit Höhen und Tiefen

Das Rad des Schicksals erinnert daran, dass wir nicht immer die äußeren Umstände kontrollieren können, aber wir können entscheiden, wie wir darauf reagieren.

- In welcher Phase des Rades befindest du dich gerade? Fühlst du dich aktuell in einer Hochphase, in der sich alles fügt, oder eher in einer Phase des Umbruchs? Was kannst du aus deiner jetzigen Situation lernen?
- Wie hast du in der Vergangenheit auf Herausforderungen reagiert? Gab es Zeiten, in denen du dachtest, eine schwierige Phase würde niemals enden, und dann hast du rückblickend erkannt, dass sie dich gestärkt hat? Wie haben Erfolge oder Krisen dich geprägt? Was würdest du deinem früheren Ich in einer schweren Zeit sagen?

✦ Selbstbestimmung vs. Schicksal

Wo in deinem Leben fühlst du dich machtlos? Überlege dir, warum du dich so fühlst und ob es tatsächlich so ist oder ob du es vielleicht nur so empfindest.

Welche Entscheidungen kannst du aktiv treffen, um dein Leben positiv zu gestalten?
Liste drei Bereiche deines Lebens auf, in denen du Kontrolle über den Ausgang der Situation übernehmen kannst und schreibe auf, was du dafür tun musst.

Kreative Aufgaben "Das Rad des Schicksals"

 Gestalte dein persönliches Schicksalsrad

Zeichne ein großes Rad, eine Spirale, eine Sonnenscheibe oder ein Mandala.
- Unterteile es in verschiedene Abschnitte, die für verschiedene Aspekte deines Lebens stehen (z. B. Beziehungen, Beruf, innere Entwicklung, Chancen & Herausforderungen).
- Zeichne oder schreibe in die Abschnitte Symbole, die für deine aktuellen oder wiederkehrenden Themen stehen.

Welche Muster oder Kreisläufe erkennst du in deinem Leben?

Gibt es Abschnitte, die Stabilität ausstrahlen, und andere, die sich im Wandel befinden?

 Schreibe einen Brief aus der Zukunft an dein heutiges Ich

Stelle dir vor, du bist 10 Jahre in der Zukunft und hast viele Veränderungen erlebt und Weisheit gesammelt. Schreibe aus der Sicht deines zukünftigen Ichs an dein heutiges Selbst:
- Welche Herausforderungen hast du überwunden?
- Welche schönen Überraschungen hat das Leben für dich bereitgehalten?
- Was würdest du deinem heutigen Selbst sagen, um ihm Mut zu machen?

 Deine Botschaft des Rad des Schicksals

Meditiere über die Karte des Rad des Schicksals. Stell dir vor, du sitzt in der Mitte eines großen, goldenen Rades. Das Rad dreht sich sanft, aber du bleibst ruhig und stabil im Zentrum. Du spürst, wie das Leben sich verändert.

Du siehst auf dem Rad verschiedene Bilder, vielleicht vergangene Ereignisse, gegenwärtige Herausforderungen oder mögliche zukünftige Wege.

Spüre in dich hinein: Was gibt dir Stabilität, wenn sich das Leben um dich herum verändert?

Welche Veränderungen in deinem Leben kannst du leichter annehmen?

Wie kannst du lernen, den Fluss des Lebens zu vertrauen?

Noch mehr Übungen und Reflexionsfragen

✦ Die Würfel des Schicksals

Nimm einen Würfel oder ziehe zufällig eine Zahl zwischen 1 und 6.

Setze dir eine kleine spontane Aufgabe, je nach Zahl, die du gewürfelt hast.

⊡ Tue heute etwas völlig Unerwartetes.

⊡ Schreibe eine verrückte Zukunftsvision für dich selbst auf.

⊡ Erzähle jemandem eine absurde Geschichte aus deinem Leben.

⊡ Tanze für eine Minute ohne nachzudenken.

⊡ Erfinde eine „alternative Realität", in der alles anders gelaufen ist, aber zu deinem Vorteil.

⊞ Lache über eine vergangene „Pech-Situation" und erkenne, wie unwichtig sie heute ist.

✦ Akzeptiere, dass das Schicksal Schabernack spielt

Das Leben folgt nicht immer unseren Plänen, und manchmal hält das Schicksal unerwartete Wendungen bereit. Doch vielleicht sind es gerade diese ungeplanten Ereignisse, die uns am meisten wachsen lassen. Wenn wir lernen, über das Leben zu schmunzeln und das Unvermeidliche mit einer Prise Humor zu akzeptieren, können wir Herausforderungen mit mehr Leichtigkeit begegnen.

Versuche, das Unerwartete mit einem offenen Geist zu begrüßen, denn vielleicht steckt hinter jeder unerwarteten Wendung eine Lektion, die du noch nicht erkennen kannst.

- Wie kannst du lernen, dem „Schabernack des Schicksals" mit mehr Gelassenheit zu begegnen? Welche Strategien helfen dir, nicht alles zu ernst zu nehmen?
- Was wäre, wenn du Veränderungen nicht als Bedrohung, sondern als Spiel des Universums betrachten würdest? Wie würde sich deine Einstellung verändern?

✦ Affirmationen für mehr Gelassenheit und Anpassungsfähigkeit

Schreibe drei Affirmationen, um mehr Gelassenheit im Umgang mit Veränderungen zu entwickeln.

Beispiel: "Jede Phase meines Lebens bringt wertvolle Erfahrungen mit sich."

"Ich vertraue darauf, dass das Leben mich genau dorthin führt, wo ich sein soll."

"Ich lasse den Widerstand los und erlaube dem Leben, sich auf natürliche Weise zu entfalten."

Das Rad des Schicksals

Die Karte "Das Rad des Schicksals" symbolisiert den ewigen Wandel des Lebens. Es erinnert uns daran, dass nichts von Dauer ist, weder Glück noch Unglück, weder Erfolg noch Misserfolg. Diese Karte lehrt uns, den Fluss des Lebens anzunehmen, anstatt uns gegen Veränderungen zu sträuben.

Sie zeigt, dass manches außerhalb unserer Kontrolle liegt, aber unsere Reaktion darauf in unseren Händen liegt. Das Rad fordert uns auf, Vertrauen in den Lauf der Dinge zu haben, Muster zu erkennen und Chancen im Wandel zu ergreifen. Alles geschieht zu seiner Zeit. Das Leben ist ein Kreislauf aus Höhen und Tiefen, und jede Phase hat ihren Sinn.

Schreibe abschließend deine Gedanken und Erkenntnisse auf, die du aus der Arbeit mit der Karte "Das Rad des Schicksals" gewonnen hast, und wie du sie in deinem Leben anwenden möchtest.

11 Gerechtigkeit

11 Gerechtigkeit

Die Reise des Narren und die Lehren der Gerechtigkeit

Nachdem der Narr auf seiner Reise bereits viele Erfahrungen gesammelt hat, steht er nun vor einer tiefgreifenden Erkenntnis: **Jede Entscheidung hat Konsequenzen.**

Er begegnet der Gerechtigkeit und erkennt, dass er Verantwortung für seine Taten übernehmen muss. Vielleicht hat er Fehler gemacht oder steht an einem Punkt, an dem wichtige Entscheidungen getroffen werden müssen. Die Gerechtigkeit hilft ihm, ehrlich mit sich selbst zu sein, sich nicht hinter Ausreden zu verstecken und die Realität so zu sehen, wie sie ist, ohne Verzerrung durch Wunschdenken oder Angst.

Die Lehren der Gerechtigkeit

- **Verantwortung übernehmen:** Der Narr erkennt, dass jede seiner Handlungen auf ihn selbst und auf andere eine Wirkung hat. Anstatt sich als Opfer des Schicksals zu sehen, begreift er, dass er selbst für seine Entscheidungen verantwortlich ist.
- **Ehrlichkeit mit sich selbst:** Wahrheit beginnt im Inneren. Die Gerechtigkeit fordert ihn auf, sich selbst ehrlich zu hinterfragen. Wo belügt er sich vielleicht selber? Welche Realitäten will er nicht sehen? Wachstum entsteht, wenn man bereit ist, sich der Wahrheit zu stellen.
- **Das Gleichgewicht wahren:** Die Waage der Gerechtigkeit erinnert ihn daran, dass er stets die Balance zwischen Verstand und Herz, zwischen Gerechtigkeit und Mitgefühl, zwischen Eigenverantwortung und Akzeptanz finden muss.
- **Weise und reflektierte Entscheidungen treffen:** Mit dem Schwert symbolisiert die Gerechtigkeit klare, bewusste Entscheidungen. Sie fordert ihn auf, nicht impulsiv oder aus Emotionen heraus zu handeln, sondern sorgfältig abzuwägen, was wirklich richtig ist, auch wenn es nicht der einfachste Weg ist.

Mit diesen neuen Erkenntnissen setzt der Narr seine Reise fort, diesmal mit einer klareren Wahrnehmung seiner Verantwortung. Er hat gelernt, dass Gerechtigkeit nicht nur ein Konzept ist, sondern eine innere Haltung, die ihm hilft, seinen Weg mit Weisheit, Klarheit und Aufrichtigkeit zu gehen.

Symbolik der Karte "Gerechtigkeit"

✳ **Die Waage** ist eines der wichtigsten Symbole der Gerechtigkeit. Sie steht für Gleichgewicht, Fairness und das Gesetz von Ursache und Wirkung. Jede Handlung hat eine Konsequenz, und das Universum bringt letztendlich alles in Balance. Die Waage hilft dabei, verschiedene Perspektiven abzuwägen, um weise Entscheidungen zu treffen, und erinnert daran, dass nichts ohne Wirkung bleibt. Sie ist ein Symbol für das karmische Gesetz: Was du aussendest, kehrt zu dir zurück. Deine Taten formen deine Zukunft, und jede Wahl, die du triffst, beeinflusst den weiteren Verlauf deines Lebens.

Die Waage, sowohl im Kopfschmuck als auch im Haar eingearbeitet, vereint zwei Seiten der Gerechtigkeit. **Der Kopfschmuck** steht für Klarheit, logisches Denken und die Fähigkeit, Entscheidungen bewusst und unvoreingenommen zu treffen – frei von äußeren Einflüssen oder Emotionen. **Das Haar** hingegen verkörpert die intuitive, fühlende Seite. Es steht für das Ungeordnete, das Natürliche, das mit Tiefe, Lebendigkeit und Empathie verbunden ist. So wird deutlich, Gerechtigkeit braucht nicht nur Verstand, sondern auch Mitgefühl und menschliche Nähe.

✳ **Das Schwert,** das die Gerechtigkeit in ihrer Hand hält, steht für bewusste Entscheidungen und symbolisiert Wahrheit und Ehrlichkeit. Es durchtrennt Illusionen und offenbart die Realität, egal wie unbequem sie sein mag. Das Schwert verkörpert Logik und Klarheit. Diese zwei essentiellen Eigenschaften helfen, gerechte Entscheidungen zu treffen, ohne von subjektiven Emotionen beeinflusst zu werden. Wahre Gerechtigkeit ist unparteiisch und betrachtet alle Seiten ohne Verzerrung durch persönliche Gefühle oder Vorurteile. Sie verlangt, dass wir uns der Wahrheit stellen, auch wenn sie unbequem ist, und Entscheidungen auf Basis von Erkenntnis und Integrität treffen.

✳ **Die dunklen Augen** der Figur wirken abwesend und in sich gekehrt, fast so, als würden sie nicht nur die äußere Welt betrachten, sondern tief in das Innere sehen. Dies deutet darauf hin, dass wahre Gerechtigkeit nicht nur an äußeren Maßstäben gemessen werden kann, sondern aus der inneren Weisheit entspringt. Unsere Intuition kann uns Antworten auf das geben, was unserem bewussten Verstand verborgen bleibt.

✳ **Die ruhige, gelassene Haltung** der Gerechtigkeit zeigt ihre innere Stabilität, Ruhe und Ausgeglichenheit. Wahre Gerechtigkeit urteilt nicht impulsiv, sondern handelt mit Bedacht und Selbstreflexion, denn bevor wir über andere urteilen, müssen wir unser eigenes Handeln überdenken. Jeder Mensch trägt Verantwortung für seine eigenen Entscheidungen, und Gerechtigkeit beginnt immer in uns selbst.

Symbolik der Karte "Gerechtigkeit"

Vergleich mit dem ursprünglichen Rider-Waite-Tarot

✦ **Der Thron:** In der klassischen Rider-Waite-Tarotkarte sitzt die Gerechtigkeit auf einem hohen, massiven Thron. Ihre Haltung ist streng, aufrecht und unbeweglich. Dies symbolisiert ihre Unparteilichkeit, Autorität und Unerschütterlichkeit. Sie urteilt aus einer Position der Klarheit und Objektivität, fern von Emotionen oder persönlicher Befangenheit. Ihr direkter Blick zeigt, dass sie nicht nachsichtig ist, sondern die Wahrheit ohne Zögern erkennt und ausspricht. Sie verkörpert das Prinzip der absoluten Neutralität. Gerechtigkeit geschieht nach festen Regeln, nicht nach Gefühl.

In der modernen Interpretation dieses Buches sitzt die Gerechtigkeit nicht auf einem Thron, sondern auf dem Boden. Ihre Körperhaltung ist ruhiger und entspannter, was eine sanftere, weisere Energie vermittelt. Hier wird Gerechtigkeit nicht als kalte, unnahbare Instanz dargestellt, sondern als etwas Menschliches und Verbundenes. Diese Darstellung zeigt, dass wahre Gerechtigkeit nicht nur in der Strenge des Gesetzes, sondern auch in Verständnis, Mitgefühl und Weisheit zu finden ist.

✦ **Das Schwert:** In der klassischen Rider-Waite-Darstellung hält die Gerechtigkeit ein aufrechtes Schwert in der rechten Hand. Das Schwert ist ein Symbol für Wahrheit, Klarheit und konsequente Urteile. Die aufrechte Haltung bedeutet, dass Wahrheit direkt und ohne Zögern ausgesprochen wird, selbst wenn sie schmerzhaft ist. Entscheidungen basieren auf reiner Logik, nicht auf Emotionen.

In der neu interpretierten Darstellung in diesem Buch wird das Schwert sanfter gehalten, fast so, als ob die Gerechtigkeit sich bewusst ist, dass Wahrheit nicht immer absolut ist. Sie erkennt, dass es mehr als nur Schwarz und Weiß gibt. Während das klassische Schwert für klare, unverrückbare Regeln steht, zeigt die modernere Darstellung, dass nicht jede Wahrheit mit Härte ausgesprochen werden muss. Manchmal braucht es Einfühlungsvermögen und Weitsicht, um eine gerechte Entscheidung zu treffen.

✦ **Die Waage:** Die Waage ist in beiden Darstellungen das Symbol für Gleichgewicht, Fairness und Ursache und Wirkung. In der klassischen Rider-Waite-Karte hält die Gerechtigkeit die Waage in ihrer linken Hand, was darauf hinweist, dass Entscheidungen aus einer tieferen, intuitiven Wahrnehmung heraus getroffen werden. Die Waage steht für das karmische Gesetz. Jede Handlung hat eine Konsequenz, und Gerechtigkeit stellt den notwendigen Ausgleich her.

In dieser Interpretation des Buches ist die Waage weicher und fließender gestaltet. Diese Darstellung erinnert daran, dass Gerechtigkeit nicht nur aus Regeln besteht. Manchmal ist es nicht die starre Regel, die die beste Entscheidung bringt, sondern die Fähigkeit, die richtige Balance zwischen Gerechtigkeit und Mitgefühl zu finden.

Symbolik der Karte "Gerechtigkeit"

Suche dir aus jedem beliebigen Tarot-Kartendeck die Karte der Gerechtigkeit und betrachte die Karte genau. Welche Elemente springen dir als erstes ins Auge? Welche Symbole ziehen dich besonders an? Was könnten diese Symbole für dich persönlich bedeuten?

Die Symbole der Karte "Gerechtigkeit"

Symbole interpretieren

1 Das Schwert repräsentiert Klarheit, Ehrlichkeit und rationale Urteilsfähigkeit. Es zeigt, dass wir mit Aufrichtigkeit und Wahrheit unsere größten Herausforderungen meistern können. In welcher Situation solltest du mutiger die Wahrheit aussprechen?
Welche Ängste hindern dich daran, klar für deine Werte einzustehen?

Das Schwert

2 Die aufrechte Körperhaltung der Gerechtigkeit zeigt Stärke, Verantwortung und innere Klarheit. Sie fordert uns auf, für unsere Entscheidungen einzustehen und sie bewusst zu treffen. Wo übernimmst du bereits Verantwortung für dein Leben, und wo könntest du mehr tun? Wann fühlst du dich am selbstbestimmtesten und stärksten?

Die aufrechte Haltung

3 Die Waage steht für Gleichgewicht, Gerechtigkeit und innere Harmonie. Sie erinnert uns daran, dass jedes Handeln eine Konsequenz hat und wir bewusst unsere Entscheidungen abwägen sollten. In welchem Lebensbereich spürst du aktuell ein Ungleichgewicht? Welche Entscheidungen triffst du aus einem Gefühl der inneren Ausgeglichenheit, und welche werden von Angst oder Unsicherheit beeinflusst?

Die Waage

Symbolik der Karte "Gerechtigkeit"

Wenn du ein zusätzliches Symbol auf die Karte setzen könntest, welches wäre das? Warum würdest du es wählen, und was würde es repräsentieren?

Dein eigenes Symbol

Eigenschaften der Karte "Gerechtigkeit"

Positive Eigenschaften:

- Objektivität und Klarheit
- Wahrheit und Ehrlichkeit
- Fairness und Ausgleich
- Verantwortung übernehmen
- Innere Weisheit und Erkenntnis

Weitere positive Eigenschaften

Negative Eigenschaften:

- Übermäßige Strenge
- Schwarz-Weiß-Denken
- Übermäßige Selbstkritik
- Blockierte Entscheidungen
- Kein Mitgefühl

Weitere negative Eigenschaften

Botschaften der Karte "Gerechtigkeit"

Wahrheit ist der Schlüssel zur inneren Freiheit.

Wahre Gerechtigkeit beginnt mit Ehrlichkeit gegenüber uns selbst und anderen. Statt die Realität zu ignorieren oder schönzureden, lädt sie uns ein, bewusst hinzusehen. Es geht nicht nur darum, Fakten zu kennen, sondern auch darum, sich den eigenen Ängsten und Schatten zu stellen. Die Gerechtigkeit fragt dich: Was brauchst du wirklich? Was hält dich davon ab, ehrlich zu dir zu sein? Erst wenn du die Wahrheit akzeptierst, kannst du aktiv etwas verändern.

Jede Entscheidung hat Folgen – wähle weise.

Alles, was wir tun, beeinflusst unsere Zukunft und die Menschen um uns herum. Diese Karte erinnert daran, dass bewusste Entscheidungen Verantwortung mit sich bringen. Stell dir vor, du stehst vor der Wahl, eine unbequeme Wahrheit auszusprechen oder zu schweigen. Egal, wie du dich entscheidest, es wird Konsequenzen haben. Die Gerechtigkeit fordert dich auf, deine Entscheidungen nicht leichtfertig zu treffen und für ihre Auswirkungen einzustehen.

Balance ist der Schlüssel.

Die Gerechtigkeit hält eine Waage, das Symbol für Gleichgewicht. Im Leben gibt es immer Gegensätze: Arbeit und Ruhe, Kontrolle und Loslassen, Geben und Nehmen. Ein Ungleichgewicht führt zu Stress oder Unzufriedenheit. Diese Karte lädt dich ein, bewusst hinzuschauen, wo brauchst du mehr Ausgleich? Halte inne und bring dein Leben wieder in eine gesunde Balance.

Gerechtigkeit ist nicht immer fair, aber sie ist weise.

Manchmal scheint das Leben ungerecht. Warum trifft es gute Menschen hart, während andere scheinbar mühelos Erfolg haben? Die Gerechtigkeit zeigt, dass das Leben nicht nach unseren Vorstellungen von Fairness funktioniert, sondern nach einem höheren Prinzip von Wachstum und karmischer Balance. Vielleicht hast du hart für etwas gearbeitet, während jemand anderes die Früchte erntet. Doch anstatt in Bitterkeit zu verharren, frage dich, welche Lektion steckt darin? Was kannst du daraus lernen?

Verantwortung bedeutet, dein Leben bewusst zu gestalten.

Gerechtigkeit ist keine äußere Instanz, sie beginnt in uns selbst. Diese Karte erinnert dich daran, dass du nicht alles kontrollieren kannst, aber immer die Wahl hast, wie du auf Situationen reagierst. Du bist der Gestalter deiner Realität.

Reflexion zur Botschaft der Gerechtigkeit

★ Wahrheit bringt Freiheit

Wahrheit kann herausfordernd sein, aber sie gibt uns Klarheit und innere Freiheit. In welchen Bereichen deines Lebens fällt es dir schwer, ehrlich mit dir selbst zu sein?

Wie hat sich dein Leben verändert, nachdem du in der Vergangenheit den Mut hattest, eine unbequeme Wahrheit anzunehmen?

★ Jede Entscheidung hat Konsequenzen

Alles, was wir tun oder nicht tun, hat Konsequenzen. Gibt es eine Entscheidung, die du gerade aufschiebst, weil du Angst vor den möglichen Folgen hast? Überlege dir, welche Auswirkungen jede mögliche Wahl haben könnte. Was wäre die beste langfristige Entscheidung für dich, auch wenn sie kurzfristig herausfordernd erscheint?

Welche wichtigen Entscheidungen hast du in letzter Zeit getroffen? Haben sie sich positiv oder negativ auf dein Leben ausgewirkt?

★ Klarheit entsteht durch Reflexion

Wann hast du zuletzt eine Entscheidung getroffen, die sich wirklich richtig und stimmig angefühlt hat? Was hat diese Entscheidung von anderen unterschieden? War es das Vertrauen in dich selbst, die Klarheit über deine Werte oder das Loslassen von äußeren Erwartungen? Reflektiere, welche Faktoren dazu beigetragen haben, und wie du dieses Gefühl von innerer Gewissheit in zukünftige Entscheidungen mitnehmen kannst.

Gibt es eine Situation in deinem Leben, in der du dir mehr Klarheit wünschst? Welche Fragen kannst du dir selbst stellen, um verständliche Antworten und Lösungen zu bekommen?

Reflexion zur Botschaft der Gerechtigkeit

✦ Balance ist der Schlüssel zum Glück

Die Gerechtigkeit ermutigt uns, innere Harmonie zu schaffen. Wenn wir uns zu sehr in eine Richtung bewegen, sei es Arbeit, Beziehungen oder persönliche Erwartungen, kann unser Gleichgewicht ins Wanken geraten.

- Wo in deinem Leben spürst du eine Unausgewogenheit? Gibt es Bereiche, die zu viel Energie beanspruchen, während andere vernachlässigt werden? Welche Auswirkungen hat dieses Ungleichgewicht auf dein Wohlbefinden?
- Nimm dir einen Moment, um bewusst zu reflektieren. Welche drei konkreten Dinge könntest du heute tun, um wieder mehr Balance in dein Leben zu bringen? Vielleicht bedeutet es, dir bewusst eine Pause zu gönnen, deine Prioritäten zu überdenken oder Grenzen zu setzen, die dir helfen, innere und äußere Harmonie zu bewahren.

✦ Jeder Mensch hat seine eigene Wahrheit

Wie kannst du in schwierigen Gesprächen achtsam zuhören, ohne vorschnell zu urteilen?

- Erinnere dich an eine Situation, in der du mit jemandem nicht einer Meinung warst. Versetze dich bewusst in die Sichtweise dieser Person. Schreibe ihre Argumente und Gefühle so auf, als würdest du ihre Position vollkommen verstehen und akzeptieren. Was bewegt sie? Welche Erfahrungen oder Werte könnten ihre Sichtweise geprägt haben?
- Nachdem du diese Übung gemacht hast, reflektiere: Was hast du dabei über Empathie und Offenheit gelernt? Hat es deine Perspektive verändert oder dein Verständnis vertieft? In welchen Situationen kannst du diese Haltung in Zukunft bewusster einnehmen, um konstruktivere und wertschätzendere Gespräche zu führen?

✦ Fair vs. Fair?

Oft fordern wir Fairness von der Welt, aber sind wir wirklich fair zu uns selbst?

- Welche Glaubenssätze hast du über dich selbst, die vielleicht nicht der Wahrheit entsprechen? In welchen Momenten bist du besonders hart zu dir selbst?
- Schreibe eine Liste mit Dingen, die du an dir selbst oft kritisierst. Formuliere jeden Punkt in eine positive, wohlwollende Bestärkung um. Z. B. „Ich mache nie genug" → „Ich gebe mein Bestes, und das ist wertvoll". Lies dir diese Sätze täglich laut vor.

Kreative Aufgaben "Gerechtigkeit"

 Die Waage deines Lebens

Zeichne eine Waage.
- Die linke Seite repräsentiert das, was dich stärkt, die rechte das, was dich belastet.
- Fülle die Waagschalen mit Symbolen. Zeichne oder schreibe Dinge, die auf beiden Seiten deiner Waage liegen.
- Was bringt dir Klarheit und Stabilität? Was verursacht Ungleichgewicht oder Unruhe?
- Gibt es etwas, das du neu gewichten oder loslassen solltest?

 Schreibe dein eigenes Urteil

Wähle eine Situation, in der du nach Klarheit suchst. Vielleicht ein Konflikt, eine schwierige Entscheidung oder ein innerer Zweifel.
- Schreibe zwei kurze Absätze und sei dabei so objektiv wie möglich.
  Was spricht für diese Entscheidung oder Sichtweise?
  Was spricht dagegen?
- Schreibe eine klare, faire Antwort: *„Basierend auf den Fakten und meiner inneren Wahrheit entscheide ich…"*

 Deine Botschaft der Gerechtigkeit

Meditiere über die Karte der Gerechtigkeit. Stell dir vor, du betrittst den Tempel der Wahrheit, einen wunderschönen, ruhigen Raum mit hohen Säulen.

Vor dir erscheint ein Lichtwesen oder eine weise Gestalt und sie stellt dir eine Frage: „Was möchtest du heute in Balance bringen?"

Denke an eine aktuelle Situation und stelle dir vor, wie zwei Schalen der Waage sich mit Symbolen füllen, die die Aspekte der Situation widerspiegeln. Beobachte, ob eine Seite schwerer ist als die andere.

Die Gestalt stellt dir eine weitere Frage: „Was ist die Wahrheit in deinem Herzen?"

Höre auf die Antwort, die in dir aufsteigt, ohne zu urteilen.

Noch mehr Übungen und Reflexionsfragen

✦ Verantwortung ist ein Akt der Selbstliebe

Wenn wir aufhören, andere für unser Glück oder unsere Probleme verantwortlich zu machen, gewinnen wir innere Stärke und Selbstvertrauen.

- Gibt es eine Situation in deinem Leben, in der du dich als Opfer der Umstände fühlst? Was könntest du heute tun, um mehr Eigenverantwortung für dein Glück zu übernehmen? Schreibe eine Liste mit drei Bereichen, in denen du dich hilflos fühlst.
- Überlege zu jedem Punkt: Was kannst du aktiv tun, um diese Situation zu verbessern? Selbst kleine Schritte zählen.

✦ Gerechtigkeit ist nicht immer fair

Manchmal erscheinen die Dinge im Leben ungerecht, doch oft offenbart sich ihre tiefere Bedeutung erst mit der Zeit. Das Universum folgt einem größeren Plan, den wir nicht immer sofort verstehen können.

- Denke an eine Situation, die du als unfair empfunden hast. Welche Emotionen hat sie in dir ausgelöst? Welche Herausforderungen hat sie mit sich gebracht?
- Erstelle eine Liste mit möglichen positiven Erkenntnissen oder Wachstumschancen, die aus dieser Erfahrung entstanden sind. Hast du dadurch eine neue Stärke in dir entdeckt? Hat sie dich dazu gebracht, Prioritäten zu überdenken oder Grenzen zu setzen? Vielleicht hat sie dir eine neue Richtung aufgezeigt oder dir geholfen, dich weiterzuentwickeln.
- Reflektiere abschließend: Kannst du rückblickend einen Sinn in dieser Erfahrung erkennen? Hat sie dich auf eine Weise geformt, die du vorher nicht für möglich gehalten hättest?

✦ Affirmationen für Klarheit, Ehrlichkeit und inneres Gleichgewicht

Schreibe drei Affirmationen, die dir helfen, Wahrheit und innere Balance in dir zu stärken.
Beispiel: "Ich erkenne, dass wahre Gerechtigkeit in mir beginnt und bin fair zu mir selbst und zu anderen."
"Ich übernehme Verantwortung für mein Leben und handle mit Integrität und Wahrhaftigkeit."
"Ich vertraue auf meine innere Weisheit und treffe Entscheidungen mit Klarheit und Ausgeglichenheit."

Gerechtigkeit

Die Karte "Gerechtigkeit" steht für Klarheit, Wahrheit und Verantwortung. Sie erinnert uns daran, dass jede Entscheidung, die wir treffen, Konsequenzen hat. Wahre Weisheit entsteht, wenn wir bewusst und mit Integrität handeln. Gerechtigkeit fordert uns auf, ehrlich zu uns selbst zu sein, innere Balance zu finden und die Dinge aus einer objektiven Perspektive zu betrachten. Sie lehrt uns, dass Fairness nicht immer bedeutet, dass alles gleich verteilt wird, sondern dass jeder das erhält, was er durch sein eigenes Handeln verdient.

Schreibe abschließend deine Gedanken und Erkenntnisse auf, die du aus der Arbeit mit der Karte "Gerechtigkeit" gewonnen hast, und wie du sie in deinem Leben anwenden möchtest.

12 Der Gehängte

12 Der Gehängte

Die Reise des Narren und die Lehren des Gehängten

Auf seiner Reise trifft der Narr auf viele Lehrer und Prüfungen. Doch nun erreicht er einen Punkt, an dem es nicht mehr darum geht, weiterzulaufen, sondern innezuhalten. Der Gehängte lehrt ihn, dass nicht immer Vorwärtsstreben die Lösung ist. Manchmal liegt die Weisheit darin, die Perspektive zu wechseln und die Dinge aus einem völlig neuen Blickwinkel zu betrachten.

„Du hast viele Wege beschritten, viele Fragen gestellt. Doch hast du schon einmal einfach losgelassen?" fragt der Gehängte. *„Manchmal kommen die Antworten nicht, wenn du sie suchst, sondern wenn du still wirst und sie finden lässt."*

Die Lehren des Gehängten

- **Manchmal liegt wahre Stärke im Loslassen.** Der Gehängte zeigt, dass Widerstand gegen das Unvermeidliche oft mehr Leid verursacht als das Annehmen dessen, was ist. Wenn wir Situationen akzeptieren, statt gegen sie anzukämpfen, eröffnet sich eine neue Klarheit.
- **Veränderung beginnt mit einem Perspektivwechsel.** Oft sind wir so in unseren gewohnten Mustern gefangen, dass wir neue Wege übersehen. Der Gehängte fordert uns auf, die Dinge aus einem anderen Blickwinkel zu betrachten, aber nicht mit Zwang, sondern mit Vertrauen.
- **Nicht-Handeln kann ebenso kraftvoll sein wie Handeln.** In einer Welt, die ständige Bewegung fordert, zeigt der Gehängte, dass es manchmal klüger ist, abzuwarten, innezuhalten und den natürlichen Fluss der Dinge wirken zu lassen.
- **Opfer bringen kann Wachstum bedeuten.** Manchmal müssen wir etwas loslassen, um etwas Größeres zu gewinnen, sei es ein alter Glaube, ein festgefahrenes Denken oder eine Angst, die uns zurückhält.

Der Gehängte lehrt, dass wahre Weisheit nicht immer im Tun liegt, sondern oft im Sein. Geduld, Vertrauen und die Fähigkeit, Kontrolle abzugeben, sind die Schlüssel, um das Leben in seiner Tiefe zu erfassen. Manchmal ist der größte Fortschritt das bewusste Anhalten und der Mut, die Welt anders zu sehen.

Symbolik der Karte "Der Gehängte"

* **Die kopfüber dargestellte Figur** symbolisiert einen radikalen Perspektivenwechsel. Sie sieht die Welt buchstäblich aus einer anderen Richtung, was in vielen spirituellen Traditionen als Schlüssel zur Weisheit gilt. Wenn wir unsere gewohnte Sichtweise loslassen, erkennen wir neue Wahrheiten. Diese Umkehrung kann auch für die bewusste Loslösung von gesellschaftlichen Normen oder persönlichen Überzeugungen stehen. Sie fordert uns auf, unsere Denkweise zu hinterfragen.

* **Die leuchtenden Fäden im schwarzen Gewand** symbolisieren die Transformation vom Unbewussten zum Bewussten. Sie zeigen, dass wahre Einsicht oft erst entsteht, wenn wir uns der Dunkelheit stellen und unsere Schattenseiten anerkennen. Der Gehängte lädt uns ein, uns bewusst mit unseren Ängsten und Unsicherheiten auseinanderzusetzen, anstatt sie zu verdrängen.

* **Das Gewand des Gehängten** erinnert in seiner Form an einen Schmetterlingskokon, ein kraftvolles Symbol für Transformation und inneren Wachstum. Wie eine Raupe, die sich in ihren Kokon zurückzieht, bevor sie als Schmetterling neu geboren wird, verweist es auf eine Phase der inneren Wandlung und Vorbereitung auf etwas Neues.

* **Die leuchtende Sonne unten im Bild** steht für Klarheit, Wahrheit und spirituelle Erkenntnis. Sie befindet sich nicht oben am Himmel, sondern unten. Das ist ein Hinweis darauf, dass Weisheit oft dort gefunden wird, wo wir sie am wenigsten erwarten.
Eine spannende Interpretation ergibt sich, wenn man die Karte umdreht, sodass der Gehängte scheinbar aufrecht steht. Dies verdeutlicht, dass wahre Erleuchtung oft erst dann kommt, wenn wir bereit sind, unsere bisherigen Überzeugungen loszulassen und eine völlig neue Sichtweise einzunehmen.

* **Die geschlossenen Augen** symbolisieren den Rückzug nach innen. Erst wenn innere Einsicht gewonnen wurde, kann Veränderung im Aussen geschehen. Diese Haltung verweist auf Kontemplation und die Fähigkeit, sich von äußeren Ablenkungen zu lösen, um Klarheit zu finden. Die Karte lädt dazu ein, sich bewusst nach innen zu kehren, anstatt Antworten im Außen zu suchen.

* **Die verschlungenen Spiralen** stehen für Bewegung, Veränderung und den zyklischen Verlauf des Lebens. Wachstum, Stillstand und Transformation sind natürliche Prozesse, die sich immer wiederholen. Als uraltes Symbol für spirituelle Entwicklung zeigt die Spirale, dass wahre Erkenntnis oft nicht durch aktives Handeln, sondern durch das Zulassen von Veränderung entsteht.

Symbolik der Karte "Der Gehängte"

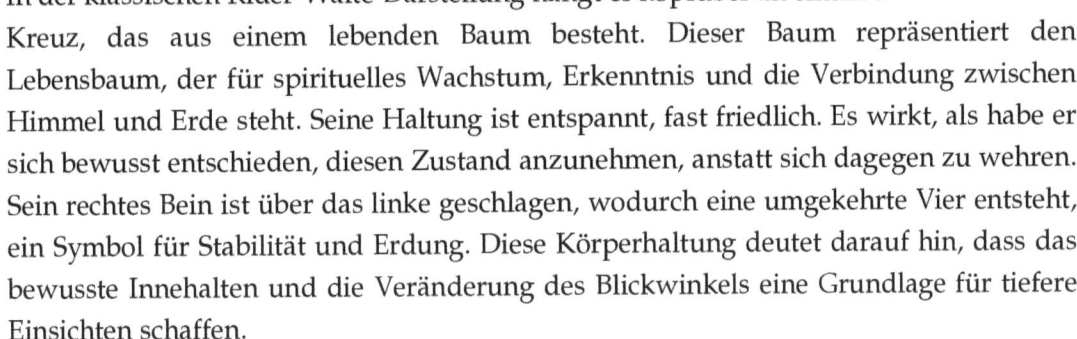

Vergleich mit dem ursprünglichen Rider-Waite-Tarot

✦ **Die Haltung des Gehängten** ist eines der zentralen Symbole dieser Karte. In der klassischen Rider-Waite-Darstellung hängt er kopfüber an einem T-Kreuz, das aus einem lebenden Baum besteht. Dieser Baum repräsentiert den Lebensbaum, der für spirituelles Wachstum, Erkenntnis und die Verbindung zwischen Himmel und Erde steht. Seine Haltung ist entspannt, fast friedlich. Es wirkt, als habe er sich bewusst entschieden, diesen Zustand anzunehmen, anstatt sich dagegen zu wehren. Sein rechtes Bein ist über das linke geschlagen, wodurch eine umgekehrte Vier entsteht, ein Symbol für Stabilität und Erdung. Diese Körperhaltung deutet darauf hin, dass das bewusste Innehalten und die Veränderung des Blickwinkels eine Grundlage für tiefere Einsichten schaffen.

Während die klassische Darstellung die Idee einer bewussten, stillen Akzeptanz vermittelt, betont die Interpretation in diesem Buch den inneren Wandel als einen aktiven Prozess der Transformation. Beide Versionen zeigen, dass Stille und Rückzug manchmal notwendig sind, um tiefere Veränderungen vorzubereiten.

✦ **Der goldene Heiligenschein:** Ein weiteres markantes Detail der Rider-Waite-Karte ist der goldene Heiligenschein, der den Kopf des Gehängten umgibt. Dieses Licht ist ein Zeichen spiritueller Erleuchtung. Es zeigt, dass er durch das Loslassen und die Umkehrung seines Blickwinkels zu einer höheren Erkenntnis gelangt ist. Die Botschaft ist klar. Wahre Weisheit entsteht oft erst dann, wenn wir unsere gewohnten Sichtweisen aufgeben und bereit sind, Dinge aus einer neuen Perspektive zu betrachten.

In der modernen Interpretation dieses Buches wird das Licht durch eine goldene Sonne ersetzt, die sich am unteren Rand des Bildes befindet. Dies betont um so mehr, dass wenn wir unsere Perspektive um 180 Grad drehen, wir oft verborgene Wahrheiten erkennen, die uns zuvor entgangen sind.

✦ **Die Kleidung:** In der Rider-Waite-Version trägt der Gehängte eine rote Hose und ein blaues Oberteil. Rot steht für Energie, Aktivität und das Physische, während Blau für Ruhe, Reflexion und das Spirituelle steht. Diese Farbkombination zeigt, dass Transformation geschieht, wenn Körper und Geist im Gleichgewicht sind. Es ist nicht nur ein spiritueller Prozess, sondern auch eine Verkörperung von Wandel im realen Leben.

In der modernen Interpretation fehlt diese klassische Farbsymbolik, stattdessen ist der Gehängte in einen Kokon gehüllt. Dieses Bild erinnert an die Metamorphose einer Raupe, die sich zurückzieht, um sich schließlich in einen Schmetterling zu verwandeln. Dies verstärkt die Idee, dass Stillstand ein tiefer, unsichtbarer Veränderungsprozess sein kann, der eine neue Stufe des Bewusstseins hervorbringen wird.

Symbolik der Karte "Der Gehängte"

Suche dir aus jedem beliebigen Tarot-Kartendeck die Karte des Gehängten und betrachte die Karte genau. Welche Elemente springen dir als erstes ins Auge? Welche Symbole ziehen dich besonders an? Was könnten diese Symbole für dich persönlich bedeuten?

Die Symbole der Karte "Der Gehängte"

Symbole interpretieren

1 Die Welt aus einer neuen Perspektive betrachten bedeutet auch Loslassen und Umdenken. Gibt es eine aktuelle Situation, die für dich festgefahren und unlösbar erscheint? Gibt es eine andere Art, die Situation zu betrachten. Wie könnte ein Perspektivenwechsel dir in dieser Herausforderung helfen?

Umgekehrte Haltung

2 Die Zahl 4 steht für Stabilität, Ordnung und eine bewusste Entscheidung zur Ruhe. Welche Vorteile und positiven Aspekte können eine bewusste Pause hervorrufen? Wie kannst du eine Phase des Stillstands produktiv nutzen?

Die gekreuzten Beine

3 Der Kokon symbolisiert Transformation, Rückzug und eine Phase des Wachstums, die nicht sichtbar ist. In welchem Bereich deines Lebens fühlst du dich gerade unsicher oder gefangen? Könnte dies vielleicht eine notwendige Phase des inneren Wachstums sein? Welche Veränderungen hast du innerlich bereits durchlaufen, die für andere nicht sichtbar waren?

Der Kokon

Symbolik der Karte "Der Gehängte"

Wenn du ein zusätzliches Symbol auf die Karte setzen könntest, welches wäre das? Warum würdest du es wählen, und was würde es repräsentieren?

Dein eigenes Symbol

Eigenschaften der Karte "Der Gehängte"

Positive Eigenschaften:

- Offen für neue Perspektiven
- Tiefe innere Einsicht
- Spirituelle Erkenntnis
- Loslassen von Kontrolle
- Bereitschaft zur Transformation
- Akzeptanz und Hingabe an den Fluss des Lebens

Weitere positive Eigenschaften

Negative Eigenschaften:

- Gefühl des Stillstands
- Schwierigkeit, Kontrolle abzugeben
- Widerstand gegen Veränderung
- Innere Konflikte
- Feststecken in alten Denkmustern
- Abhängkeit von gleichen Routinen
- Angst vor dem Unbekannten

Weitere negative Eigenschaften

Botschaften der Karte "Der Gehängte"

Manchmal muss man innehalten, um den richtigen Weg zu finden.

In einer Welt, die ständige Bewegung fordert, setzen wir uns unter Druck, immer weiterzumachen, neue Ziele zu erreichen und produktiv zu sein. Doch was, wenn dieser Drang nach Fortschritt uns in die falsche Richtung führt? Der Gehängte erinnert uns daran, dass Stillstand kein Rückschritt ist. Der richtige Weg zeigt sich manchmal erst, wenn wir aufhören, zwanghaft nach einer Lösung zu suchen.

Das Leben folgt seinem eigenen Rhythmus und nicht immer unserem Zeitplan.

Wir planen, setzen uns Fristen und erwarten, dass Dinge genau dann geschehen, wenn wir es für richtig halten. Doch das Universum hat seine eigene Ordnung. Manche Dinge brauchen Zeit, um sich zu entfalten. Vielleicht arbeitest du auf ein großes Ziel hin, sei es beruflicher Erfolg, eine neue Beziehung oder persönliche Heilung. Doch trotz aller Bemühungen scheint sich nichts so schnell zu entwickeln, wie du es dir wünschst. Diese Karte lädt dich ein, Vertrauen zu entwickeln, was sich wie ein Hindernis anfühlt, könnte in Wirklichkeit eine Phase der Vorbereitung sein.

Wirkliche Stärke liegt nicht im Widerstand, sondern im Loslassen.

Oft glauben wir, unser Leben kontrollieren zu müssen. Wir kämpfen gegen unerwünschte Situationen, klammern uns an Menschen oder Umstände und versuchen, Dinge zu ändern, die außerhalb unserer Macht liegen. Doch der Gehängte zeigt, dass wahre Stärke nicht darin besteht, gegen das Unvermeidliche anzukämpfen, sondern darin, den Widerstand aufzugeben und zu akzeptieren, was ist. Vielleicht liegt die wahre Lösung nicht darin, etwas zu erzwingen, sondern darin, es loszulassen.

Neue Perspektiven zuzulassen, ist ein Schlüssel zur Weisheit.

Wir neigen dazu, die Welt nur durch unsere eigene Brille zu sehen, doch oft liegt die größte Erkenntnis darin, andere Blickwinkel einzunehmen. Der Gehängte fordert uns auf, unsere alten Überzeugungen zu hinterfragen und die Dinge aus einer neuen Perspektive zu betrachten. Manchmal genügt ein kleiner Perspektivenwechsel, um Lösungen zu erkennen, die uns zuvor verborgen blieben.

Stille ist nicht leer, sondern voller Antworten.

Viele Menschen fürchten die Stille, weil sie ihnen bedeutungslos erscheint. Doch in Wahrheit ist sie der Raum, in dem die tiefsten Einsichten entstehen. Der Gehängte lädt uns ein, Stille nicht als Leere zu betrachten, sondern als Quelle der Weisheit. Wer sich traut, innezuhalten und bewusst in die Stille zu gehen, wird oft genau dort die Antworten finden, nach denen er gesucht hat.

Reflexion zur Botschaft des Gehängten

★ Akzeptanz und Loslassen

Stell dir vor, du bist in einer schwierigen Beziehung oder steckst in einer Situation fest, die dir Unbehagen bereitet. Wie könnte Loslassen dir in dieser Situation mehr innere Freiheit schenken?

Schreibe einen Satz darüber, was du loslassen möchtest, und formuliere ihn in einer Weise, die deine Bereitschaft zum Wandel ausdrückt. Z.B. *"Ich löse mich von der Erwartung, perfekt sein zu müssen, und erlaube mir, einfach zu sein."*

★ Ruhephase als Vorbereitung

Gibt es eine aktuelle Situation in der du scheinbar feststeckst und nicht weiterkommst? Wie kannst du hier lernen, dem Prozess des Lebens mehr zu vertrauen, dass sich dein Weg zur richtigen Zeit entfaltet?

Wo in deinem Leben warst du ungeduldig, weil etwas nicht so schnell passiert ist, wie du es wolltest und dann hat es sich zu einem kleinen oder großen Erfolg für dich entwickelt?

★ Stillstand, um den richtigen Weg zu finden

Denke an eine aktuelle Situation, in der du das Gefühl hast, schnell eine Entscheidung treffen zu müssen, sei es aus äußeren Erwartungen, Zeitdruck oder innerem Stress. Was genau erzeugt diesen Druck? Kommt er von außen oder aus dir selbst?

Welche Ängste oder Sorgen stehen hinter dem Gefühl, sofort handeln zu müssen?
Was würde passieren, wenn du dir erlaubst, erst in Ruhe darüber nachzudenken?

Reflexion zur Botschaft des Gehängten

⭐ Perspektivenwechsel

Denke an eine aktuelle Herausforderung, bei der du überzeugt bist, im Recht zu sein.

- Versetze dich bewusst in die andere Person und stelle dir vor, sie antwortet dir direkt. Was würde sie aus ihrer Sicht sagen? Welche Gefühle oder Überzeugungen prägen ihre Wahrnehmung? Welche Ängste, Bedürfnisse oder Erfahrungen könnten hinter ihrer Sichtweise stehen?
- Schreibe eine Antwort aus ihrer Perspektive, als würde die Person direkt mit dir sprechen.
- Nachdem du diese Antwort formuliert hast, reflektiere: Wie hat sich dein Blick auf die Situation verändert? Kannst du jetzt nachvollziehen, warum die andere Person so reagiert? Gibt es einen gemeinsamen Punkt, auf dem ihr aufbauen könnt?

⭐ Bewusst still sein

Wie fühlst du dich, wenn es um dich herum ganz still ist?

- Plane eine Stunde, in der du bewusst auf äußere Ablenkungen verzichtest. Wähle einen Platz, an dem du nicht gestört wirst. Keine Ablenkungen. Kein Handy, keine Musik, keine Bücher – nur du und deine Gedanken.
- Beobachte, was passiert. Welche Gedanken tauchen auf? Fühlt sich die Stille angenehm an oder unruhig?
- Notiere danach deine Erkenntnisse. Was ist dir bewusst geworden? Welche Gedanken oder Gefühle sind aufgetaucht?

⭐ Akzeptanz & Vertrauen vs. Stagnation & Passivität

Der Gehängte lehrt uns, dass nicht alles sofort gelöst oder verändert werden muss. Denke an eine Situation, in der du versucht hast, etwas zu erzwingen, aber du stattdessen durch Loslassen eine bessere Lösung gefunden hast. Schreibe auf, welche Erkenntnisse du daraus gewonnen hast und wie du diese Erfahrung in Zukunft nutzen kannst.

Zu lange in etwas zu verharren und auf eine Lösung „von selbst" zu warten, kann dazu führen, dass man Gelegenheiten verpasst oder sich machtlos fühlt. Wähle eine Situation, in der du das Gefühl hast, „festzustecken". Schreibe drei konkrete Schritte auf, die du unternehmen kannst, um ins Handeln zu kommen, selbst wenn es nur kleine erste Schritte sind.

Kreative Aufgaben "Der Gehängte"

 ## Die Welt auf den Kopf gestellt

Der Gehängte fordert uns auf, Dinge aus einer neuen Perspektive zu betrachten, alte Sichtweisen zu hinterfragen und kreative neue Blickwinkel zu entdecken.

- Zeichne oder male eine Situation, die dich momentan beschäftigt. Das kann abstrakt oder konkret sein.
- Drehe dein Bild um 180 Grad und betrachte es aus einer neuen Perspektive. Erkennst du neue Zusammenhänge oder Symbole?

 ## Ode dem Stillstand

Stelle dir vor, du befindest dich in einer „Stillstands-Phase" deines Lebens. Vielleicht gibt es eine Situation, in der du gerade nicht vorankommst, du steckst zwischen zwei Entscheidungen oder wartest auf eine Veränderung?

Schreibe einen Brief an dein zukünftiges Ich aus dieser Phase heraus.

- Beschreibe, was du gerade erlebst und welche Unsicherheiten oder Erkenntnisse du hast.
- Was könnte dir diese Phase beibringen?
- Schreibe zum Abschluss einen Satz, der die positive Seite des Wartens zeigt. Z.B. *"Manchmal ist das Warten kein Stillstand, sondern die Zeit, in der sich alles leise zu unserem Besten fügt."*

 ## Deine Botschaft des Gehängten

Meditiere über die Karte des Gehängten. Stell dir vor, du bist ein Baum. Deine Wurzeln reichen tief in die Erde, deine Äste strecken sich weit in den Himmel.

Da geschieht etwas Magisches. Der Baum dreht sich langsam auf den Kopf und du spürst, wie dein Blickwinkel sich verändert, aber du bleibst trotzdem tief mit der Erde verbunden.

Schau dich um. Was entdeckst du, das du vorher nicht gesehen hast?

Gibt es eine Botschaft, die sich nur aus dieser Perspektive zeigt?

Noch mehr Übungen und Reflexionsfragen

⭐ Die Kunst des Loslassens

Manchmal sind wir in einer schwierigen Situation, weil wir uns an etwas klammern, das uns nicht mehr guttut. Es kann eine bestimmte Erwartung sein, die nicht erfüllt wird, eine Angst, die uns blockiert, oder das Bedürfnis, alles unter Kontrolle zu haben.

Gibt es etwas, das du in einer aktuellen Herausforderung loslassen kannst? Welche Ängste oder Erwartungen hindern dich daran, einen neuen Weg zu erkennen?

- Schreibe eine Liste mit Dingen, an denen du in dieser Situation festhältst. Das kann eine Überzeugung, eine Erwartung oder ein bestimmtes Verhalten sein.
- Notiere konstruktive Alternativen, die du stattdessen annehmen könntest. Welche neuen Sichtweisen oder Handlungen könnten dir mehr Leichtigkeit bringen? Wie würde es sich anfühlen, loszulassen und etwas anderes auszuprobieren?

⭐ Setze kleine, machbare Schritte

Manchmal gibt es Situationen, die wir nicht sofort verändern können. Doch selbst wenn das Große und Ganze außerhalb unserer Kontrolle liegt, gibt es oft kleine Schritte, die uns helfen, wieder mehr Halt und Einfluss über unser eigenes Wohlbefinden zu gewinnen.

Gibt es einen kleinen Schritt, den du heute tun kannst, um dich handlungsfähiger zu fühlen?

- Welche Ressourcen oder Unterstützung könnten dir helfen, die Situation besser zu bewältigen?
- Identifiziere einen kleinen, machbaren Schritt, der dich ein Stück weiterbringt. Vielleicht ist es ein klärendes Gespräch, das du führen kannst. Vielleicht ist es eine Recherche zu einer möglichen Lösung. Vielleicht bedeutet es, dir bewusst Zeit für dich selbst zu nehmen, um neue Energie zu sammeln.
- Setze dir eine konkrete Aufgabe für heute. Notiere eine Aktion, die du innerhalb der nächsten 24 Stunden umsetzen kannst. Wähle etwas, das realistisch und greifbar ist, damit du das Gefühl hast, aktiv zu handeln.

⭐ Affirmationen für neue Blickwinkel und Vertrauen

Schreibe drei Affirmationen, die dir helfen, die Lehren des Gehängten zu verinnerlichen.
Beispiel: "Ich vertraue dem Prozess des Lebens und erlaube mir, innezuhalten."
"Ich erkenne die Weisheit in der Stille und finde Antworten in mir selbst."
"Ich lasse los, was ich nicht kontrollieren kann, und öffne mich für neue Perspektiven."

Der Gehängte

"Der Gehängte" steht für Innehalten, Perspektivenwechsel und Hingabe an den natürlichen Fluss des Lebens. Er lehrt, dass wahre Erkenntnis oft nicht durch Aktion, sondern durch Loslassen, Geduld und Vertrauen entsteht. Statt gegen Widerstände anzukämpfen, fordert die Karte auf, Stillstand als Chance für innere Entwicklung und neue Einsichten zu sehen. Sie warnt jedoch davor, sich nicht in Passivität zu verlieren, sondern den Stillstand bewusst zu nutzen. Manchmal müssen wir unsere Sichtweise komplett verändern, um neue Möglichkeiten zu erkennen.

Schreibe abschließend deine Gedanken und Erkenntnisse auf, die du aus der Arbeit mit der Karte "Der Gehängte" gewonnen hast, und wie du sie in deinem Leben anwenden möchtest.

13 Der Tod

13 Der Tod

Die Reise des Narren und die Lehren des Todes

Auf seiner Reise begegnet der Narr dem Tod. Zunächst erschrickt er, denn er glaubt, dass dies das endgültige Ende bedeutet. Doch der Tod lächelt sanft und erklärt ihm, dass er nicht gekommen ist, um zu zerstören, sondern um zu befreien.

„Manchmal muss etwas Altes sterben, damit etwas Neues entstehen kann" sagt der Tod. *„Hältst du fest an dem, was dir nicht mehr dient, oder bist du bereit, loszulassen?"*

Der Narr erkennt, dass er sich in alten Überzeugungen, Ängsten und Zweifeln verfangen hat, die ihn zurückhalten. Er klammert sich an Dinge, die längst ihren Zweck erfüllt haben, aus Furcht vor dem Unbekannten. Doch als er beginnt, sich bewusst von diesen Lasten zu lösen, spürt er eine unerwartete Leichtigkeit. Mit jedem Schritt erkennt er, dass er nicht weniger wird, sondern mehr.

Die Lehren des Todes

- **Loslassen befreit:** Wer sich weigert, Vergangenes gehen zu lassen, bleibt gefangen. Nur durch das Akzeptieren von Veränderung kann Wachstum entstehen.
- **Veränderung ist unvermeidlich:** Alles im Leben folgt einem natürlichen Zyklus von Werden und Vergehen. Widerstand gegen diesen Fluss verursacht nur Leid.
- **Jedes Ende ist ein neuer Anfang:** Nichts verschwindet vollständig, sondern wandelt sich. Wer eine Tür schließt, öffnet oft unbewusst eine neue.
- **Transformation geschieht im Inneren:** Wahre Veränderung beginnt nicht im Außen, sondern in der Bereitschaft, alte Muster abzulegen und sich neu zu definieren.
- **Der Tod ist nicht das Gegenteil des Lebens, sondern ein Teil davon:** Leben bedeutet ständige Erneuerung. Nur wer den Wandel akzeptiert, kann wahrhaft frei sein.

Der Narr begreift, dass er den Tod nicht fürchten muss und dass hinter jedem Ende eine neue Möglichkeit wartet. Er versteht, dass Verlust nicht immer bedeutet, weniger zu sein, sondern Raum schafft für Wachstum. Mit dieser Erkenntnis schreitet er weiter. Der Narr fühlt sich befreit, gewandelt und bereit für das, was vor ihm liegt.

Symbolik der Karte "Der Tod"

✳ **Der Tod** wird in dieser Darstellung sanft und mystisch gezeigt, weit entfernt von den furchteinflößenden Bildern, die oft mit dieser Karte verbunden sind. Die skelettartige Figur mit der Kapuze erinnert an die klassische Darstellung des Sensenmanns, wirkt hier aber nicht bedrohlich, sondern fast freundlich. Ihre großen, dunklen Augen symbolisieren das Unbekannte, die Tiefe des Wandels und das Mysterium des Übergangs.

✳ **Das Skelett** ist Symbol für Veränderung und den Übergang von einer alten in eine neue Form. Nach dem physischen Tod bleibt es bestehen, wenn auch in veränderter Gestalt. Dies verdeutlicht, dass nichts wirklich endet, sondern sich stetig wandelt. Es ist eine Erinnerung daran, dass jede Transformation zwar etwas Altes hinter sich lässt, aber gleichzeitig die Basis für etwas Neues schafft.

Das Skelett steht auch für die inneren Strukturen, die unser Leben tragen. Auch wenn es zerbrechlich wirken mag, ist es in Wahrheit das stabile Fundament, das den Körper aufrecht hält. Übertragen auf das Leben bedeutet dies, dass selbst in Zeiten des Wandels bestimmte Kernwerte und Überzeugungen erhalten bleiben und Halt geben können. Gleichzeitig fordert das Skelett auf, loszulassen, sei es die Vergangenheit, überholte Identitäten oder Dinge, an denen wir aus Angst festhalten. Das Skelett erinnert uns daran, dass unser wahres Wesen nicht an eine äußere Form gebunden ist. Unsere Essenz, unser Geist und unser Sein existieren unabhängig vom Vergänglichen und bleiben über das rein Körperliche hinaus bestehen.

✳ **Die Sonne** im Hintergrund kann sowohl untergehen als auch aufgehen.

Beide Möglichkeiten sind bedeutsam. Geht die Sonne unter, symbolisiert sie das Ende eines Kapitels, eine Zeit des Rückzugs, des Abschieds und der Reflexion. Geht sie auf, steht sie für einen Neubeginn, Licht nach der Dunkelheit und die Gewissheit, dass nach jedem Ende ein neuer Morgen folgt.

Die Sonne ist ein universelles Zeichen für Hoffnung und Klarheit. Sie zeigt, dass der Tod nicht das endgültige Ende ist, sondern nur ein Übergang in eine neue Phase. Jeder Abschied ist gleichzeitig eine Einladung, etwas Neues zu entdecken.

✳ **Die weißen Rosen** neben der Gestalt des Todes stehen für Reinheit, Transformation und den Neuanfang. Sie verdeutlichen, dass mit jedem Ende gleichzeitig etwas Neues entsteht. Während der Tod in vielen Darstellungen oft düster und endgültig wirkt, zeigt dieses Bild eine sanfte, fast harmonische Verbindung zur Natur. Der Tod erscheint hier nicht als zerstörerische Kraft, sondern als Hüter des natürlichen Kreislaufs. Die Rosen laden dazu ein, das Vergehen des Alten nicht als Verlust, sondern als eine Form der Wiedergeburt zu begreifen. Sie sind ein Symbol dafür, dass Veränderung nicht das Ende, sondern der Anfang von etwas Neuem ist.

Symbolik der Karte "Der Tod"

Vergleich mit dem ursprünglichen Rider-Waite-Tarot

✦ **Das Skelett:** Im Rider-Waite-Tarot wird der Tod als gepanzerter Skelett-reiter auf einem weißen Pferd dargestellt. Diese imposante Erscheinung symbolisiert die Unvermeidbarkeit des Wandels. Der Panzer steht für Unerschütterlichkeit. Der Tod lässt sich nicht aufhalten, er folgt seinem Lauf ohne Emotion oder Rücksicht. **Das weiße Pferd,** ein traditionelles Symbol für Reinheit und spirituelle Kraft, trägt ihn voran, was darauf hindeutet, dass Transformation nicht nur ein Ende, sondern auch eine Erhebung auf eine höhere Ebene sein kann. Diese Darstellung vermittelt das Gefühl einer unausweichlichen Veränderung, die weder gut noch böse ist, sondern ein fester Bestandteil des Lebens.

In diesem Buch erscheint der Tod nicht als furchteinflößender Reiter, sondern hat eine fast freundliche Präsenz. Die Kapuze und die dunklen Augen verleihen ihm Tiefe, doch statt Bedrohlichkeit strahlt er eine sanfte Akzeptanz aus. Hier geht es weniger um Schrecken als um den natürlichen Fluss des Lebens. Diese Version des Todes macht deutlich, dass Veränderung nicht immer abrupt und schmerzhaft sein muss, sie kann auch ein sanfter Übergang sein, der uns hilft, weiter zu wachsen.

✦ **Die weiße Rose:** Ein weiteres zentrales Symbol in der Rider-Waite-Karte ist die schwarze Fahne mit der weißen Rose. Die Rose steht für Reinheit, Erneuerung und den unaufhaltsamen Zyklus des Lebens. Sie wächst selbst in der Dunkelheit, ein Zeichen dafür, dass selbst im tiefsten Wandel Hoffnung und Schönheit entstehen können. Die schwarze Fahne hingegen steht für das Unbekannte, für das, was wir nicht kontrollieren können.

Während die Fahne in der klassischen Darstellung eine klare Trennung zwischen Leben und Tod suggeriert, sind in dieser Illustration die weißen Rosen lebendig und in die Natur integriert. Hier wird Veränderung als ein natürlicher Prozess dargestellt, bei dem das Alte nicht abrupt endet, sondern als Nährboden für das Neue dient.

✦ **Die Sonne:** Ein weiteres markantes Symbol in der Rider-Waite-Version ist die aufgehende Sonne zwischen zwei Türmen im Hintergrund. Diese Sonne steht für Hoffnung, für das Licht nach der Dunkelheit. Sie erinnert uns daran, dass jede Phase des Endes einen neuen Anfang mit sich bringt, und dass wir uns nicht in der Angst vor dem Abschied verlieren sollten. Die zwei Türme stehen für Stabilität und Struktur. Sie zeigen, dass der Wandel in einem größeren, geordneten Rahmen stattfindet, selbst wenn er sich chaotisch anfühlen mag.

In der Darstellung in diesem Buch ist die Sonne präsenter und zeigt deutlich, dass nach jedem Abschied ein Neuanfang wartet und dass Veränderung nicht das Ende von allem ist, sondern eine Gelegenheit für Wachstum und Erneuerung.

Symbolik der Karte "Der Tod"

Suche dir aus jedem beliebigen Tarot-Kartendeck die Karte des Todes und betrachte die Karte genau. Welche Elemente springen dir als erstes ins Auge? Welche Symbole ziehen dich besonders an? Was könnten diese Symbole für dich persönlich bedeuten?

Die Symbole der Karte "Der Tod"

Symbole interpretieren

1 Die weiße Rose symbolisiert Reinheit, Erneuerung und das Wachstum, das aus dem Ende entsteht. Welche positiven Veränderungen hast du durch schwere Abschiede erlebt? Welche Veränderungen könnten in einer aktuellen Situation notwendig sein, um etwas Besseres entstehen zu lassen?

Die weiße Rose

2 Die Sonne repräsentiert den Abschluss eines Kapitels, aber auch die Hoffnung auf einen Neuanfang. Welche Tür schließt sich gerade in deinem Leben?
Welche neue Möglichkeit ergibt sich daraus?

Die Sonne

3 Das Skelett ist das, was nach dem Verfall bleibt. Es symbolisiert das Unveränderliche in uns und erinnert daran, dass Identität nicht an Äußerlichkeiten, sondern an unser inneres Wesen gebunden ist.
Welche Aspekte deines Lebens sind vergänglich, welche bleiben beständig?
Was gehört zu deinem „inneren Skelett", das dich definiert?

Das Skelett

Symbolik der Karte "Der Tod"

Wenn du ein zusätzliches Symbol auf die Karte setzen könntest, welches wäre das? Warum würdest du es wählen, und was würde es repräsentieren?

Dein eigenes Symbol

Eigenschaften der Karte "Der Tod"

Positive Eigenschaften:

- Transformation
- Erneuerung
- Befreiung von Ballast
- Akzeptanz des Wandels
- Ende toxischer Zyklen

Weitere positive Eigenschaften

Negative Eigenschaften:

- Widerstand gegen Veränderung
- Schmerzhafte Abschiede
- Gefühl des Kontrollverlusts
- Angst vor dem Unbekannten
- Unfreiwillige Veränderungen
- Abhängkeit von gleichen Routinen

Weitere negative Eigenschaften

Botschaften der Karte "Der Tod"

Veränderung ist unvermeidlich, aber du kannst sie gestalten.

Veränderung ist ein fester Bestandteil unseres Lebens. Die Karte des Todes lehrt uns, dass es nicht darum geht, Veränderungen zu fürchten oder zu vermeiden, sondern sie zu akzeptieren und aktiv zu gestalten. Veränderung ist die Grundlage für unser Wachstum. Sie ist wie der Zyklus der Natur. Der Herbst lässt die Blätter fallen, der Winter bringt Stille, und der Frühling bringt neues Leben. Kein Baum klammert sich an seine toten Blätter und genauso sollten wir Veränderungen in unserem Leben mit derselben natürlichen Gelassenheit annehmen.

Wahre Transformation beginnt im Inneren, nicht im Außen.

Es ist leicht, zu glauben, dass wir uns äußerlich verändern müssen, um innerlich Frieden zu finden. Wir suchen Veränderungen im Außen, um uns besser zu fühlen. Doch Transformation kommt von innen. Der wahre Wandel beginnt mit uns selbst, wenn wir bereit sind, unsere Gedanken, Glaubenssätze und Verhaltensmuster zu ändern. Erst dann kann sich auch die äußere Welt um uns herum verändern.

Akzeptiere, dass du nicht alles kontrollieren kannst und finde Frieden darin.

Die Vorstellung, das Leben kontrollieren zu müssen, hält uns oft in einem Zustand der Angst und Unsicherheit. Der Tod erinnert uns daran, dass wir nicht alles im Leben kontrollieren können. Manche Veränderungen kommen einfach, ohne dass wir etwas dagegen tun können. Wahre Freiheit und Frieden entstehen, wenn wir lernen, mit diesen Veränderungen zu fließen, anstatt gegen sie anzukämpfen.

Hab keine Angst vor dem Unbekannten.

Das Unbekannte ist für viele von uns eine Quelle großer Angst. Wir empfinden mehr Sicherheit, wenn wir wissen, was auf uns zukommt. Doch Wachstum liegt im Unbekannten. Die Karte fordert uns auf, uns dem Unbekannten zu stellen, den Mut zu fassen, die nächste Phase unseres Lebens zu betreten und uns auf das Neue einzulassen.

Jedes Ende ist gleichzeitig ein neuer Anfang.

Unsere Entwicklung geht Hand in Hand mit Veränderungen. Sei es der Wechsel von einem Lebensabschnitt zum nächsten, das Ende einer Beziehung oder ein Jobwechsel. Oft klammern wir uns an das Bekannte, auch wenn es uns nicht mehr dient, nur weil es uns Sicherheit gibt. Aber wenn wir uns nicht trauen, loszulassen, blockieren wir unser eigenes Wachstum. Die Karte des Todes fordert uns auf, diese Übergänge zu akzeptieren und als Chancen zu begreifen, die uns zur nächsten Phase unseres Lebens führen.

Reflexion zur Botschaft des Todes

★ Akzeptiere den Kontrollverlust

Welche Bereiche in deinem Leben versuchst du krampfhaft zu kontrollieren?
Gibt es Situationen, in denen du Angst hast, die Kontrolle zu verlieren? Welche Emotionen löst das in dir aus?

Was könnte geschehen, wenn du die Kontrolle loslässt und stattdessen vertraust?
Wie würde es sich anfühlen, nicht mehr alles im Griff haben zu müssen? Welche neuen Möglichkeiten könnten sich dadurch eröffnen?

★ Transformation beginnt im Inneren

Welche inneren Muster hältst du aufrecht, die dich daran hindern, dich wirklich zu verändern?
Gibt es Überzeugungen oder Denkweisen, die dich immer wieder in alte Verhaltensweisen zurückführen? Welche Ängste oder Unsicherheiten stecken dahinter?

Setze dich in Stille hin und frage dich: „Was in mir muss sich verändern, damit mein Leben sich verändert?" Schreibe alle Gedanken auf, die kommen, ohne sie zu bewerten.

★ Gestalte die Veränderungen

Wo in deinem Leben spürst du eine bevorstehende Veränderung? Wie fühlt es sich an für dich?
Welche Haltung kann dir helfen, diese Veränderung anzunehmen und gut zu bewältigen?

Stell dir vor, du würdest dein Leben mit einer natürlichen Gelassenheit betrachten und jede Veränderung als Chance sehen. Was würde das für dich ändern?

Reflexion zur Botschaft des Todes

⭐ Bewusst Loslassen

Der Tod erinnert uns daran, dass nichts für immer bleibt und dass das Loslassen notwendig ist, um Platz für Neues zu schaffen.

In welchen Bereichen klammerst du dich an Dinge, die dir nicht mehr dienlich sind? Gibt es Gewohnheiten, Beziehungen oder Vorstellungen, die du aufrechterhältst, obwohl sie dich eher bremsen als unterstützen? Warum fällt es dir schwer, sie loszulassen?

- Schreibe eine Liste mit allem, was du bewusst loslassen möchtest.
- Lies sie dir laut vor, spüre nach, wie sich das in dir anfühlt, und entscheide, wie du den ersten Schritt machen kannst, um alten Ballast loszulassen.

⭐ Probiere Neues aus

Welche Veränderungen meidest du aus Angst vor dem Unbekannten? Was könnte passieren, wenn du die Kontrolle loslässt? Setze dir eine Challenge:

- Tue in den nächsten sieben Tagen jeden Tag etwas, das du noch nie getan hast, sei es ein neues Essen probieren, eine fremde Sprache sprechen oder einen neuen Weg nach Hause nehmen.
- Notiere deine Eindrücke und Gefühle dazu.
- Schreibe eine Reflexion über diese Woche. Hat sich in dir etwas verändert?

⭐ Fähigkeit zum Neuanfang vs. Widerstand gegen Veränderung

Welche Bereiche in deinem Leben brauchen einen Neuanfang? Wo kannst du etwas Altes loslassen? Schreibe eine Liste mit allen Dingen, Gewohnheiten oder Gedanken, die du hinter dir lassen möchtest. Wähle eine Sache aus, die du bewusst loslassen kannst, und setze eine konkrete Handlung um.

Wovor hast du Angst, wenn es um Veränderung geht? Gibt es etwas in deinem Leben, das dich zurückhält, aber du nicht loslassen kann? Denke an eine Situation, in der du Veränderung vermieden hast. Schreibe auf, welche Ängste dich zurückgehalten haben und welche positiven Dinge hätten passieren können, wenn du losgelassen hättest. Überlege, wie du heute mit einer ähnlichen Situation umgehen würdest.

Kreative Aufgaben "Der Tod"

 Erstelle ein Visionboard

Was bedeutet Neubeginn für dich? Eine kreative Möglichkeit eine Neubeginn zu visualisieren, ist eine Collage.

- Sammle Bilder, Wörter und Symbole, die dich inspirieren.
- Schreibe auf, welche alten Muster, Glaubenssätze oder Ängste du loslassen möchtest.
- Ergänze dann Bilder oder Worte, die für deine Wünsche, Ziele und den Neuanfang stehen.

 Schreibe einen Brief an das, was du loslassen musst

Schreibe einen Abschiedsbrief an eine Sache oder eine Person, die du loslassen musst. Es könnte eine alte Gewohnheit, eine Beziehung, ein Glaube oder eine Ära in deinem Leben sein.

- Beginne mit: *„Liebes* [Ding]*, ich schreibe dir, weil ich dich jetzt loslassen möchte. Du hast mir in der Vergangenheit* [diese Dinge] *gegeben, aber nun ist es Zeit, mich zu befreien.“*
- Schreibe weiter darüber, was du gelernt hast und warum der Abschied wichtig für deine Weiterentwicklung ist. Schreibe zum Abschluss, was du jetzt bereit bist, zu empfangen oder zu erschaffen, nachdem du losgelassen hast.

 Deine Botschaft des Todes

Meditiere über die Karte des Todes. Stell dir vor, du gehst durch einen Wald, der dein Leben, mit all seinen Herausforderungen und Wachstumsprozessen, repräsentiert.

Du gehst ruhig und achtsam, bis du an einen Fluss gelangst worüber eine Brücke geht. Der Fluss symbolisiert den Fluss des Lebens, die ständige Veränderung und den Zyklus von Tod und Wiedergeburt.

Du gehst weiter über die Brücke. Mit jedem Schritt lässt du etwas los, das nicht mehr zu dir gehört. Du erreichst das andere Ufer, wo du einen unbekannten Weg vor dir siehst. Dieser Weg symbolisiert die Veränderung und Transformation, die du durch die Akzeptanz des Loslassens erfahren wirst. Welche Erkenntnis eröffnet sich auf diesem Weg für dich?

Noch mehr Übungen und Reflexionsfragen

✦· Angst als Blockade

Veränderung kann beängstigend sein, aber sie birgt oft ungeahnte Möglichkeiten. Viele unserer Ängste entstehen aus der Unsicherheit darüber, was passieren könnte. Doch oft sind die schlimmsten Szenarien nicht annähernd so bedrohlich, wie wir es uns ausmalen. Während die besten Möglichkeiten uns in eine Richtung führen können, die wir uns nicht einmal erträumt hätten.

Denke an eine aktuelle Veränderung, die dir unangenehm ist. Was genau macht dir daran Angst? Ist diese Angst begründet oder basiert sie eher auf Annahmen und Unsicherheiten? Gibt es Aspekte der Veränderung, die auch spannend oder vielversprechend sein könnten?

- Was wäre das schlimmste, das passieren könnte? Schreibe es detailliert auf. Wie wahrscheinlich ist es wirklich? Was könntest du tun, um damit umzugehen?
- Was wäre das beste, das passieren könnte? Stell dir vor, die Veränderung bringt dir eine völlig neue, wunderbare Erfahrung. Wie könnte dein Leben dadurch bereichert werden?
- Welches Szenario ist realistischer? Oft liegt die Wahrheit irgendwo dazwischen und es lohnt sich, sich bewusst mit beiden Möglichkeiten auseinanderzusetzen.

✦· Erkenne deine Angst

Unsere Ängste entstehen oft aus tief verwurzelten Glaubenssätzen, die wir in der Vergangenheit übernommen haben.

- Überlege dir, welche alten Überzeugungen beeinflussen dein Denken noch heute? Gibt es Glaubenssätze, die dich zurückhalten, obwohl sie längst nicht mehr wahr oder hilfreich sind?
- Schreibe negative Glaubenssätze auf, die dich limitieren, und finde positive Formulierungen, die dich bestärken. Zum Beispiel: *"Ich darf keine Fehler machen."* → *"Jeder Fehler ist eine Chance zu lernen und zu wachsen."*

⭐ Affirmationen für Transformation, Loslassen und Wandel

Schreibe drei Affirmation, die dir helfen, jede Veränderungen als Chance zu sehen.
Beispiel: "Jedes Ende ist ein neuer Anfang voller Chancen und Wachstum."
"Ich vertraue dem Wandel und weiß, dass er mich stärkt."
"Ich lasse los, was mir nicht mehr dient, und öffne mich für neue Möglichkeiten."

Der Tod

Die Karte "Der Tod" gehört zu den am meist missverstandenen Karten im Tarot. Aber sie steht nicht für das physische Ende, sondern symbolisiert Transformation, tiefgreifende Veränderungen und das Loslassen von Altem, um Platz für Neues zu schaffen. Der Tod symbolisiert das Ende eines Zyklus und den Beginn eines neuen.

So wie in der Natur der Herbst dem Frühling vorausgeht, ist jedes Ende der notwendige Raum für einen Neuanfang. Der Tod lehrt uns, alte Muster, Ängste und Begrenzungen hinter uns zu lassen, um Platz für Wachstum zu schaffen. Wer sich Veränderungen widersetzt, bleibt stehen, doch wer sie annimmt, öffnet sich für neue Möglichkeiten.

Schreibe abschließend deine Gedanken und Erkenntnisse auf, die du aus der Arbeit mit der Karte "Der Tod" gewonnen hast, und wie du sie in deinem Leben anwenden möchtest.

14 Mäßigkeit

14 Mäßigkeit

Die Reise des Narren und die Lehren der Mäßigkeit

Nachdem der Narr durch viele Herausforderungen gewandert ist, hat er Höhen und Tiefen auf seiner Reise erlebt.

Er hat den Enthusiasmus des Magiers, die Intuition der Hohepriesterin, die Fürsorge der Herrscherin und die Struktur des Herrschers kennengelernt. Er hat sich den Liebenden gestellt, den Wagen gelenkt, seine innere Kraft gefunden und sich in die Einsamkeit des Eremiten zurückgezogen.

Das Rad des Schicksals hat ihm gelehrt, dass das Leben unvorhersehbar ist, und durch den Gehängten hat der Narr erfahren, dass manchmal ein Perspektivenwechsel notwendig ist. Schließlich forderte der Tod den Narren auf Altes loszulassen und den Wandel zu akzeptieren. Nun steht er vor der Mäßigkeit, der großen Lehrerin der Balance.

Die Lehren der Mäßigkeit

- **Balance ist der Schlüssel zum Leben:** Extreme können zu Erschöpfung oder Chaos führen. Die Mäßigkeit erinnert daran, dass alles im rechten Maß geschehen sollte, sei es Arbeit und Ruhe, Geben und Nehmen oder Emotion und Vernunft.
- **Geduld führt zu langfristigem Erfolg:** Der Narr erkennt, dass nicht alles sofort geschehen muss. Manche Dinge brauchen Zeit, um zu reifen. Die Mäßigkeit ermutigt ihn, Vertrauen in den natürlichen Fluss des Lebens zu haben.
- **Die Kunst der Anpassung:** Flexibilität ist entscheidend, um in einer sich ständig verändernden Welt stabil zu bleiben. Wer sich anpasst, ohne sich selbst zu verlieren, findet Leichtigkeit und inneren Frieden.
- **Innere Harmonie erschafft äußere Klarheit:** Wenn der Narr lernt, seine Emotionen auszugleichen und seinen Geist zu beruhigen, wird auch sein äußeres Leben in Einklang kommen. Wahre Balance beginnt in ihm selbst.
- **Verschmelzung schafft Neues:** Die Mäßigkeit vereint scheinbare Gegensätze zu etwas Höherem. Ob in Beziehungen, Projekten oder im eigenen Denken, wenn verschiedene Elemente bewusst zusammengeführt werden, entsteht eine neue, tiefere Wahrheit.

Mit dieser neuen Erkenntnis in seinem Herzen setzt der Narr seine Reise fort. Er weiß, dass er nun das Geheimnis der Balance verstanden hat und ist bereit, seine inneren Energien harmonisch auszurichten und mit Weisheit seinen weiteren Weg zu beschreiten.

Symbolik der Karte "Mäßigkeit"

✳ **Die zwei Kelche:** Ein zentrales und bekanntes Symbol der Mäßigkeit sind die zwei Kelche zwischen denen ein stetiger Fluss von Wasser fließt, der ewige Fluss des Lebens. Dieses Bild steht für die Fähigkeit, Energien, Emotionen und Gedanken in Einklang zu bringen. Es symbolisiert den Austausch und das Verschmelzen von Gegensätzen, wie Geist und Materie, Verstand und Gefühl, Aktivität und Passivität. Es erinnert uns daran, dass das Leben in einem konstanten Fluss ist. Es geht nicht darum, Dinge festzuhalten, sondern zu lernen, sich mit diesem Fluss zu bewegen und ihn zu akzeptieren.

✳ **Das Wasser:** Das fließende Wasser in der Karte symbolisiert emotionale Reinigung, Heilung und spirituelles Wachstum. Wasser ist das Element des Flusses, der Anpassungsfähigkeit und der sanften Transformation. Auf den Tarotkarten steht Wasser oft für Emotionen. In der Mäßigkeit zeigt es uns, dass wir mit unseren Gefühlen in Einklang kommen können und einen heilsamen Umgang mit ihnen finden sollten.

✳ **Die Flügel:** Die Figur in der Mäßigkeit trägt feenhafte Flügel, die an Schmetterlingsflügel erinnern. Sie stehen für Leichtigkeit, Transformation und den spirituellen Aufstieg. Flügel sind auch ein Symbol für eine Verbindung zum Göttlichen und für eine innere Erhebung über das Weltliche. Sie laden uns dazu ein, eine höhere Perspektive einzunehmen und das Leben mit Leichtigkeit zu betrachten. Balance ist nicht nur auf der physischen Ebene zu finden, sondern auch im geistigen und seelischen Bereich.

✳ **Die ruhige, geschlossene Körperhaltung:** Die Figur der Mäßigkeit hat eine ruhige, entspannte Haltung, ihre Augen sind geschlossen, ihr Gesicht strahlt Frieden aus. Diese Haltung symbolisiert die innere Ruhe, die mit der Energie der Mäßigkeit verbunden ist. Mäßigkeit lehrt uns, dass wahre Harmonie von innen kommt. Es geht nicht darum, äußere Umstände zu kontrollieren, sondern sich selbst zu zentrieren und in Einklang mit sich selbst zu sein.

✳ **Die Perlenkrone:** Den Kopf der Figur schmückt ein Band mit Perlen, die Weisheit und spirituelle Reife repräsentieren. Perlen entstehen durch einen langsamen, beständigen Prozess im Inneren einer Muschel und stehen somit für die Erkenntnis, die durch Geduld und Lebenserfahrung erlangt wird. Sie erinnern uns daran, dass wahre Weisheit durch den stetigen Prozess des Wachsens und Verstehens entsteht.

Symbolik der Karte "Mäßigkeit"

Vergleich mit dem ursprünglichen Rider-Waite-Tarot

✦ **Die Darstellung der Figur** in der klassischen Rider-Waite-Karte zeigt einen Engel mit roten Flügeln, der für eine höhere spirituelle Kraft und göttliche Führung steht. Sein Körper ist halb im Wasser und halb auf dem Land, was die Balance zwischen Bewusstsein und Unterbewusstsein, zwischen Materie und Spiritualität symbolisiert. Das Wasser repräsentiert das Fließen der Emotionen, während das Land für Stabilität und Realität steht. Der Engel selbst steht für den Vermittler zwischen diesen Welten, eine Brücke zwischen dem Göttlichen und dem Irdischen. Ein goldenes Leuchten um seinen Kopf symbolisiert Erleuchtung und spirituelle Reinheit.

In der Darstellung in diesem Buch wird der Engel durch eine sanfte, weibliche Gestalt mit Schmetterlingsflügeln ersetzt. Während die Rider-Waite-Version auf eine übergeordnete, fast göttliche Instanz verweist, zeigt diese Version, dass Mäßigung und Harmonie aus dem Inneren entstehen. Die Schmetterlingsflügel verstärken die Themen der Transformation und sanften Anpassung, da der Schmetterling selbst eine Metapher für Wandlung und evolutionäre Entwicklung ist. Das Wesen wirkt nicht wie eine allmächtige göttliche Instanz, sondern wie eine innere Stimme, die zur Balance mahnt.

✦ **Die Kelche und das fließende Wasser:**

In der Rider-Waite-Karte gießt der Engel Wasser von einem Kelch in den anderen, ohne dass auch nur ein Tropfen danebenfällt. Dies zeigt, dass wahre Balance ein bewusster und präziser Prozess ist. Es geht um die Kunst der Anpassung und um das sanfte Vermischen von Gegensätzen. Balance ist der Ausgleich zwischen Verstand und Emotion, zwischen Ruhe und Aktivität, zwischen Geben und Nehmen. Das kontinuierliche Fließen des Wassers deutet darauf hin, dass nichts statisch ist. Gleichgewicht ist nicht ein Zustand, den man einmal erreicht, sondern eine fortwährende Anpassung an den Fluss des Lebens.

In der modernen Interpretation hält die Figur ebenfalls zwei Schalen, doch anstatt eines scheinbar magischen Flusses, wird deutlicher, dass die Kontrolle über das Wasser in ihren Händen liegt. Dies betont die persönliche Verantwortung für das eigene innere Gleichgewicht. Die Lektion dieser Darstellung ist, dass Harmonie nicht von außen kommt, sondern durch bewusste Entscheidungen, Achtsamkeit und einen gesunden Umgang mit Veränderungen.

Während das Wasser in der Rider-Waite-Karte eine fast übernatürliche Qualität besitzt und auf eine göttliche Kraft hinweist, zeigt die moderne Version, dass Balance ein aktiver Prozess ist, den wir selbst steuern müssen. Es ist eine Erinnerung daran, dass wir die Schöpfer unserer eigenen Ausgeglichenheit sind. Es liegt an uns, bewusst unsere Energien zu lenken und Harmonie in unser Leben zu bringen.

Symbolik der Karte "Mäßigkeit"

Suche dir aus jedem beliebigen Tarot-Kartendeck die Karte der Mäßigkeit und betrachte die Karte genau. Welche Elemente springen dir als erstes ins Auge? Welche Symbole ziehen dich besonders an? Was könnten diese Symbole für dich persönlich bedeuten?

Die Symbole der Karte "Mäßigkeit"

Symbole interpretieren

1 Das fließende Wasser symbolisiert den Fluss der Energien, das harmonische Mischen von Erfahrungen und die Kunst der Balance. In welchen Bereichen deines Lebens suchst du aktuell nach Balance? Welche Gewohnheiten oder Denkweisen kannst du verändern, um ein besseres inneres Gleichgewicht zu finden?

Die Kelche und das fließende Wasser

2 Die ruhige Körperhaltung steht für Gelassenheit, Selbstbeherrschung und Vertrauen in den natürlichen Rhythmus des Lebens. Wie kannst du in herausfordernden Situationen ruhiger und bewusster reagieren? Welche Techniken helfen dir, deine Emotionen zu regulieren?

Die ruhige Körperhaltung

3 Die Schmetterlingsflügel symbolisieren Transformation, Wachstum und das sanfte Navigieren durch Veränderung. Welche Veränderungen stehen in deinem Leben an, die du bewusst und mit Geduld gestalten kannst? Wie kannst du dich auf natürliche Weise an neue Lebensumstände anpassen?

Die Schmetterlingsflügel

Symbolik der Karte "Mäßigkeit"

Wenn du ein zusätzliches Symbol auf die Karte setzen könntest, welches wäre das? Warum würdest du es wählen, und was würde es repräsentieren?

Dein eigenes Symbol

Eigenschaften der Karte "Mäßigkeit"

Positive Eigenschaften:

- Harmonie und innere Balance
- Geduld und ruhige Gelassenheit
- Fähigkeit, Gegensätze auszugleichen
- Anpassungsfähigkeit
- Kluge Vermittlung
- Heilsame Prozesse
- Langfristige Stabilität

Weitere positive Eigenschaften

Negative Eigenschaften:

- Übermäßiges Zögern aus Angst, das Gleichgewicht zu verlieren
- Vermeidung von Konflikten
- Unfähig klare Entscheidungen zu treffen
- Emotionales Unterdrücken, um Harmonie zu wahren
- Langsame Entwicklung ohne greifbare Fortschritte

Weitere negative Eigenschaften

Botschaften der Karte "Mäßigkeit"

Wahre Balance entsteht aus der richtigen Mischung.

Oft neigen wir dazu, in Extremen zu leben. Entweder arbeiten wir zu viel oder gönnen uns zu wenig Ruhe, geben in Beziehungen zu viel oder ziehen uns völlig zurück. Mäßigkeit zeigt uns, dass wahre Balance nicht darin besteht, etwas komplett zu meiden oder zu übertreiben, sondern die richtige Mischung zu finden. Sie erinnert uns daran, dass das Leben aus vielen Aspekten besteht, die harmonisch zusammenspielen sollten.

Die Balance im Alltag ist keine starre Regel, sondern ein fließender Prozess. Sie bedeutet, sich selbst immer wieder zu hinterfragen, bewusst Entscheidungen zu treffen und flexibel zu bleiben. Manchmal erfordert es Disziplin, manchmal Loslassen. Der Schlüssel liegt darin, auf dein inneres Gleichgewicht zu achten und achtsam mit deinen Ressourcen umzugehen.

Heilung geschieht, wenn du lernst, deine Gegensätze in Einklang zu bringen.

Wir alle tragen innere Widersprüche in uns. Oft stehen Verstand und Gefühl im Konflikt, der Wunsch nach Freiheit kollidiert mit Verantwortung, und die Sehnsucht nach Ruhe steht der Notwendigkeit von Aktivität gegenüber. Mäßigkeit lehrt uns, dass Heilung nicht durch Unterdrückung eines dieser Aspekte geschieht, sondern durch Integration. Erst wenn wir akzeptieren, dass wir sowohl Licht als auch Schatten in uns tragen, können wir innerlich heil werden.

Geduld ist kein Stillstand, sondern Vertrauen, dass alles zur richtigen Zeit geschieht.

In unserer schnelllebigen Welt haben wir oft das Gefühl, sofort Ergebnisse sehen zu müssen. Doch Mäßigkeit zeigt uns, dass wahre Veränderung und Erfolg Zeit brauchen. Wer eine Pflanze gießt, erwartet nicht, dass sie am nächsten Tag blüht, genauso müssen auch persönliche Entwicklungen in ihrem eigenen Tempo wachsen.

Deine innere Mitte findest du, wenn du lernst, dich selbst bewusst wahrzunehmen.

Mäßigkeit fordert dich auf, in dich hineinzuhorchen. Was brauchst du gerade wirklich? Fühlst du dich überlastet oder antriebslos? Lebst du in Harmonie mit deinen Werten? Oft gehen wir zu schnell durchs Leben und ignorieren unsere eigenen Bedürfnisse. Erst wenn wir innehalten und bewusst wahrnehmen, wie es uns geht, können wir echte Balance herstellen.

Das Leben ist ein ständiger Tanz zwischen Kontrolle und Vertrauen.

Manchmal wollen wir alles kontrollieren, aus Angst vor dem Unbekannten. Doch Mäßigkeit lehrt uns, dass das Leben nicht nur Planung, sondern auch Vertrauen braucht. Kontrolle ist wichtig, aber sie sollte nicht zur Angst vor Veränderungen führen. Das Leben ist wie ein Tanz – mal führen wir, mal lassen wir uns führen. Nur so entsteht wahre Harmonie.

Reflexion zur Botschaft der Mäßigkeit

★ Geduld & innere Ruhe entwickeln

Wann fällt es dir besonders schwer, geduldig zu bleiben? Gibt es bestimmte Situationen, in denen du dich besonders unruhig fühlst? Vielleicht wenn du auf eine Antwort wartest, ein Ziel nicht schnell genug erreichst oder wenn sich Dinge nicht in deinem Tempo entwickeln? Beobachte, welche Momente deine Ungeduld auslösen und was diese Gefühle mit dir machen.

Überlege, welche Strategien dir helfen könnten, in stressigen Momenten ruhiger zu bleiben. Atemtechniken, Meditation oder bewusste Achtsamkeitsübungen könnten dich beispielsweise dabei unterstützen.

★ Den goldenen Mittelweg finden

In welchen Lebensbereichen neigst du zu Extremen oder Übertreibungen? Erkennst du welche Emotion dahinter steckt? Angst, Unsicherheit oder ein Wunsch nach Anerkennung?

Erstelle eine Liste von Dingen, die dir helfen könnten, Übertreibung und Ungleichgewicht zu vermeiden. Welche realistische Alternative kannst du anstelle von Übertreibung ausprobieren?

★ Heilung & innere Harmonie

Gibt es eine alte Wunde, die du noch nicht vollständig losgelassen hast? Welche Dinge oder Menschen geben dir das Gefühl von Heilung und Geborgenheit? Welche Rolle spielen Zeit, Geduld und Selbstliebe in deinem Heilungsprozess?

Schreibe auf, was Heilung für dich bedeutet. Ist es Vergebung? Ruhe? Selbstakzeptanz? Notiere drei kleine Dinge, die du tun kannst, um deine eigene Heilung zu unterstützen. Vielleicht ein Spaziergang in der Natur, das Führen eines Tagebuchs oder ein Gespräch mit einer vertrauten Person.

Reflexion zur Botschaft der Mäßigkeit

⭐ Bleibe nicht in deiner Komfortzone stecken

Wer immer nur versucht, alles kontrolliert und harmonisch zu halten, könnte Angst davor haben, Neues zu wagen oder Risiken einzugehen. Doch Veränderung ist oft notwendig, um zu wachsen und sich weiterzuentwickeln.

- Wähle eine kleine Herausforderung, die du bisher vermieden hast, weil sie dich aus deiner Komfortzone bringt (z. B. ein Gespräch führen, eine neue Fähigkeit lernen).
- Setze dir eine Frist von einer Woche, um den ersten Schritt zu gehen, und reflektiere danach, wie es sich angefühlt hat.

⭐ Eile mit Weile

Nicht alles muss sofort geschehen. Wahres Wachstum entsteht durch Geduld, Balance und das Vertrauen, dass alles zur richtigen Zeit geschieht. In welchen Bereichen deines Lebens hast du das Gefühl, dass du schneller vorankommen solltest? Wie kannst du Balance zwischen Fortschritt und Ruhe finden, sodass du dich weder stagnierend noch überfordert fühlst?

- Notiere drei Lebensbereiche, in denen du das Gefühl hast, unter Zeitdruck zu stehen.
- Reflektiere, warum du diesen Druck empfindest. Ist es ein äußerer Erwartungsdruck oder eine innere Ungeduld?
- Schreibe dir selbst eine Erlaubnis, in diesen Bereichen langsamer zu machen. Zum Beispiel: *„Ich erlaube mir, meine Karriere in meinem eigenen Tempo zu entwickeln."*

⭐ Ausgleich und Balance vs. Unentschlossenheit und übermäßige Zurückhaltung

Mäßigkeit erinnert daran, dass wir nicht nur in einem Bereich unseres Lebens Fortschritte machen sollten, während wir andere vernachlässigen. In welchen Lebensbereichen gelingt es dir bereits, eine gute Balance zu finden? Wo spürst du aktuell eine Dysbalance, und was könntest du tun, um wieder Ausgleich zu schaffen?

Zu viel Mäßigung kann dazu führen, dass jemand keine klaren Entscheidungen trifft oder es vermeidet, eine Richtung einzuschlagen. Wer immer nur versucht, in der Mitte zu bleiben, ohne sich für eine Seite zu entscheiden, kann stagnieren und Chancen verpassen. Gibt es Situationen, in denen du dich aus Angst vor Fehlern nicht entscheiden kannst? Wo könntest du klarer für deine Wünsche oder Ziele einstehen?

Kreative Aufgaben "Mäßigkeit"

 Mische dein eigenes Symbol der Balance

Kreiere dein eigenes Symbol der Balance.
- Zeichne ein Gefäß oder eine Schale als ein Symbol für dein inneres Gleichgewicht. Es kann ein Kelch, eine Flasche, ein Krug oder eine Schüssel sein.
- Male oder schreibe drei bis fünf Elemente in dein Gefäß, die für deine innere Harmonie wichtig sind. Beispiele sind Leichtigkeit (Feder oder Vogel) oder Stabilität (Baum oder Wurzeln)
- Stelle dar, wie diese Elemente miteinander verschmelzen und sich vermischen.

 Der Dialog der Gegensätze

Identifiziere zwei Seiten in dir, die oft im Konflikt sind. Vielleicht dein rationaler Verstand und deine intuitive Seele oder dein Wunsch nach Sicherheit und dein Verlangen nach Abenteuer. Lass sie einen Dialog führen:
- Überlege dir ein Thema, dass dich gerade beschäftigt und dich verunsichert.
- Schreibe auf, was die eine Seite sagt, dann lass die andere Seite antworten.
- Wie könnten sie sich auf einen Kompromiss oder eine gemeinsame Lösung einigen?

 Deine Botschaft der Mäßigkeit

Meditiere über die Karte der Mäßigkeit. Stell dir vor, du stehst an einem ruhigen, glitzernden Fluss. Das Wasser ist sanft, es bewegt sich in einem angenehmen Rhythmus, weder zu schnell noch zu langsam. Du erkennst, das Wasser passt sich dem Rhythmus an, es kämpft nicht dagegen, sondern fließt im Takt.

Du nimmst zwei goldene Schalen aus dem Wasser. Eine Schale repräsentiert eine Energie, die derzeit in deinem Leben besonders stark ist, die andere steht für eine Energie, die ins Gleichgewicht gebracht werden muss. Kannst du erkennen, welche Energien das sind? Beobachte, wie das Wasser zwischen den Schalen fließt und spüre, wie sie sich allmählich ausgleichen.

Da hörst du eine sanfte Stimme in deinem Geist. Sie gibt dir eine Botschaft darüber, wie du mehr Harmonie in dein Leben bringen kannst. Was hörst du?

Noch mehr Übungen und Reflexionsfragen

✦ Achtsamkeit und Selbstbeobachtung

Achte bewusst auf dein Verhalten und deine Reaktionen im Alltag. In welchen Bereichen neigst du dazu, ins Extreme zu gehen, sei es durch übermäßige Arbeit oder zu viel Ruhe? Gibt es Aspekte in deinem Leben, in denen du ein Ungleichgewicht spürst?

Führe eine Woche lang ein Achtsamkeitstagebuch.

- Notiere, wann du dich im Einklang fühlst und wann du in Extreme verfällst.
- Welche Muster erkennst du?
- Gibt es bestimmte Auslöser, die dein Gleichgewicht beeinflussen?

Durch diese bewusste Selbstbeobachtung kannst du erkennen, welche Veränderungen dir helfen könnten, mehr Balance in dein Leben zu bringen.

✦ Emotionale Balance zwischen Kontrolle und Hingabe

Einige Menschen neigen dazu, ihre Emotionen zu unterdrücken, während andere sich vollständig von ihnen mitreißen lassen. Doch wahre emotionale Balance entsteht, wenn wir unsere Gefühle bewusst wahrnehmen und zulassen, ohne ihnen die volle Kontrolle über unser Handeln zu überlassen.

Gibt es Situationen in deinem Leben, in denen du Emotionen zurückhältst, aus Angst, verletzlich zu sein? Oder Momente, in denen deine Gefühle so intensiv sind, dass sie deine Klarheit und dein Urteilsvermögen beeinflussen?

Finde einen gesunden Mittelweg:

- Überlege, wie du lernen kannst, deine Emotionen anzunehmen, ohne sie zu verdrängen oder von ihnen überrollt zu werden.
- Welche kleinen Schritte kannst du unternehmen, um bewusst mit deinen Gefühlen umzugehen und emotionale Ausgeglichenheit zu entwickeln?

★ Affirmationen für Wohlbefinden und Balance

Schreibe drei Affirmationen, die dir helfen, Balance und innere Harmonie zu finden.

Beispiel: "Ich finde meine Balance, indem ich mit Leichtigkeit und Achtsamkeit durch das Leben fließe."

"Ich vereine Gegensätze in mir und erschaffe ein Leben in Harmonie und Ausgleich."

"Ich vertraue darauf, dass alles zur richtigen Zeit geschieht und übe mich in Geduld."

Mäßigkeit

Die Karte "Mäßigkeit" erinnert uns daran, dass wahre Harmonie entsteht, wenn wir lernen, alle Aspekte unseres Lebens bewusst auszubalancieren. Sie zeigt, dass Stabilität und Wohlbefinden nicht durch Extreme, sondern durch Geduld, innere Ruhe und das richtige Maß erreicht werden. Sie lehrt uns, Gegensätze zu vereinen, uns dem natürlichen Fluss des Lebens hinzugeben und mit Achtsamkeit unseren Weg zu gehen. Wahre Stärke liegt nicht in Kontrolle oder Zwang, sondern in Flexibilität, Gelassenheit und der Fähigkeit, im Einklang mit uns selbst und unserer Umgebung zu bleiben.

Schreibe abschließend deine Gedanken und Erkenntnisse auf, die du aus der Arbeit mit der Karte "Mäßigkeit" gewonnen hast, und wie du sie in deinem Leben anwenden möchtest.

15 Der Teufel

15 Der Teufel

Die Reise des Narren und die Lehren des Teufels

Die Begegnung des Narren mit dem Teufel ist eine der tiefsten Prüfungen seiner Reise. Bis zu diesem Punkt hat er viele Lektionen gelernt, doch nun wird ihm eine unbequeme Wahrheit vor Augen geführt. Wahre Freiheit existiert nur, wenn er sich seiner inneren Fesseln bewusst wird. Der Teufel offenbart, dass Abhängigkeiten, Ängste und selbst auferlegte Begrenzungen ihn mehr gefangen halten, als er es sich eingestehen will.

Diese Karte symbolisiert nicht nur äußere Versuchungen oder Manipulation, sondern vor allem die inneren Ketten, die der Narr oft unbewusst selbst erschaffen hat. Es sind destruktive Muster, Selbsttäuschungen und Glaubenssätze, die ihn daran hindern, wirklich voranzukommen. Der Teufel konfrontiert ihn mit diesen Schattenseiten, nicht um ihn zu bestrafen, sondern um ihm die Möglichkeit zu geben, sich von ihnen zu befreien.

Die Lehren des Teufels

- **Erkenne deine inneren Ketten:** Oft sind es nicht äußere Umstände, die uns gefangen halten, sondern unsere eigenen Ängste, Zweifel oder unbewussten Glaubenssätze.
- **Verführung ist nicht gleich Erfüllung:** Der Teufel lehrt uns, dass kurzfristige Befriedigung nicht mit tiefem Glück verwechselt werden sollte. Was fühlt sich gut an, aber zieht dich in eine ungesunde Abhängigkeit?
- **Macht über andere ist keine wahre Stärke:** Wahre innere Stärke kommt nicht durch Kontrolle über andere, sondern durch den bewussten Umgang mit den eigenen Emotionen und Mustern.
- **Schattenarbeit ist notwendig:** Der Teufel fordert uns auf, uns mit unseren dunklen Seiten auseinanderzusetzen, anstatt sie zu verdrängen. Erst wenn wir unsere Schatten annehmen, können wir sie integrieren und uns von ihnen lösen.
- **Wahre Freiheit beginnt im Inneren:** Solange wir uns von Süchten, Mustern oder toxischen Beziehungen kontrollieren lassen, sind wir nicht wirklich frei. Die Karte lädt uns ein, uns bewusst zu entscheiden, wovon wir uns lösen wollen.

Jetzt liegt es am Narren, zu erkennen, wo er sich selbst im Weg steht. Kann er sich von diesen Bindungen lösen, oder bleibt er in ihnen gefangen? Indem er den Teufel nicht als Feind, sondern als Spiegel seiner eigenen Ängste und Begrenzungen erkennt, findet er die Kraft, sich aus seinen Fesseln zu befreien.

Symbolik der Karte "Der Teufel"

✳ **Der Teufel selbst:** Die Hauptfigur der Karte stellt den Teufel dar, jedoch nicht als klassische Verkörperung des Bösen, sondern als Symbol für Versuchung, Kontrolle und das Gefangensein in eigenen Abhängigkeiten. Die auffälligen Fledermausohren, die fast an Hörner erinnern, repräsentieren die animalischen Instinkte des Menschen, wie rohe Triebe, Macht und den Drang nach Einfluss. Der Teufel erinnert uns daran, dass destruktive Kräfte in uns wirken können, die unser Leben bestimmen, wenn wir sie nicht bewusst wahrnehmen und kontrollieren. Es geht nicht um eine äußere, dämonische Macht, sondern um die innere Dunkelheit, die in uns allen existiert.

✳ **Die Ketten,** symbolisieren das Machtverhältnis. Der Teufel erscheint als Herrscher über diese gefangenen Figuren, was sowohl äußere Manipulation als auch innere Selbstsabotage widerspiegeln kann. Es sind oft nicht äußere Feinde, sondern unsere eigenen Ängste, Schuldgefühle oder destruktiven Muster, die uns gefangen halten. Besonders auffällig ist, dass die Ketten locker hängen. Eine der Figuren ist eigentlich gar nicht mal verkettet. Das deutet darauf hin, dass diese Wesen sich theoretisch selbst befreien könnten. Die „Gefangenschaft" existiert nur in ihrem Kopf, durch ihren freien Willen. Das Symbol macht deutlich, dass viele unserer Begrenzungen hausgemacht sind. Wir glauben oft, keine Wahl zu haben, obwohl wir tatsächlich frei sein könnten.

✳ **Die angeketteten Figuren** erinnern an Puppen oder Marionetten. Dieses Bild zeigt, dass sie nicht die Kontrolle über ihr eigenes Schicksal haben, sondern vielmehr glauben, von einer höheren Macht oder äußeren Umständen manipuliert zu werden. Es ist ein starkes Symbol dafür, dass wir manchmal unsere Verantwortung abgeben, anstatt unser eigenes Leben aktiv und bewusst zu gestalten.

✳ **Die dunklen Augen der teuflischen Figur:** Die düsteren Augen des Teufels erzeugen eine bedrohliche Atmosphäre und symbolisieren das Unbewusste, Schattenanteile und die versteckten Ängste in uns. Der Teufel lebt in den Schatten unserer Psyche, in den Bereichen, die wir oft nicht sehen wollen. Diese Dunkelheit steht für unterdrückte Emotionen, Ängste oder Glaubenssätze, die uns in wiederkehrenden, destruktiven Mustern festhalten.

✳ **Die verschmitzte Mimik des Teufels:** Der Teufel auf der Karte hat ein listiges, fast amüsiertes Lächeln. Dies verdeutlicht, dass er nicht zwingend böse ist, sondern eher ein Trickster, ein Wesen, das uns herausfordert, uns selbst zu erkennen. Er steht für die Illusionen, die wir uns selbst machen, und für die Spielchen, die unser Ego mit uns treibt.

Symbolik der Karte "Der Teufel"

✳ **Ein Ass im Ärmel:** Die Figur im Bild scheint aus dem Ärmel etwas zücken zu wollen, als hätte sie ein Ass im Ärmel. Die Redewendung „ein Ass im Ärmel haben" deutet auf eine versteckte Strategie oder einen geheimen Vorteil hin, den jemand in der Hinterhand hält. Es kann für Machtspielchen, Kontrolle oder eine unerwartete Wendung stehen, die nicht sofort sichtbar ist. Doch genau hier liegt die Frage, ist es wirklich ein Ass, oder ist es nur eine Illusion? Der Teufel lehrt uns, genauer hinzusehen und uns nicht von schönen Fassaden oder geschickt platzierten Tricks täuschen zu lassen.

Vergleich mit dem ursprünglichen Rider-Waite-Tarot

✦ **Der Teufel:** In der klassischen Rider-Waite-Tarotkarte erscheint der Teufel als furchteinflößende Gestalt mit Fledermausflügeln, einem umgedrehten Pentagramm auf der Stirn und massiven, ziegenartigen Hörnern. Sein tierisches Erscheinungsbild betont die Verbindung zu niederen Instinkten, roher Triebkraft und der unkontrollierten Seite des menschlichen Geistes. Seine erhobene rechte Hand ahmt die Geste der Segnung aus der Karte des Hierophanten nach, doch statt göttlicher Weisheit vermittelt er Kontrolle und Verführung. Mit der linken Hand zeigt er auf die beiden gefangenen Figuren zu seinen Füßen, ein klares Zeichen dafür, dass er über sie herrscht.

Im Gegensatz dazu erscheint der Teufel in der Interpretation dieses Buches raffinierter, fast spielerisch. Sein Gesichtsausdruck ist listig, seine Haltung selbstbewusst, und seine kunstvoll verzierte Kleidung deutet darauf hin, dass Versuchung oft in attraktiver, verführerischer Form auftritt. Während die Rider-Waite-Version auf Schrecken, Unterwerfung und Angst setzt, zeigt die alternative Darstellung, dass Manipulation nicht immer offensichtlich ist. Manchmal sind es charmante Worte, falsche Versprechen oder subtile Abhängigkeiten, die uns unbemerkt in ihre Fänge locken.

✦ **Die gefangenen Figuren:** In der Rider-Waite-Karte sind ein Mann und eine Frau nackt an den Sockel des Teufels gekettet. Ihre Ketten sind auffallend locker, was symbolisiert, dass sie ihre Gefangenschaft jederzeit beenden könnten, doch tun sie es nicht. Diese Darstellung zeigt, dass Abhängigkeiten, Süchte oder destruktive Muster oft nicht durch äußere Umstände, sondern durch innere Blockaden und Glaubenssätze aufrechterhalten werden. Die beiden Figuren haben sich so sehr an ihre Situation gewöhnt, dass sie sich nicht einmal bewusst sind, dass sie frei sein könnten.

Die alternative Interpretation in diesem Buch geht noch einen Schritt weiter. Die Haltung der Figuren und ihr Blick lassen vermuten, dass sie vielleicht sogar bewusst in diesen Kreislauf der Abhängigkeit und Manipulation eingetreten sind. Eine Figur berührt nicht einmal die Kette des Teufels und doch verweilt sie in seiner Gesellschaft. Dies verdeutlich um so mehr, dass wir uns oft freiwillig in die Fänge des Teufels begeben.

Symbolik der Karte "Der Teufel"

Suche dir aus jedem beliebigen Tarot-Kartendeck die Karte des Teufels und betrachte die Karte genau. Welche Elemente springen dir als erstes ins Auge? Welche Symbole ziehen dich besonders an? Was könnten diese Symbole für dich persönlich bedeuten?

Die Symbole der Karte "Der Teufel"

Symbole interpretieren

1 Die Ketten symbolisieren unsere inneren Abhängigkeiten, negative Muster, die wir übernommen haben oder Ängste, die uns fesseln.
Wo lässt du dich von äußeren Erwartungen oder Zwängen bestimmen?
Welche inneren Blockaden halten dich davon ab, frei zu handeln?

Die Ketten

2 Der Teufel auf der Karte symbolisiert Manipulation und Täuschung. Er hält die Ketten, doch die gefangenen Figuren könnten sich jederzeit befreien. In welchen Bereichen deines Lebens hältst du an Illusionen fest, die dich eigentlich blockieren? Wo täuschst du dich selbst oder lässt dich von äußeren Einflüssen manipulieren?

Der Teufel

3 Die Feldermausohren stehen für Instinkte, Triebe und ungezügelte Energien.
In welchen Situationen gibst du unbewusst deinen Impulsen nach, ohne nachzudenken?
Wie kannst du bewusst mit deinen Wünschen und Sehnsüchten umgehen, ohne dich von ihnen beherrschen zu lassen?

Die Fledermausohren

Symbolik der Karte "Der Teufel"

Wenn du ein zusätzliches Symbol auf die Karte setzen könntest, welches wäre das? Warum würdest du es wählen, und was würde es repräsentieren?

Dein eigenes Symbol

Eigenschaften der Karte "Der Teufel"

Positive Eigenschaften:

- Selbsterkenntnis
- Leidenschaft
- Willenskraft, Zielstrebigkeit
- Machtbewusstsein
- Verführungskunst, Überzeugungskraft
- Bewusstes Spiel mit Trieben

Weitere positive Eigenschaften

Negative Eigenschaften:

- Abhängigkeit
- Gefangen in Illusion und Täuschung
- Machtmissbrauch
- Gier
- Selbstsabotage
- Materialismus
- Unterdrückung der eigenen Freiheit
- Manipulation

Weitere negative Eigenschaften

Botschaften der Karte "Der Teufel"

Dein Schatten kann dein Lehrer sein.

Der Teufel fordert uns auf, unsere dunklen Seiten nicht zu verdrängen, sondern aus ihnen zu lernen. Ängste, Zwänge oder selbstzerstörerische Muster wirken bedrohlich, solange wir sie meiden. Doch wenn wir sie bewusst betrachten, verstehen wir ihre Wurzeln und können uns von ihnen lösen. Selbsterkenntnis ist der erste Schritt zur Befreiung. Sobald wir unsere unbewussten Muster durchschauen, verlieren sie ihre Macht über uns.

Du bist nicht deine Fesseln – erkenne deine Freiheit.

Oft glauben wir, in einer Situation gefangen zu sein, doch in vielen Fällen sind es nicht äußere Umstände, die uns binden, sondern unsere eigenen Ängste und Überzeugungen. Der Teufel symbolisiert Abhängigkeit, doch seine Botschaft ist klar und wir haben mehr Kontrolle, als wir denken. Die Fesseln, die uns halten, sind oft lose und wir könnten sie jederzeit abstreifen. Doch um das zu tun, müssen wir zuerst erkennen, dass wir selbst für unser Leben verantwortlich sind. Wahre Freiheit beginnt in unserem Geist, wenn wir unsere begrenzenden Glaubenssätze hinterfragen und auflösen.

Lerne, deine Leidenschaft bewusst zu nutzen.

Der Teufel steht für rohe Energie, Instinkte und starke Leidenschaften. Dies sind Kräfte, die sowohl konstruktiv als auch destruktiv sein können. Werden sie unterdrückt oder ungezügelt ausgelebt, können sie uns schaden und in destruktive Muster führen. Doch wenn wir lernen, sie bewusst zu lenken, können sie zu einer Quelle von Kreativität, Stärke und Antrieb werden. Diese Karte ermutigt uns, unsere Wünsche und Impulse nicht zu fürchten, sondern sie mit Achtsamkeit zu integrieren, sodass sie unser Leben bereichern, anstatt es zu beherrschen.

Wachstum beginnt mit Akzeptanz.

Unsere Schattenseiten zu erkennen, ist unangenehm, doch nur durch Akzeptanz können wir uns weiterentwickeln. Der Teufel fordert uns auf, unsere Ängste und negativen Muster nicht zu verdrängen, sondern als Teil unserer Geschichte zu sehen. Erst wenn wir verstehen, woher sie kommen, können wir sie hinter uns lassen.

Loslassen ist wahre Macht.

Der Teufel steht oft für Kontrolle über uns selbst, über andere und über das Leben. Doch wahre Freiheit entsteht, wenn wir lernen, loszulassen. Vertrauen bedeutet nicht, alles dem Zufall zu überlassen, sondern darauf zu bauen, dass wir mit den Herausforderungen umgehen können, die das Leben bringt. Wenn wir Kontrolle abgeben, öffnen wir uns für Veränderung und neue Möglichkeiten.

Reflexion zur Botschaft des Teufels

★ Abhängigkeiten und Kontrolle

Erkennst du Muster oder Gewohnheiten, die dich "unbewusst" steuern, du aber aus Gewohnheit ignorierst? Wie kannst du mehr Kontrolle über dein eigenes Leben gewinnen? Schreibe eine Liste aller Dinge, von denen du dich abhängig fühlst, und überlege dir Wege, um schrittweise mehr Freiheit zu erlangen.

Welche Realität würdest du erschaffen, wenn du frei von jeglichen Abhängigkeiten oder einschränkenden Gewohnheiten wärst? Stell dir vor, du würdest alle limitierenden Gedanken loslassen. Wie würde dein Leben dann aussehen? Welche Entscheidungen würdest du anders treffen?

★ Die Macht der Illusion

Wie kannst du erkennen, wann du dich von falschen Vorstellungen leiten lässt?
Gibt es Situationen, in denen deine Erwartungen oder Ängste dich täuschen? Achte darauf, ob deine Reaktionen stark emotional oder zwanghaft sind. Das könnte darauf hindeuten, dass du dich von einer Illusion beeinflussen lässt.

Nimm dir eine schwierige Situation aus deinem Leben und betrachte sie aus einer neutralen Perspektive. Was bleibt übrig, wenn du Emotionen und Ängste beiseite lässt? Welche Erkenntnisse bekommst du, wenn du die Situation aus einem objektiven Blickwinkel betrachtest?

★ Innere Schattenarbeit

Welche Charakterseiten und Eigenschaften deiner Persönlichkeit magst du nicht? Was stört dich daran und warum?

Notiere drei Eigenschaften an dir, die du bisher als negativ empfunden hast, und finde eine positive Seite daran.

Reflexion zur Botschaft des Teufels

✦ Selbstbeobachtung

Viele unserer Verhaltensweisen und Denkmuster laufen unbewusst ab. Sie wurden oft in der Kindheit geprägt oder durch wiederholte Erfahrungen verinnerlicht. Gibt es wiederkehrende Situationen in deinem Leben, in denen du dich unglücklich oder machtlos fühlst?

- Welche Situationen lösen bei dir immer wieder ähnliche Emotionen oder Reaktionen aus?
- Gibt es Momente, in denen du dich besonders frustriert, hilflos oder überfordert fühlst? Welche Muster erkennst du in diesen Situationen?
- Wo fühlst du dich immer wieder machtlos oder festgefahren?

Nimm dir für die nächsten Tage vor, einen dieser Momente bewusst wahrzunehmen und in diesem Augenblick innezuhalten. Statt automatisch zu reagieren, atme tief durch und frage dich: „Muss ich wirklich so reagieren oder gibt es eine andere Möglichkeit?"

✦ Das Teufelchen, das dir ins Ohr flüstert

Achte eine Woche lang auf wiederkehrende negative Überzeugungen über dich selbst oder das Leben. Gibt es Glaubenssätze, die dich klein halten oder dir Grenzen setzen? Beispielsweise: „Ich bin nicht gut genug" oder „Ich muss es allen recht machen."

- Woher stammen diese Gedanken? Sind es wirklich deine eigenen oder übernommene Vorstellungen von Familie, Gesellschaft oder Erfahrungen aus der Vergangenheit?
- Frage dich, ist das wirklich wahr? Gibt es Beweise für das Gegenteil?
- Welche neue, hilfreiche Überzeugung könntest du stattdessen annehmen?

✦ Selbsterkenntnis durch Schattenarbeit vs. Abhängigkeit und Illusionen

Die Karte des Teufels zeigt uns die Abhängigkeiten, Ängste und unbewussten Muster, die unser Leben beeinflussen. Doch anstatt diese Aspekte zu verdrängen, können wir sie als Lehrer betrachten. Welchen Teil deiner Persönlichkeit vermeidest du, bewusst anzuschauen, und wie könnte das Anerkennen deiner Schattenseite dir Wachstum bringen?

Der Teufel steht für Bindungen, die uns unfrei machen. Sei es durch äußere Abhängigkeiten wie Sucht oder ungesunde Beziehungen oder durch innere Blockaden wie negative Glaubenssätze und Ängste. In welchem Bereich deines Lebens klammerst du dich an etwas, das dir eigentlich nicht mehr dient? Was hält dich davon ab, es loszulassen?

Kreative Aufgaben "Der Teufel"

 Die Fesseln & Der Schlüssel

Der Teufel steht für Abhängigkeiten, Illusionen und unbewusste Muster, die uns gefangen halten, doch oft gibt es einen Weg zur Befreiung, den wir übersehen.

- Zeichne ein Symbol für das, was dich gefangen hält. Das können Ketten, ein Käfig, Marionettenfäden oder ein dunkler Schatten sein. Überlege dir, was in deinem Leben fühlt sich an wie eine Fessel?
- Dann zeichne einen versteckten Schlüssel oder einen Ausweg, der deine Freiheit symbolisiert.

 Der Pakt mit dem Teufel

Stelle dir vor, der Teufel kommt zu dir und bietet dir etwas an, das du insgeheim begehrst: Macht, Erfolg, Sicherheit, Kontrolle, Liebe etc. Doch wie in vielen Geschichte gibt es eine unangenehme Bedingung zu erfüllen oder einen teuren Preis dafür zu bezahlen.

- Schreibe einen kurzen Vertrag mit dem Angebot des Teufels und den zu erfüllenden Bedingungen, z.B.: *„Ich nehme Reichtum an, aber darf keine echten Freundschaften haben."*
- Würdest du den Vertrag unterschreiben? Warum oder warum nicht?

 Deine Botschaft des Teufels

Meditiere über die Karte des Teufels. Stell dir vor, du stehst in einem schwach beleuchteten Raum mit schwarzen Wänden.

Vor dir steht ein großer Spiegel. Du weißt, dass du dort nicht nur dein äußeres Selbst siehst, sondern auch das von dir, was du lieber verdrängst. Es zeigt dir einen verborgenen Teil deiner Selbst, vielleicht eine Angst, eine Sehnsucht oder eine geheime Abhängigkeit.

Frage dein Spiegelbild: „Was willst du mir sagen?"

Lausche der Antwort und spüre, dass du nicht gegen diesen Schatten kämpfen musst, stattdessen ihn anerkennen und verstehen kannst.

Dein Spiegelbild lächelt dir zu, und du verlässt den Raum mit einem Gefühl der Klarheit.

Notiere, was du in deinem Spiegelbild gesehen hast und welche Botschaft du bekommen hast.

Noch mehr Übungen und Reflexionsfragen

✦ Wie erkennt man Sucht und Abhängigkeit?

Abhängigkeiten sind nicht nur auf Substanzen wie Alkohol, Nikotin oder Drogen beschränkt. Sie können sich auch in Verhaltensweisen äußern, z. B. Sucht nach Anerkennung, Social-Media-Konsum oder ungesunden Beziehungen. Hier sind ein paar Fragen, die du dir stellen kannst, um herauszufinden, ob du ein ungesundes Muster entwickelt hast:

- Denkst du ständig daran oder fällt es dir schwer, dich auf andere Dinge zu konzentrieren?
- Nutzt du dieses Verhalten, um unangenehme Gefühle wie Stress, Angst oder Einsamkeit zu verdrängen?
- Beeinträchtigt es deinen Alltag, deine Beziehungen oder deine Gesundheit?
- Hast du Schwierigkeiten, es zu reduzieren oder damit aufzuhören, obwohl du es dir vornimmst? Fühlst du dich unruhig oder gereizt, wenn du darauf verzichten musst?
- Spürst du, dass du die Kontrolle verlierst und es nicht mehr bewusst steuern kannst?
- Machst du dir Ausreden oder rechtfertigst dein Verhalten vor anderen oder dir selbst.
- Hast du es schon einmal verheimlicht oder dich dafür geschämt?

Wenn du einige dieser Fragen mit „Ja" beantwortest, kann es hilfreich sein, dein Verhalten bewusster zu reflektieren und mögliche Alternativen zu suchen. Manchmal kann es auch sinnvoll sein, professionelle Unterstützung in Betracht zu ziehen.

✦ Erkenne deine Schatten

Wahre Freiheit entsteht nicht durch äußere Umstände, sondern durch innere Erkenntnis. Erst wenn wir verstehen, welche Muster und Überzeugungen uns einschränken, können wir aktiv unsere Realität verändern. Sobald du beginnst, deine inneren Blockaden zu hinterfragen, öffnest du den Raum für neue Möglichkeiten.

- Wo in deinem Leben fühlst du dich begrenzt? Ist diese Einschränkung tatsächlich real oder eine selbst erschaffene Grenze?
- Welche Gedanken oder Befürchtungen hindern dich daran, dein volles Potenzial zu entfalten?

✦ Affirmationen für Freiheit von Kontrolle

Schreibe drei Affirmationen, die dir helfen, dich bewusst von alten Fesseln zu befreien.
Beispiel: "Ich löse mich von Illusionen und erkenne meine wahre innere Macht."
"Ich erkenne meine Schatten und nutze sie als Quelle der Stärke und Erkenntnis."
"Ich bin frei, meine eigenen Entscheidungen zu treffen und mich von allem zu lösen, was mir nicht mehr dient."

Der Teufel

Die Karte "Der Teufel" offenbart, dass unsere größten Begrenzungen oft selbst erschaffen sind. Sie erinnert uns daran, dass wir uns durch Ängste, Zweifel oder Abhängigkeiten gefangen fühlen können, obwohl der Schlüssel zur Befreiung in uns selbst liegt. Diese Karte fordert uns auf, bewusst hinzusehen: Wo halten wir an ungesunden Mustern fest? Welche Illusionen nähren unsere Unsicherheit? Und wie können wir uns von diesen inneren Fesseln lösen?

Indem wir uns dieser Dynamik stellen, erkennen wir, dass wahre Freiheit nicht darin liegt, Kontrolle über äußere Umstände zu gewinnen, sondern darin, uns selbst nicht länger im Weg zu stehen. Die wichtigste Lehre des Teufels ist, dass wir immer eine Wahl haben, selbst wenn es so scheint, als wären wir gefangen. Erst wenn wir Verantwortung für unser Denken und Handeln übernehmen, können wir uns bewusst für Wachstum, Veränderung und Selbstbestimmung entscheiden.

Schreibe abschließend deine Gedanken und Erkenntnisse auf, die du aus der Arbeit mit der Karte des Teufels gewonnen hast, und wie du sie in deinem Leben anwenden möchtest.

16 Der Turm

16 Der Turm

Die Reise des Narren und die Lehren des Turms

In einem Moment auf seiner Reise, in dem sich der Narr vielleicht zu sicher fühlte, stößt er auf den Turm. Er hatte sich in scheinbar festen Strukturen eingerichtet, in Überzeugungen, die unerschütterlich schienen. Doch der Turm zeigt ihm, dass Sicherheit oft eine Illusion ist und dass wahre Erkenntnis nicht selten durch plötzliche Erschütterungen und Krisen entsteht. Die Mauern, die er um sich gebaut hat, brechen ein, und mit ihnen fällt alles, was ihn in falscher Sicherheit gewiegt hat.

Die Lektion des Turms ist, dass Veränderungen unvermeidlich sind. Widerstand gegen den Wandel führt nur zu mehr Schmerz. Der Narr muss lernen, sich dem Prozess hinzugeben und zu erkennen, dass Zerstörung nicht das endgültige Ende bedeutet, sondern vielmehr den Beginn eines echten Neubeginns. Erst wenn das Alte zerbricht, kann Raum für etwas Neues entstehen.

Die Lehren des Turms

- **Erkenne Illusionen:** Manches, was unerschütterlich schien, war vielleicht nie wirklich stabil.
- **Akzeptiere Veränderungen:** Widerstand gegen den Wandel führt zu mehr Leid. Je mehr du dich gegen das Unvermeidliche wehrst, desto schmerzhafter wird der Prozess.
- **Lass das Alte los:** Nur wenn alte Strukturen fallen, kann eine neue, stärkere Basis entstehen.
- **Vertraue auf den Neuanfang:** Auch wenn der Moment schmerzhaft ist, führt er zu Wachstum und tieferer Erkenntnis.

Der Turm lehrt den Narren, sich nicht vor Umbrüchen zu fürchten. Er erkennt, dass selbst die heftigsten Erschütterungen einen Sinn haben und dass das, was zerstört wird, oft nicht mehr seinem wahren Weg dient. Mit dieser Erkenntnis zieht er weiter, nicht mehr ängstlich vor dem Chaos, sondern mit dem Bewusstsein, dass jeder Zusammenbruch auch eine Chance für etwas Größeres birgt.

Symbolik der Karte "Der Turm"

✳ **Der einstürzende Turm** steht für eine scheinbar stabile Struktur, die jedoch auf falschen Grundlagen erbaut wurde. Sein plötzlicher Einsturz zeigt, dass etwas, das lange als sicher galt, nicht mehr haltbar ist. Dies kann äußere Lebensumstände betreffen, wie einen Jobverlust oder das Ende einer Beziehung, aber auch tief verwurzelte Überzeugungen, die sich als Illusion entpuppen. Was einst als festes Fundament erschien, zeigt nun seine Risse, und der Zusammenbruch ist unausweichlich.

✳ **Die Explosion** ist ein kraftvolles Symbol für plötzliche, oft unkontrollierbare Veränderungen. Sie reißt bestehende Strukturen nieder, abrupt und unerwartet, und steht für die unaufhaltsame Kraft des Wandels. In der Symbolik des Turms zeigt sie den Moment, in dem eine Illusion oder eine falsche Sicherheit zusammenbricht. Doch neben der Zerstörung steht die Explosion auch für Reinigung und Transformation. Sie kann für unterdrückte Emotionen stehen, die sich plötzlich entladen, sei es in Wut, Angst oder einem tiefen inneren Umbruch. Nach dem Chaos bleibt oft nichts als Trümmer zurück, doch genau in diesem Moment entsteht auch Raum für Neues. Feuer, als Element der Zerstörung, ist gleichzeitig ein Element der Erneuerung. Es verbrennt das Alte, um Platz für Wachstum zu schaffen.

✳ **Die fallenden Figuren,** die aus dem Turm stürzen, symbolisieren den plötzlichen Verlust der Kontrolle. In vielen Darstellungen des Turms sieht man Menschen, die aus dem brennenden Gebäude geschleudert werden. Das ist ein Sinnbild für den Moment, in dem wir erkennen, dass wir nicht mehr an alten Strukturen festhalten können. Der Fall mag beängstigend wirken, doch er ist auch eine Befreiung aus einem Gefängnis, das uns möglicherweise schon lange eingeschränkt hat.

✳ **Die Figuren im Inneren des Turms** sind diejenigen, die den Einsturz entweder nicht wahrnehmen oder sich weigern, ihn anzuerkennen. Sie stehen für Menschen, die trotz offensichtlicher Veränderungen an alten Überzeugungen festhalten oder Angst vor dem Unbekannten haben. Doch Veränderung lässt sich nicht aufhalten. Wer sich der Veränderung entgegenstellt, wird nur umso heftiger davon erfasst.

✳ **Die Menschen am Boden,** die versuchen, die Trümmer aufzufangen, symbolisieren den Widerstand gegen das Unvermeidliche. Der Wunsch, etwas zu bewahren, das bereits gefallen ist, führt oft zu weiterem Schmerz. Der Turm lehrt uns, dass das Festhalten an Vergangenem, das Leid nur verlängert. Erst wenn wir akzeptieren, dass das Alte zerbricht, können wir den Blick nach vorne richten und erkennen, dass Zerstörung nicht das Ende, sondern der Anfang von etwas Neuem ist.

Symbolik der Karte "Der Turm"

Vergleich mit dem ursprünglichen Rider-Waite-Tarot

✦ **Der Blitz vs. die Explosion:** In der klassischen Rider-Waite-Tarotkarte trifft ein einzelner Blitz den Turm und setzt dessen Einsturz in Gang. Der Blitz symbolisiert eine plötzliche Erkenntnis, eine unerwartete Offenbarung oder das Eingreifen einer höheren Macht, die alles, was einst sicher schien, ins Wanken bringt. Er steht für radikales Erwachen, einen Moment der Klarheit, der das Alte sofort und unwiderruflich zerstört. Der Blitz schlägt von oben ein und zeigt damit, dass die Erschütterung oft von außen oder durch eine unvorhergesehene Einsicht kommt.

In der Interpretation in diesem Buch ist es jedoch keine einzelne Blitzentladung, sondern eine gewaltige Explosion, die den Turm auseinanderreißt. Dies verändert die Bedeutung subtil, aber entscheidend. Die Zerstörung geschieht nicht durch eine plötzliche Eingebung oder eine göttliche Intervention, sondern als das Ergebnis eines lange unterdrückten, innerlich brodelnden Prozesses. Die Explosion zeigt, dass sich Druck, ungelöste Konflikte und aufgestaute Emotionen über eine gewisse Zeit hinweg angesammelt haben, bis sie sich nicht mehr zurückhalten lassen.

Während die Rider-Waite-Version darauf hindeutet, dass eine plötzliche Offenbarung das Leben erschüttert, legt diese Darstellung nahe, dass es oft das langfristige Ignorieren von Problemen ist, das schließlich zum unausweichlichen Kollaps führt.

✦ **Die fallenden Menschen:** Ein zentrales Element der Rider-Waite-Darstellung sind zwei Figuren, eine mit Krone und eine ohne, die aus dem Turm stürzen. Sie sind machtlos gegenüber dem Sturz, gezwungen, sich dem Chaos hinzugeben. Dies symbolisiert den Verlust von Status, Selbstbild oder Kontrolle über das eigene Leben. Besonders die Krone, die dabei fällt, steht für den Zusammenbruch von Stolz, Ego oder einer falschen Vorstellung von Macht.

In der alternativen Interpretation dieses Buches sind ebenfalls Menschen zu sehen, die aus dem Turm fallen, doch einige klammern sich verzweifelt an das einstürzende Gebäude oder versuchen sogar, die Trümmer aufzufangen. Dies fügt eine neue Dimension hinzu. Es zeigt, wie schwer es manchen Menschen fällt, Veränderungen zu akzeptieren. Während die Rider-Waite-Version eine vollständige Kapitulation vor dem Wandel zeigt, deutet diese Darstellung darauf hin, dass Widerstand gegen das Unvermeidliche zusätzlichen Schmerz verursacht. Manche halten an der Illusion fest, dass sie das Alte bewahren können, selbst wenn alles bereits zerbricht.

Beide Interpretationen zeigen, dass der Turm ein Symbol für radikalen Wandel ist. Doch während die klassische Darstellung den plötzlichen Schlag des Schicksals betont, erinnert die moderne Version daran, dass Krisen oft das Ergebnis eines zu lange ignorierten Problems sind. Der Schlüssel liegt in der Akzeptanz. Wer sich nicht gegen den Wandel sträubt, kann gestärkt aus der Zerstörung hervorgehen.

Symbolik der Karte "Der Turm"

Suche dir aus jedem beliebigen Tarot-Kartendeck die Karte des Turms und betrachte die Karte genau. Welche Elemente springen dir als erstes ins Auge? Welche Symbole ziehen dich besonders an? Was könnten diese Symbole für dich persönlich bedeuten?

Die Symbole der Karte "Der Turm"

Symbole interpretieren

1 Der einstürzende Turm symbolisiert plötzliche Umbrüche, die bestehende Strukturen auflösen, um Platz für Neues zu schaffen.
Welche Strukturen in deinem Leben könnten wanken oder unhaltbar sein?
Welche Angst hast du davor, dass etwas in deinem Leben zusammenbricht?

Der einstürzende Turm

2 Die Explosion stellt eine plötzliche Erkenntnis oder ein unerwartetes Ereignis dar, das alles in Bewegung setzt. Gab es in deinem Leben Momente, in denen eine unerwartete Wahrheit deine Sichtweise verändert hat?
Wie gehst du mit unerwarteten Veränderungen um?

Die Explosion

3 Die fallenden Menschen symbolisieren das Loslassen, den Verlust von Kontrolle und den Fall ins Unbekannte.
Wo hältst du noch an Dingen fest, obwohl du längst loslassen solltest?
Wie kannst du mehr Vertrauen in das Unbekannte entwickeln?

Die fallenden Menschen

Symbolik der Karte "Der Turm"

Wenn du ein zusätzliches Symbol auf die Karte setzen könntest, welches wäre das? Warum würdest du es wählen, und was würde es repräsentieren?

Dein eigenes Symbol

Eigenschaften der Karte "Der Turm"

Positive Eigenschaften:

- Plötzliche Erkenntnisse
- Erneuerung
- Wahrheit
- Befreiung
- Transformation

Weitere positive Eigenschaften

Negative Eigenschaften:

- Erschütterung
- Plötzlicher Kontrollverlust
- Angst
- Zerstörung
- Schmerz
- Krisengefühl

Weitere negative Eigenschaften

Botschaften der Karte "Der Turm"

Zerstörung ist oft der Beginn von etwas Neuem.

Viele unserer Überzeugungen, Beziehungen oder Lebenswege erscheinen uns stabil, doch manchmal stehen sie auf wackeligen Fundamenten. Wenn sie plötzlich zusammenbrechen, empfinden wir Angst, Schmerz und Unsicherheit. Doch genau dieser Umbruch schafft Raum für Neues. Oft sind es festgefahrene Muster oder Selbsttäuschungen, die nur durch eine radikale Erschütterung aufgebrochen werden können, um wahres Wachstum zu ermöglichen.

Das Leben nimmt uns nichts, ohne uns etwas Neues zu geben.

Manchmal fühlen wir uns vom Schicksal herausgefordert. Wir verlieren einen Job, eine Beziehung endet oder eine vertraute Sicherheit bricht weg. In solchen Momenten scheint es, als würde uns der Boden unter den Füßen entzogen. Doch das Universum arbeitet oft in Wegen, die wir nicht sofort erkennen. Der Turm erinnert uns daran, dass jedes Ende Platz für einen Neubeginn schafft.

Je stärker du festhältst, desto schmerzhafter wird der Wandel.

Der Turm zeigt uns, dass Widerstand gegen das Unvermeidliche oft mehr Leid verursacht als die Veränderung selbst. Wir klammern uns an Vorstellungen von uns selbst, an Beziehungen oder an Lebensumstände, die uns vermeintliche Sicherheit geben und ignorieren dabei oft, dass sie uns längst nicht mehr dienen. Doch wenn der Umbruch kommt, bleibt uns nichts anderes übrig, als loszulassen. Statt gegen den Wandel zu kämpfen, können wir lernen, ihm mit Vertrauen zu begegnen und ihn als Chance zu begreifen, uns neu auszurichten.

Es gibt keine Sicherheit außer in dir selbst.

Der Turm offenbart, dass äußere Sicherheiten trügerisch sein können. Alles, was wir als selbstverständlich betrachten, kann sich von einem Moment auf den anderen verändern. Doch was bleibt, wenn alles Äußere zerfällt? Unser innerer Kern, unsere Widerstandskraft und unsere Fähigkeit, uns neuen Situationen anzupassen. Wer in sich selbst Stabilität findet, kann selbst in den größten Stürmen festen Boden unter den Füßen behalten.

Zerstörung ist die Mutter der Erneuerung.

Viele Kulturen und spirituelle Lehren betonen, dass das Alte vergehen muss, damit Neues entstehen kann. Auch in unserem Leben kann ein Zusammenbruch eine Möglichkeit sein, uns neu zu orientieren. Jede Krise birgt eine Einladung, unser Leben bewusster und authentischer zu gestalten. Wer bereit ist, aus dem Chaos neue Strukturen zu schaffen, wird erkennen, dass jeder Zusammenbruch eine Chance für einen kraftvollen Neuanfang ist.

Reflexion zur Botschaft des Turms

★ Akzeptanz von Veränderungen

Veränderungen, besonders die tiefgreifenden, prägen uns oft auf unerwartete Weisen. Sie zwingen uns, uns mit uns selbst auseinanderzusetzen, neue Perspektiven einzunehmen und unsere Komfortzone zu verlassen. Welche Veränderungen haben dich in deinem Leben am meisten geprägt? Wie hast du dich nach einer großen Veränderung weiterentwickelt?

Schreibe einen Brief an dein Zukunfts-Ich, in dem du erklärst, dass du Veränderungen annehmen wirst und die darin liegenden Chancen wahrnehmen möchtest, um daran zu wachsen.

★ Loslassen alter Strukturen

Welche alten Überzeugungen oder Muster behindern dein Wachstum? Sind es Bequemlichkeit, alte Gewohnheiten oder Ignoranz? Oder ist es die Angst vor dem Unbekannten oder Veränderungen? Notiere deine persönlichen Vermutungen.

Was hält dich davon ab, Dinge loszulassen, die dir nicht mehr dienlich sind? Mache eine Liste von Überzeugungen, Gewohnheiten oder Dingen, die du loslassen möchtest, und schreibe auf, warum du daran noch festhältst.

★ Vertrauen in den Neuanfang

Wie kannst du darauf vertrauen, dass alles, was zusammenbricht, Platz für etwas Besseres macht? Welche positiven Erfahrungen hast du nach einer schweren Phase gemacht, die dein Vertrauen bestärken können? Welche innere Haltung oder welche konkreten Schritte könnten dir helfen?

Denke an eine überraschende Veränderung, die dir zuerst Angst gemacht hat, sich im Nachhinein aber als Segen erwiesen hat, und schreibe auf, was du daraus gelernt hast.

Reflexion zur Botschaft des Turms

✱ Dein innerer Anker

In Zeiten des Umbruchs zeigt sich, wie trügerisch äußere Sicherheiten sein können. Der Turm erinnert uns daran, dass wahre Stabilität nicht im Außen zu finden ist, sondern in uns selbst. Diese Übung lädt dich ein, deinem inneren Anker auf die Spur zu kommen, jenem Teil in dir, der auch dann bestehen bleibt, wenn alles um dich herum in Bewegung gerät. Überlege dir:

- Drei Eigenschaften oder Erfahrungen in dir, die dich innerlich stärken und sicher machen und auf die du immer wieder zurückgreifen kannst. (z. B. Mut, Empathie, Kreativität, dein Glaube oder innere Ruhe)
- Drei Dinge, die dich im Außen stützen – und wie du dich fühlen würdest, wenn sie plötzlich wegfielen.
- Eine Erinnerung, in der du durch eine Krise gegangen bist und daraus gestärkt hervorgingst. Was hast du damals in dir entdeckt?

✱ Veränderung als Chance sehen

Wie kannst du lernen, Veränderungen als Chance zu sehen, anstatt dich gegen sie zu wehren?

- Ein erster Schritt ist es, bewusst innezuhalten und zu reflektieren. Welche neuen Türen könnten sich durch diesen Umbruch öffnen? Welche Fähigkeiten oder Stärken könntest du in dieser Situation entwickeln? Vielleicht ist es eine Gelegenheit, dich neu zu entdecken, deine Prioritäten zu überdenken oder dich von Dingen zu lösen, die dir nicht mehr dienen.
- Schreibe eine aktuelle Herausforderung auf, die dich beschäftigt. Welche positiven Chancen könnten sich daraus ergeben? Gibt es einen Bereich in deinem Leben, der durch diese Veränderung möglicherweise verbessert wird? Indem du deinen Fokus darauf richtest, wie du wachsen kannst, statt auf das, was du verlierst, kannst du lernen, Veränderungen mit mehr Vertrauen anzunehmen.

✱ Befreiung durch den Umbruch vs. Widerstand gegen den Wandel

Umbrüche im Leben sind oft herausfordernd, da sie unsere gewohnten Strukturen und Sicherheiten infrage stellen. Wie reagierst du auf plötzliche Veränderungen? Fühlst du dich gestresst, ängstlich oder offen für Neues? Was könntest du tun, um mit neuen Situationen und unerwarteten Veränderungen gelassener umzugehen?

Wenn wir uns mit aller Kraft gegen Veränderungen wehren, kann das mehr Schaden anrichten, als die Veränderung selbst. Gibt es eine Veränderung in deinem Leben, gegen die du dich sträubst, obwohl du insgeheim weißt, dass sie nötig ist?

Kreative Aufgaben "Der Turm"

 Zeichne deinen persönlichen Turm des Umbruch

Der Turm steht für plötzliche Umbrüche und Veränderungen, gibt dir aber gleichzeitig die Chance für einen Neuanfang.

- Zeichne einen Turm als Symbol einer alten Struktur in deinem Leben. Was repräsentiert er für dich? Eine alte Überzeugung? Ein zerfallendes System oder eine Illusion?
- Dann lass den Turm einstürzen. Zeichne Blitze, die ihn treffen, Steine, die herabfallen oder Feuer, das ihn umhüllt. Welche Teile zerbrechen zuerst? Was bleibt stabil?
- Zeichne dann den Neuanfang nach dem Einsturz. Was bleibt erhalten, was kommt neu?

 Dein Tagebuch des Umbruchs

Führe ein Tagebuch über Momente, in denen du eine Veränderung als unangenehm oder herausfordernd empfindest. Indem du diese Reflexion in dein Leben integrierst, kannst du beginnen, Wandel als natürlichen Prozess zu akzeptieren.

- Was bringt die Veränderung mit sich? Ist es ein Verlust oder eine unerwartete Chance?
- Was macht dir in diesem Moment Angst?
- Wie fühlt sich der „Blitzschlag" an? Ist es ein plötzlicher Schock oder eine Erkenntnis?
- Was könntest du tun, um mit der neuen Situation besser umzugehen?
- Hast du später verstanden, warum es geschehen musste? Hat die Veränderung langfristig etwas Positives bewirkt, das du in dem Moment nicht sehen konntest?

 Deine Botschaft des Turms

Meditiere über die Karte des Turms. Du stehst an einem Fenster hoch oben in deinem Turm. Schau dich um: Was befindet sich in diesem Turm? Fühlt sich der Turm sicher an oder eng und starr?

Plötzlich schlägt ein Blitz ein. Der Boden beginnt zu beben, Wände brechen auf. Du fühlst plötzlich, wie du fällst, aber anstatt Angst zu haben, spürst du eine Erleichterung, weil die Enge des Turms nicht mehr da ist.

Bevor du auf den Boden prallst, öffnet sich plötzlich eine sanfte Lichtwelle, die dich auffängt. Du landest sanft in einer malerischen und unberührten Landschaft. Genieße den Moment und bleib einfach noch ein bisschen liegen. Welche Gefühle und Gedanken kommen in dir hoch?

Noch mehr Übungen und Reflexionsfragen

☆• Krisenmanagement

Viele Krisen entstehen, weil wir an etwas festhalten, das sich verändert oder nicht mehr in unser Leben passt. Anstatt zu versuchen, alles unter Kontrolle zu halten, kannst du dich fragen, was liegt in deiner Macht und was nicht? Welche Aspekte in einer aktuellen Krise kannst du beeinflussen, und wo musst du loslassen?

Mache eine Zwei-Spalten-Liste:

- Links notierst du Dinge, die du ändern kannst und rechts, die Dinge, die außerhalb deiner Kontrolle liegen.
- Konzentriere dich dann darauf, was du aktiv tun kannst.

☆• ..und was lernen wir daraus?

Jede Herausforderung, jeder Umbruch in unserem Leben trägt eine Lektion in sich, selbst wenn wir sie im Moment noch nicht erkennen können. Die wichtigste Frage ist nicht „Warum passiert mir das?", sondern „Was kann ich daraus lernen?".

Welche vergangene Krise hat dich besonders geprägt? Welche inneren Stärken oder neuen Perspektiven haben sich aus dieser Situation ergeben?

Schreibe einen Brief aus der Perspektive deines zukünftigen Ichs an dein heutiges Ich. Stelle dir vor, du hast eine aktuelle Krise oder einen momentan schwierigen Umbruch bereits überstanden und bist gestärkt daraus hervorgegangen.

- Welche Worte des Trostes, der Ermutigung oder der Weisheit würdest du dir selbst geben? Was würdest du aus heutiger Sicht gerne wissen?
- Wenn du die Krise aus der Sicht deines zukünftigen Ichs betrachtest, welche Erkenntnisse würdest du daraus ziehen?
- Wie würde eine weise, erfahrene Version von dir auf diese Situation zurückblicken?
- Was würdest du deinem jetzigen Ich raten, wenn du bereits wüsstest, dass diese Krise zu deinem Wachstum beiträgt?

Lies den Brief laut vor und spüre, ob sich dadurch deine Einstellung zur aktuellen Herausforderung verändert.

⭐ Affirmationen für mehr Leichtigkeit im Wandel

Schreibe drei Affirmationen, die dir helfen, dein Vertrauen in Veränderungen zu stärken.
Beispiel: "Ich vertraue darauf, dass jeder Umbruch mich zu etwas Besserem führt."
"Ich lasse los, was mir nicht mehr dient, und öffne mich für neue Möglichkeiten."
"Ich bin stärker als jede Herausforderung, denn aus jeder Krise erwachse ich weiser und kraftvoller."

Der Turm

Die Karte „Der Turm" steht für plötzliche Umbrüche, unerwartete Veränderungen und das Einstürzen alter Strukturen. Sie zeigt, dass Krisen nicht nur Chaos mit sich bringen, sondern auch die Chance bieten, uns von überholten Mustern zu lösen. Widerstand gegen den Wandel verstärkt das Leid, während Akzeptanz den Weg für Neues öffnet. Der Turm erinnert uns daran, dass nichts für immer Bestand hat und dass wir loslassen müssen, um Raum für Wachstum zu schaffen. Auch wenn der Einsturz schmerzhaft ist, kann er der Beginn einer stärkeren, authentischeren Basis sein, wenn wir bereit sind, ihn anzunehmen.

Schreibe abschließend deine Gedanken und Erkenntnisse auf, die du aus der Arbeit mit der Karte des Turms gewonnen hast, und wie du sie in deinem Leben anwenden möchtest.

17 Der Stern

17 Der Stern

Die Reise des Narren und die Lehren des Sterns

Nachdem der Narr durch die tiefgreifenden Prüfungen des Teufels und den radikalen Zusammenbruch des Turms gegangen ist, tritt er nun in eine Phase der Heilung, Klarheit und Hoffnung ein. Der Stern leuchtet als Zeichen des Neubeginns und erinnert ihn daran, dass nach Zeiten des Chaos immer eine neue Ordnung entsteht. Diese Karte ist die sanfte Hand des Universums, die ihn ermutigt, Vertrauen zu entwickeln und sich dem natürlichen Fluss des Lebens hinzugeben. Sie lehrt ihn, dass jede Seele heilen kann und dass Wunder geschehen, wenn wir sie nur zulassen.

Die Lehren des Sterns

- **Hoffnung entsteht nicht im Licht, sondern im Schatten:** Der Stern zeigt dem Narren, dass er das Licht nicht finden muss, aber bereit sein, es wieder zu sehen. Auch nach Enttäuschung oder Verlust kann etwas Neues, Reines entstehen.
- **Dein Licht ist auch für andere sichtbar:** Der Narr erkennt, dass wenn er sein Herz offen hält, nicht nur er selbst geleitet wird, er wird auch zum Licht für andere.
- **Verbindung mit dem Universum:** Er lernt, dass er stets geführt wird und dass das Leben ihm Zeichen und Hinweise gibt, die ihn, wenn er ihnen Beachtung schenkt, sanft in die richtige Richtung leiten.
- **Innere Heilung zulassen:** Der Narr versteht, dass er nicht kämpfen muss, um Heilung zu erfahren, sondern dass wahre Heilung geschieht, wenn er loslässt und sich dem Leben anvertraut. Nach den schwierigen Zeiten kann er nun Frieden finden und sich auf das Licht konzentrieren, das ihn leitet.
- **Empfänglichkeit ist eine Kraft:** Der Stern lehrt, dass Empfangen keine Schwäche ist. Offenheit, Hingabe und innerer Frieden sind Kräfte, die dich für Wunder bereit machen.

Der Stern hebt den Narren auf eine neue Bewusstseinsebene. Er versteht nun, dass er auf seiner Reise nie wirklich allein war. Diese Karte symbolisiert Erwachen, spirituelle Klarheit und die Gewissheit, dass das Universum uns trägt. In jedem von uns brennt ein Licht, das selbst in den dunkelsten Momenten niemals erlischt.

Symbolik der Karte "Der Stern"

✳ **Der Stern** repräsentiert Hoffnung, göttliche Führung und innere Erleuchtung. Nach Zeiten der Unsicherheit und des Zweifels bringt er Klarheit und Licht auf unseren Weg. Er ermutigt uns, Vertrauen zu haben und offen für neue Inspirationen zu bleiben und zeigt, dass das Leben weitergeht, selbst nach schweren Krisen oder Umbrüchen. Der Stern symbolisiert auch das höhere Bewusstsein oder den göttlichen Funken in uns, der uns den richtigen Weg weist. Er kann als Zeichen für spirituelle Führung verstanden werden, als ob das Universum uns eine Botschaft sendet.

✳ **Das fließende Wasser:** Ein zentrales Symbol dieser Karte ist das Wasser, das aus den Händen der Hauptfigur fließt. Es repräsentiert den Fluss des Lebens, emotionale Reinigung und die natürliche Energiezirkulation. Das bewusste Gießen des Wassers zeigt, dass sie sich dem Strom des Lebens hingibt, anstatt gegen ihn anzukämpfen. Dies lehrt uns, dass wahres Wachstum und innere Heilung dann geschehen, wenn wir loslassen und uns dem natürlichen Rhythmus des Lebens anvertrauen.
Das Wasser fließt aus ihren Händen. Dies ist ein Hinweis darauf, dass unsere Emotionen nicht nur unser Inneres formen, sondern auch unsere äußere Realität beeinflussen. Wir sind Teil eines kontinuierlichen Kreislaufs von Geben und Nehmen, in dem jede Handlung und jede Emotion eine Wirkung entfaltet. Die Verbindung von Wasser und Erde zeigt, dass emotionale und spirituelle Energien nicht isoliert existieren, sondern in unser tägliches Leben integriert werden müssen, um wahre Harmonie zu erreichen.

✳ **Die Wassertropfen am Himmel** verstärken das Bild der Reinigung und Erneuerung. Sie stehen für den ewigen Lebensfluss und erinnern daran, dass alles in einem harmonischen Kreislauf miteinander verbunden ist. Diese Tropfen symbolisieren die Möglichkeit, alte Belastungen, negative Gedanken und Emotionen loszulassen, um Raum für Klarheit und neues Wachstum zu schaffen.
Sie können auch als Zeichen göttlichen Segens gesehen werden und eine sanfte Erinnerung daran, dass das Universum uns unterstützt und uns immer wieder Hinweise gibt, die uns den Weg weisen. Die Sternkarte lädt uns dazu ein, auf diese subtilen Zeichen zu achten und mit offenem Herzen zu empfangen, was das Leben uns schenken möchte.

✳ **Das gemusterte Kleid** symbolisiert Wachstum, Transformation und die Einzigartigkeit jedes Menschen. Die Muster stehen für die spirituelle Weisheit, die wir aus unseren Erfahrungen gewinnen, und für die Verbindung zwischen Himmel und Erde. Es erinnert uns daran, dass unser Leben ein wunderschön verwobenes Muster aus Erlebnissen, Erkenntnissen und persönlicher Entwicklung ist.

Symbolik der Karte "Der Stern"

Vergleich mit dem ursprünglichen Rider-Waite-Tarot

✦ **Nacktheit vs. gemustertes Gewand:** In der Rider-Waite-Darstellung ist die Frau nackt. Dies ist ein starkes Symbol für Offenheit, Verletzlichkeit und Wahrhaftigkeit. Ihre Nacktheit zeigt, dass sie sich nicht versteckt, sondern in völliger Harmonie mit sich selbst und ihrer Umgebung ist. Sie steht für ein Wesen, das sich von äußeren Zwängen und Illusionen befreit hat und mit bedingungslosem Vertrauen in den Fluss des Lebens eintaucht.

In der modernen Interpretation in diesem Buch trägt die Frau jedoch ein gemustertes Gewand, das mit floralen und natürlichen Elementen durchzogen ist. Während Nacktheit für die völlige Aufgabe von Schutzmechanismen steht, deutet das Gewand darauf hin, dass spirituelle Erkenntnis auch durch bewusste Verbindung zur Natur, zu Weisheit und kulturellem Erbe entstehen kann.

✦ **Der Stern als Leuchtpunkt:** In der Rider-Waite-Version dominiert ein großer zentraler Stern, umgeben von sieben kleineren Sternen. Diese stehen für die sieben Chakren, was auf die Bedeutung innerer Harmonie und energetischen Ausgleichs hinweist. Die Karte vermittelt, dass spirituelle Erleuchtung und Heilung durch innere Balance und Selbstkenntnis erreicht werden.

In der alternativen Darstellung ist der Stern nicht nur sichtbar, sondern scheint fast greifbar, als ob er eine direkte Verbindung zur Figur hätte. Statt nach Führung im Außen zu suchen, betont diese Version, dass die wahre Quelle der Orientierung in uns selbst liegt. Unsere Intuition und unser inneres Licht sind die Wegweiser, die uns durch Unsicherheiten leiten. Während die Rider-Waite-Version eine universelle kosmische Ordnung andeutet, zeigt die moderne Interpretation, dass jeder Mensch sein eigener leuchtender Stern sein kann, der die Dunkelheit durchdringt.

✦ **Zwei Krüge vs. Hände:** Eines der zentralen Elemente der Rider-Waite-Karte ist die Frau, die Wasser aus zwei Krügen, einen auf das Land, den anderen in das Wasser, gießt. Dies repräsentiert das Gleichgewicht zwischen der inneren und äußeren Welt, zwischen Geist und Materie. Es verdeutlicht, dass spirituelles Wachstum nicht nur darin besteht, zu empfangen, sondern auch bewusst weiterzugeben.

In der alternativen Interpretation im Buch fließt das Wasser direkt aus den Händen der Figur, als ob sie selbst die Quelle der Energie wäre. Dies verändert die Symbolik auf fundamentale Weise. Während die Rider-Waite-Karte eine Verbindung zwischen Kosmos und Erde darstellt, zeigt die moderne Version, dass wir nicht nur Kanäle für Energie, sondern selbst schöpferische Wesen sind. Diese Darstellung unterstreicht, dass wir unsere Realität aktiv mitgestalten und nicht nur passiv auf Inspiration oder Führung warten müssen.

Symbolik der Karte "Der Stern"

Suche dir aus jedem beliebigen Tarot-Kartendeck die Karte des Sterns und betrachte die Karte genau. Welche Elemente springen dir als erstes ins Auge? Welche Symbole ziehen dich besonders an? Was könnten diese Symbole für dich persönlich bedeuten?

Die Symbole der Karte "Der Stern"

Symbole interpretieren

1 Das fließende Wasser symbolisiert den natürlichen Lauf des Lebens, emotionale Reinigung und das Loslassen von alten Belastungen.
Welche Emotionen oder Überzeugungen halten dich fest, die dich daran hindern, dich weiterzuentwickeln?

Das fließende Wasser

2 Der große Stern symbolisiert Hoffnung, Inspiration und göttliche Führung.
Wo in deinem Leben suchst du nach Orientierung oder Klarheit?
Wie kannst du lernen, mehr auf deine innere Führung zu vertrauen, anstatt auf äußere Zeichen zu warten?

Der Stern

3 Die Muster und Blumen auf der Karte stehen für Wachstum, Heilung und Erneuerung.
Wie kannst du dich selbst nähren, um deine persönliche Entwicklung zu fördern?
Welche Lebensbereiche brauchen gerade mehr Pflege und Aufmerksamkeit, um zu wachsen?

Die Blumen im Haar und die naturnahen Muster

Symbolik der Karte "Der Stern"

Wenn du ein zusätzliches Symbol auf die Karte setzen könntest, welches wäre das? Warum würdest du es wählen, und was würde es repräsentieren?

Dein eigenes Symbol

Eigenschaften der Karte "Der Stern"

Positive Eigenschaften:

- Hoffnung und Zuversicht
- Heilung und Erneuerung
- Klarheit und innere Führung
- Offenheit für Inspiration
- Verbindung mit der eigenen Spiritualität

Weitere positive Eigenschaften

Negative Eigenschaften:

- Illusionen
- Unrealistische Erwartungen
- Naivität
- Blinder Optimismus
- Mangel an Bodenständigkeit
- Übermäßiges Vertrauen ins Universum ohne selber zu Handeln

Weitere negative Eigenschaften

Botschaften der Karte "Der Stern"

Dein inneres Licht leuchtet auch in dunklen Zeiten.

Der Stern ist ein Symbol für Hoffnung und Führung. Selbst wenn der Weg unklar erscheint, trägt jeder Mensch ein inneres Licht in sich, das ihn weiterführt. Nach schwierigen Zeiten kann es schwer sein, das Positive zu sehen, doch der Stern versichert uns, dass Licht und Hoffnung immer da sind. Die Karte ermutigt uns, nach vorne zu blicken und darauf zu vertrauen, dass sich der Weg erhellen wird, wenn wir uns ihm öffnen.

Heilung beginnt mit Vertrauen.

Der Stern steht für eine Phase der Erneuerung und inneren Heilung. Er zeigt uns, dass wir Verletzungen und Enttäuschungen hinter uns lassen können, wenn wir bereit sind, uns dem Fluss des Lebens anzuvertrauen. Heilung bedeutet nicht nur, Wunden zu schließen, sondern auch loszulassen und darauf zu vertrauen, dass alles seinen Sinn hat. Oft versuchen wir, Dinge zu erzwingen oder vergangene Erfahrungen zu kontrollieren, doch wahre Heilung geschieht erst, wenn wir akzeptieren, dass nicht alles in unserer Hand liegt.

Folge deinem Stern, denn er kennt den Weg.

Der große Stern auf der Karte symbolisiert spirituelle Führung und Inspiration. Jeder Mensch hat eine Bestimmung oder einen Seelenweg, den er beschreiten kann, und der Stern ist eine Erinnerung daran, dass wir auf dem richtigen Pfad sind. Oft zweifeln wir an uns selbst oder haben Angst, falsche Entscheidungen zu treffen, doch unser Herz weiß immer, was das Beste für uns ist. Diese Karte ermutigt uns, auf unsere Intuition zu hören und uns nicht von äußeren Ängsten oder Meinungen beeinflussen zu lassen.

Wunder geschehen, wenn du offen für sie bist.

Der Stern ist eine der magischsten Karten des Tarot und zeigt, dass das Leben oft unerwartete Geschenke bereithält. Manchmal brauchen wir nur die richtige innere Haltung, um sie zu erkennen. Hoffnung und Offenheit erschaffen die Möglichkeit für Wunder. Wenn wir erwarten, dass Gutes geschieht, erhöhen wir die Chancen, dass es tatsächlich passiert. Das Universum hält immer Überraschungen für uns bereit, doch es liegt an uns, sie zu empfangen.

Lass los und erlaube dem Leben, dich zu führen.

Wasser spielt eine zentrale Rolle auf dieser Karte und steht für den Fluss des Lebens. Der Stern lehrt uns, dass wir nicht alles kontrollieren müssen, sondern dass manchmal das Loslassen uns zur richtigen Lösung führt. Loslassen bedeutet nicht, aufzugeben, sondern darauf zu vertrauen, dass das Leben uns genau dorthin bringt, wo wir sein sollen.

Reflexion zur Botschaft des Sterns

★ Hoffnung & Zuversicht

Hoffnung bedeutet, an das größere Bild zu glauben, selbst wenn wir den Weg dorthin noch nicht erkennen können. Welche Zeichen zeigen dir, dass du auf dem richtigen Weg bist? Ist es eine unerklärliche innere Ruhe trotz Chaos oder wiederkehrende Muster und Synchronizitäten?

Zuversicht ist wie ein innerer Filter, sie lässt dich die Welt anders wahrnehmen. Was verändert sich in dir, wenn du bewusst mit Zuversicht auf das Leben blickst? Oft sind es feine Veränderungen in der Haltung, die Großes bewirken. Welche Gedanken nähren deinen Optimismus? Was kannst du tun, um bewusst eine positive Erwartungshaltung zu kultivieren?

★ Spirituelle Führung

Wann hast du dich das letzte Mal wirklich inspiriert gefühlt - durch Natur, Kunst, Musik oder Meditation? Vielleicht war es ein Moment der Klarheit, ein Gespräch, das dich tief berührt hat, oder eine plötzliche Erkenntnis, die sich wie eine innere Wahrheit angefühlt hat. Diese Momente sind Hinweise darauf, dass du mit deinem Seelenweg in Verbindung stehst.

Was gibt dir das Gefühl, mit etwas Größerem verbunden zu sein? Erlebst du manchmal Momente, in denen du spürst, dass du nicht allein bist und dass alles Sinn ergibt? Der Stern steht für die Verbindung zur Quelle, zum Kosmos, zum Vertrauen in das Leben selbst. Gibt es Rituale, die dich mit deiner inneren Führung verbinden?

★ Geistige Erneuerung

Was bedeutet für dich geistige Erneuerung? In welchen Momenten hast du das Gefühl, innerlich durchzuatmen, dich zu „reinigen" oder deine Perspektive zu klären?

Geistige Erneuerung geschieht nicht unbedingt durch große Veränderungen, sondern oft durch kleine innere Verschiebungen. Vielleicht durch Vergebung, durch das Loslassen alter Überzeugungen oder durch das bewusste Zurückkehren zur Stille. Welche Gedanken oder Glaubenssätze möchtest du „aussortieren"? Was fühlt sich in deinem Denken überholt oder schwer an?

Reflexion zur Botschaft des Sterns

✦ Braucht deine Seele Heilung?

Anzeichen dafür, dass du Heilung brauchst sind z.B. Blockaden in bestimmten Lebensbereichen, innere Unruhe, innere Leere, emotionale Reaktionen, wie Wut und Trauer oder körperliche Symptome, wie Kopfschmerzen oder Schlaflosigkeit.

- Setze dich in Ruhe hin und schreibe eine Liste mit Bereichen deines Lebens (Beziehungen, Selbstwert, Karriere, Emotionen, Körper, Spiritualität) und notiere, wie du dich in jedem Bereich fühlst.
- Wo gibt es Spannungen oder Blockaden? Wo fühlst du dich ausgeglichen?

✦ Vergebungsarbeit und Loslassen

Heilung bedeutet oft, alten Schmerz oder tief sitzenden Groll loszulassen. Nicht für die andere Person, sondern für dich selbst. Vergebung bedeutet nicht, das Geschehene gutzuheißen oder zu vergessen. Es bedeutet, dich selbst aus der emotionalen Bindung an diesen Schmerz zu lösen, damit du deinen Weg mit mehr Leichtigkeit weitergehen kannst.

Verfasse einen Brief an eine Person, die dich verletzt hat, oder an dich selbst:

- In diesem Brief darfst du alles ausdrücken, was in dir aufgestaut ist: Enttäuschung, Wut, Traurigkeit oder unerfüllte Erwartungen. Schreibe, ohne dich selbst zu zensieren. Welche Worte hast du dir vielleicht nie erlaubt auszusprechen?
- Du musst diesen Brief nicht absenden. Er ist nur für dich, als eine Möglichkeit, deine Gefühle bewusst wahrzunehmen und auszusprechen.
- Am Ende des Briefes kannst du entscheiden: Willst du ihn aufbewahren, verbrennen oder symbolisch loslassen?

✦ Vertrauen in den Lebensfluss vs. Passivität oder Trägheit

Schreibe auf ein Blatt Papier eine Situation auf, die du gerne kontrollieren würdest, die aber außerhalb deiner Kontrolle liegt. Dann schreibe darunter: *„Ich vertraue darauf, dass alles zur richtigen Zeit geschieht."* Lege das Papier an einen sicheren Ort und erinnere dich regelmäßig daran, dass das Leben seinen eigenen Rhythmus hat.

Was kannst du heute konkret tun, um deine Wünsche Realität werden zu lassen? Notiere dir eine Sache, die du schon lange vor dir herschiebst, weil du auf den „richtigen Moment" wartest. Setze dir eine kleine, realistische Aufgabe, um einen ersten Schritt zu gehen. Das kann ein Anruf, eine Recherche oder ein klares Ziel für die Woche sein.

Kreative Aufgaben "Der Stern"

 Dein inneres Sternenlicht

Was nährt deine Zuversicht? Gestalte eine Collage als deinen ganz persönlichen Hoffnungsstern.

- Sammle Bilder, Wörter, Farben oder Symbole aus Zeitschriften, alten Büchern oder Ausdrucke, die für dich Hoffnung, Leichtigkeit, Vertrauen und seelische Klarheit symbolisieren.
- Du kannst die Form eines Sterns nehmen oder frei gestalten. Lass dich von deiner Intuition leiten.

Was sagt diese Collage über deine innere Zuversicht? Wo siehst du dein Licht in dieser dunkleren Welt?

 Ein Brief der Zuversicht und Hoffnung für dich

Der Stern steht für Hoffnung und Entwicklung. Er erinnert uns daran, dass das Leben voller Möglichkeiten ist, auch wenn wir sie im Moment nicht sehen. Hoffnung ist kein blinder Glaube, sondern eine innere Ausrichtung, die uns empfänglich macht für Wunder, Lichtblicke und die kleinen Geschenke des Lebens.

- Schreibe einen Brief an dein Ich in einem Jahr und erzähle dir selbst, wo du gerade stehst, welche Träume du hast und was du dir wünschst.
- Schreibe ermutigende Worte an dich selbst, als wärst du dein bester Freund.
- Verschließe den Brief in einem Umschlag und öffne ihn erst in einem Jahr.

 Deine Botschaft des Sterns

Meditiere über die Karte "Der Stern". Stelle dir vor, du stehst auf einer weiten, offenen Wiese unter einem klaren Nachthimmel. Über dir funkeln tausende Sterne, doch ein Stern leuchtet besonders hell.

Plötzlich beginnt der Stern, ein sanftes, goldenes Licht auszusenden. Der Lichtstrahl bewegt sich langsam auf dich zu und als er dich erreicht, hüllt er dich in eine warme, leuchtende Energie.

Während du dieses Licht spürst, erkennst du, es ist nicht nur ein äußerer Stern, sondern dein eigenes inneres Licht, das leuchtet. Lausche in dich hinein. Gibt es eine Erkenntnis, die dir der Stern heute schenken möchte?

Noch mehr Übungen und Reflexionsfragen

⭐ Jede Herausforderung birgt eine Lektion

Die schwierigsten Zeiten sind oft jene, in denen wir am meisten lernen und innerlich wachsen. Vielleicht fordert das Leben dich gerade heraus, alte Muster loszulassen, eine neue Richtung einzuschlagen oder deine wahre Stärke zu erkennen. Hast du aktuell eine Situation die dich mehr belastet?

- Was könnte diese schwierige Phase dich lehren? Jede Herausforderung trägt eine Botschaft in sich. Gibt es etwas, das du bisher übersehen hast?
- Was darfst du loslassen oder verändern? Gibt es eine Überzeugung, eine Angst oder eine Gewohnheit, die du hinter dir lassen kannst?
- Was belastet dich gerade am meisten? Schreibe es auf, ungefiltert und ehrlich. Manchmal hilft es, Gedanken und Gefühle auf Papier zu bringen, um Klarheit zu gewinnen.
- Wechsle bewusst die Perspektive. Lies deine eigene Situation mit den Augen eines Außenstehenden. Was würdest du dir selbst raten? Welche Erkenntnisse kannst du aus dieser Betrachtung ziehen?

⭐ Vertrauen bedeutet nicht, dass alles leicht sein muss

Glaube an das Universum oder an eine höhere Ordnung bedeutet nicht, dass alles immer perfekt verläuft. Es bedeutet vielmehr, dass wir darauf vertrauen, dass selbst Herausforderungen einen tieferen Sinn haben, auch wenn wir ihn vielleicht erst später erkennen. Vielleicht kannst du heute erkennen, dass das Universum dich genau dorthin geführt hat, wo du sein solltest.

- Schreibe über eine schwierige Erfahrung in deinem Leben.
- Reflektiere, wie sie dich geformt hat und welche positiven Veränderungen letztendlich daraus entstanden sind.

⭐ Affirmationen für innere Führung und Vertrauen

Schreibe drei Affirmationen, die dir helfen, dein Vertrauen in den Fluss des Lebens zu stärken. Beispiel: "Ich vertraue darauf, dass das Universum mich genau dorthin führt, wo ich sein soll."

"Auch wenn ich den Weg noch nicht sehe, weiß ich, dass sich alles zum richtigen Zeitpunkt entfaltet."

"Ich lasse Kontrolle los und öffne mich für die Möglichkeiten, die das Leben für mich bereithält."

Der Stern

Die Karte "Der Stern" symbolisiert Hoffnung, Erneuerung und innere Klarheit. Nach den Umbrüchen des Turms bringt sie eine Phase des Friedens und der Heilung, in der wir unser Vertrauen in das Leben wiederfinden. Sie erinnert uns daran, dass unser inneres Licht uns auch in unsicheren Zeiten den Weg weist. Der Stern ermutigt uns, auf unsere Intuition zu hören, offen für neue Möglichkeiten zu bleiben und uns mit unserer wahren Essenz zu verbinden. Er ist ein Zeichen für spirituelle Führung und die Gewissheit, dass nach jeder Dunkelheit das Licht zurückkehrt.

Schreibe abschließend deine Gedanken und Erkenntnisse auf, die du aus der Arbeit mit der Karte des Sterns gewonnen hast, und wie du sie in deinem Leben anwenden möchtest.

18 Der Mond

18 Der Mond

Die Reise des Narren und die Lehren des Mondes

Der Narr, dessen Weg ihn durch Licht und Dunkelheit geführt hat, schreitet nun durch eine mondbeschienene Nacht. Der feuchte Boden dampft, ein silbriger Nebel steigt auf, und vor ihm erstreckt sich ein schimmernder, unklarer Pfad. Doch mit jedem Schritt bemerkt er, dass dieser Pfad nicht eindeutig ist. Die Schatten verändern sich, die Umrisse verschwimmen, und er kann nicht sicher sagen, ob das, was er sieht, real ist oder eine Täuschung seiner Sinne. Er hält inne und blickt auf den großen Mond am Himmel, dessen sanftes Licht anders als das der Sonne ist. Es offenbart nicht alles, sondern wirft lange Schatten und lässt vieles verborgen. Der Narr erkennt, dass er nie den ganzen Weg auf einmal sehen kann, aber immer genug, um weiterzugehen.

Während er durch die Landschaft wandert, bemerkt er eine Veränderung in seiner Wahrnehmung. Er beginnt, sich weniger auf seine Augen und mehr auf sein Gefühl zu verlassen. Die Stimmen des Zweifels und der Angst werden leiser, während eine tiefe innere Ruhe in ihm wächst. Der Mond lehrt ihn, dass es im Leben oft keine klaren Antworten gibt, sondern nur das Vertrauen, dem eigenen inneren Kompass zu folgen.

Die Lehren des Mondes

- **Vertraue deiner Intuition:** Wenn der Verstand keine Klarheit findet, kann das innere Gefühl der beste Wegweiser sein.
- **Erkenne Illusionen:** Nicht alles ist, wie es scheint. Die eigene Wahrnehmung kann dich täuschen und sollte bewusst hinterfragt werden.
- **Lerne, mit Unsicherheit umzugehen:** Es ist nicht immer möglich, den ganzen Weg zu sehen, doch jeder Schritt bringt eine neue Erkenntnis.

Der Narr begreift, dass nicht alles im Leben sofort verständlich sein muss. Manchmal müssen wir durch Nebel und Dunkelheit gehen, ohne sofort eine Antwort zu haben. Der Mond lehrt ihn, dass Ängste überwunden werden, wenn man sich ihnen stellt. Mit einem tiefen Atemzug beschließt er, weiterzugehen, auch wenn er nicht weiß, was vor ihm liegt. Denn er hat erkannt, dass das Leben voller Mysterien ist, die sich nicht sofort offenbaren, aber mit der Zeit ihren Sinn enthüllen.

Symbolik der Karte "Der Mond"

✳ **Der Mond** ist das zentrale Symbol dieser Karte und verkörpert das Unbewusste, die Intuition und die verborgenen Aspekte des Selbst. Im Gegensatz zur Sonne, die alles klar erleuchtet, wirft der Mond Schatten, verzerrt Formen und beeinflusst unsere Wahrnehmung. Er repräsentiert die zyklische Natur des Lebens, in der sich Phasen des Lichts und der Dunkelheit abwechseln. Diese Karte erinnert uns daran, dass nicht immer alles so ist, wie es scheint. Unsere Ängste, Zweifel und Unsicherheiten können unsere Sicht verzerren und uns in Illusionen verstricken. Der Mond fordert uns auf, auf unser inneres Wissen zu vertrauen, um Klarheit in verwirrenden Situationen zu finden.

✳ **Der schwarze Umhang,** der die Hauptfigur umhüllt, steht für das Verborgene, das Geheimnisvolle und das Unbekannte. Er symbolisiert das Unbewusste und all das, was wir vielleicht noch nicht verstehen. Doch die goldenen Muster auf dem Umhang deuten an, dass auch in der Dunkelheit Weisheit und Schönheit verborgen sind. Manchmal müssen wir durch Zeiten der Unsicherheit gehen, um zu wachsen.

✳ **Der Baum mit seinen verschlungenen Ästen** ist mit dem schwarzen Umhang der Figur verschmolzen und symbolisiert Gedanken, Träume und Ängste, die sich ineinander verflechten. Er steht für das Labyrinth unseres Verstandes, in dem wir uns manchmal verlieren. Unsere Gedanken können sich verknoten, uns in Sorgen oder Illusionen verstricken und unsere Wahrnehmung trüben. Dieses Symbol erinnert uns daran, innezuhalten und unseren Geist zu beruhigen. Manchmal ist es erst in der Stille möglich, Wahrheit von Illusion zu unterscheiden.

✳ **Der gewundene Pfad,** der ins Unbekannte führt, zeigt, dass unser Lebensweg selten geradlinig verläuft. Es gibt Umwege, Verwirrungen und Herausforderungen, doch jeder Schritt bringt uns näher zur Erkenntnis. Diese Symbolik erinnert daran, dass Unsicherheiten ein natürlicher Teil des Lebens sind. Oft verstehen wir erst im Rückblick, warum bestimmte Umwege notwendig waren, um uns dorthin zu führen, wo wir sein sollen.

✳ **Die kleinen sonderbaren Wesen** am Wegesrand im Bild symbolisieren unsere tiefsten Instinkte, Ängste und das Unbewusste. Sie repräsentieren verschiedene Anteile unserer Psyche, wie das Wilde, das Zögerliche, das Ängstliche und das Verborgene. Manchmal können unsere tiefsten Ängste uns schützen, manchmal halten sie uns aber auch zurück. Indem wir uns unserer inneren Welt bewusst werden, können wir zwischen hinderlichen Illusionen und wertvollen Einsichten unterscheiden.

Symbolik der Karte "Der Mond"

Vergleich mit dem ursprünglichen Rider-Waite-Tarot

✦ **Die Wesen auf der Karte:** In der klassischen Rider-Waite-Darstellung sieht man einen Hund und einen wilden Wolf. Sie verkörpern die zwei Seiten unserer Natur. Um zur Klarheit zu gelangen, müssen wir uns mit beiden Aspekten unserer Natur auseinandersetzen.

- Der Hund steht für unsere gezähmte, soziale und rationale Seite und symbolisiert das, was uns in die Gesellschaft integriert und uns Sicherheit gibt.
- Der Wolf repräsentiert unser instinktives, wildes und ungezähmtes Selbst und symbolisiert das, was außerhalb gesellschaftlicher Normen existiert und mit unseren tiefsten Emotionen verbunden ist.

In der modernen Interpretation dieses Buches sind anstelle von Hund und Wolf kleine, koboldartige Kreaturen zu sehen. Sie stehen für verborgene Gedanken, Unsicherheiten und Ängste, die uns auf unserer Reise begleiten.

✦ **Der Krebs:** Am unteren Rand der Rider-Waite-Karte sieht man einen kleinen Krebs, der aus dem Wasser steigt und den Pfad zwischen den Türmen betritt. Dies symbolisiert das Auftauchen von Emotionen und Ängsten aus dem Unterbewusstsein. Der Krebs bewegt sich zwischen Wasser und Land, zwischen der inneren und äußeren Welt, und steht für das mühsame, aber notwendige Fortschreiten auf dem Weg zur Selbsterkenntnis.
Während der Krebs in der Rider-Waite-Karte gerade erst den ersten Schritt macht, ist die Figur in diesem Buch bereits auf dem Weg. Sie steht für eine bewusste Auseinandersetzung mit der Dunkelheit und den Unsicherheiten des Lebens.

✦ **Die Türme:** In der klassischen Rider-Waite-Karte sieht man zwei Türme, die eine Art Tor markieren. Sie stehen für Begrenzung, Struktur und die Schwelle zwischen Bewusstem und Unbewusstem. Der Pfad zwischen ihnen ist der Weg zur Selbsterkenntnis, doch er ist ungewiss und voller Täuschungen.
In der alternativen Version dieser Karte ersetzt ein Baum, als organisches, wachsendes Element, die unbeweglichen Strukturen der Türme. Er fordert uns auf, nicht nur nach vorne zu streben, sondern auch unsere Wurzeln, unser Unterbewusstsein zu erforschen.

✦ **Der Mond** in der Rider-Waite-Darstellung blickt mit halb geschlossenen Augen herab. Sein Blick ist nicht direkt, sondern vermittelt eine indirekte, verborgene Klarheit. Dies symbolisiert, dass seine Weisheit nicht offensichtlich ist, sondern durch Intuition, Träume und innere Reflexion erforscht werden muss.
In der Interpretation dieses Buches spiegelt sich diese Symbolik in der gesenkten Haltung der Figur wider. Ihr Blick richtet sich nach innen und zeigt, dass Erkenntnis durch eine tiefe Auseinandersetzung mit dem eigenen Inneren geschieht.

Symbolik der Karte "Der Mond"

Suche dir aus jedem beliebigen Tarot-Kartendeck die Karte des Mondes und betrachte die Karte genau. Welche Elemente springen dir als erstes ins Auge? Welche Symbole ziehen dich besonders an? Was könnten diese Symbole für dich persönlich bedeuten?

Die Symbole der Karte "Der Mond"

Symbole interpretieren

1 Der Mond steht für das Unbewusste und die verborgenen Ängste, die in uns schlummern. Welche Ängste tauchen in deinem Leben immer wieder auf? Woher könnten sie kommen? Wie kannst du einen ersten Schritt machen, um dich deiner größten Angst zu stellen?

Der Mond

2 Die kleinen Wesen könnten innere Stimmen oder Instinkte symbolisieren, die auf den Weg hinweisen oder dich in die Irre führen. Welche Dinge in deinem Leben könnten Illusionen sein? Wo täuschst du dich vielleicht selbst? Hast du Angst, eine unangenehme Wahrheit zu erkennen? Was könnte dir helfen, mutig hinzusehen?

Die kleinen mystischen Wesen

3 Der dunkle Umhang zeigt, dass sich nicht alles vollständig offenbart hat. Wann hast du zuletzt deiner Intuition vertraut? Wie hat sich das angefühlt?
Wie kannst du lernen, deinem Bauchgefühl mehr zu vertrauen, auch wenn dein Verstand zweifelt?

Die verhüllte Gestalt

Symbolik der Karte "Der Mond"

Wenn du ein zusätzliches Symbol auf die Karte setzen könntest, welches wäre das? Warum würdest du es wählen, und was würde es repräsentieren?

Dein eigenes Symbol

Eigenschaften der Karte "Der Mond"

Positive Eigenschaften:

- Intuition und Sensibilität
- Tiefe spirituelle Einsichten
- Zugang zum Unterbewusstsein
- Kreativität
- Inspiration

Weitere positive Eigenschaften

Negative Eigenschaften:

- Verwirrung
- Unsicherheit
- Illusionen und Selbsttäuschung
- Ängste und unbewusste Blockaden
- Schwierigkeiten, der eigenen Wahrnehmung zu vertrauen

Weitere negative Eigenschaften

Botschaften der Karte "Der Mond"

Nicht alles ist so, wie es scheint.

Der Mond lehrt uns, dass unsere Wahrnehmung oft von Illusionen, Ängsten oder unbewussten Mustern beeinflusst wird. Sein Licht ist sanft und geheimnisvoll, wirft aber lange Schatten, in denen sich Unsicherheiten verbergen. Manchmal glauben wir, die Wahrheit zu kennen, doch in Wirklichkeit sehen wir nur einen Bruchteil des Ganzen. Diese Karte fordert uns auf, bewusster hinzusehen, unsere Annahmen zu hinterfragen und uns nicht von Unsicherheiten oder Selbstzweifeln täuschen zu lassen.

Dunkelheit ist nur der Schatten des Lichts.

Der Mond zeigt uns, dass Dunkelheit nichts ist, das wir fürchten müssen, denn sie ist lediglich die Abwesenheit von Licht. Ängste und Unsicherheiten sind ein natürlicher Teil des Lebens und tragen eine Botschaft für uns. Wenn wir sie ignorieren oder verdrängen, werden sie größer. Doch wenn wir uns ihnen stellen, erkennen wir oft, dass sie uns etwas über uns selbst lehren wollen. Die Karte lädt uns ein, die Dunkelheit nicht als Bedrohung, sondern als Chance zur Selbsterkenntnis zu sehen.

Intuition ist dein innerer Kompass.

Der Mond steht für das Wissen, das tief in uns liegt, unsere Intuition. Anders als der Verstand spricht sie nicht in klaren, logischen Argumenten, sondern in Gefühlen, Ahnungen und leisen Hinweisen. Oft wissen wir intuitiv, was das Richtige für uns ist, doch wir zweifeln daran oder lassen uns von äußeren Stimmen beeinflussen. Der Mond erinnert uns daran, dass unsere Intuition ein wertvoller Wegweiser ist. Sie ist nicht irrational, sondern basiert auf Erfahrungen, Mustern und einem inneren Wissen, das uns den richtigen Weg zeigen kann.

Die Wahrheit zeigt sich erst, wenn du bereit bist.

Nicht alles kann sofort verstanden oder gelöst werden. Der Mond zeigt, dass manche Erkenntnisse erst dann zu uns kommen, wenn wir bereit sind, sie anzunehmen. Wenn du dich in einer Phase der Unsicherheit befindest, versuche nicht, die Antworten zu erzwingen. Vertraue darauf, dass die Klarheit mit der Zeit kommt, genau in dem Moment, in dem du sie wirklich begreifen kannst.

Jeder Schritt bringt dich weiter, auch wenn der Weg unklar ist.

Der Mond lehrt uns, dass der Weg sich oft erst zeigt, während wir ihn gehen. Auch wenn du nicht weißt, was auf dich zukommt, ist Bewegung besser als Stillstand. Der erste Schritt ist oft der schwerste, aber jede Entscheidung bringt neue Erkenntnisse. Selbst wenn der Pfad im Dunkeln liegt, wirst du mit jedem Schritt mehr sehen und verstehen.

Reflexion zur Botschaft des Mondes

★ Angst ist dein Lehrer

Welche Ängste begleiten dich? Gibt es eine Angst, die dir immer wieder begegnet und vielleicht eine tiefere Botschaft für dich bereithält? Manchmal sind Ängste nicht nur Hindernisse, sondern Wegweiser, die uns auf ungelöste Themen oder verborgene Potenziale aufmerksam machen.

Erinnere dich an eine Situation, in der du deine Angst überwunden hast. Was hat dich dazu bewegt, dich ihr zu stellen? Wie hast du dich danach gefühlt? Oft erkennen wir erst im Nachhinein, dass unsere größten Ängste uns zu unserem größten Wachstum geführt haben.

★ Illusionen und Wahrheit

In welchen Momenten deines Lebens hast du festgestellt, dass die Dinge nicht so waren, wie sie auf den ersten Blick schienen? Gab es Situationen, in denen du fest an eine bestimmte Vorstellung geglaubt hast, nur um später zu erkennen, dass sie eine Illusion war?

Erinnere dich an eine Erfahrung, in der du eine Illusion durchschaut hast. Was hat dich dazu gebracht, sie zu hinterfragen? Wie hat sich dein Blick auf die Situation verändert, als du die Wahrheit erkannt hast? Und welche Erkenntnisse kannst du daraus für die Zukunft mitnehmen?

★ Habe Vertauen in den Prozess

In welchen Lebensbereichen erwartest du eine schnelle Antwort, obwohl es vielleicht Zeit braucht? Woran könnte es liegen, dass du noch nicht klar sehen kannst?

Wähle ein aktuelles Problem in deinem Leben, das du noch nicht vollständig verstehst. Schreibe es auf und lege das Papier für eine Woche weg. Lies es später erneut und schaue, ob sich deine Perspektive verändert hat.

Reflexion zur Botschaft des Mondes

⭐ Worst-Case-Best-Case-Realistic-Übung

Meistens stellen wir fest, dass die Realität zwischen unseren extremen Vorstellungen liegt und gar nicht so beängstigend ist. Denke an eine aktuelle Situation, die dich verunsichert und beantworte dazu die Fragen. Zu welcher Erkenntnis kommst du?

- Worst Case: Was ist das Schlimmste, das passieren könnte?
- Best Case: Was ist das Beste, das passieren könnte?
- Realistisch: Was ist am wahrscheinlichsten?

⭐ Ungewissheit als Teil des Wachstums

Der Mond zeigt uns, dass der Weg nicht immer klar und gerade ist. Ungewissheit ist kein Zeichen von Schwäche, sondern ein natürlicher Teil des inneren Wachstums. Er fordert uns heraus, den nächsten Schritt nicht mit Wissen, sondern mit Vertrauen und Mut zu gehen.

- Überlege dir zu einer aktuellen Situation oder allgemein für deinen Lebensweg: Wenn du nicht wüsstest, wohin dein Weg führt – aber zweifellos gewiss wärst, dass er dich wachsen lässt – was würdest du tun?
- Notiere frei deine Gedanken, ganz ohne Bewertung. Vielleicht erkennst du dabei, dass nicht Klarheit, sondern Hingabe die eigentliche Kraftquelle ist.

⭐ Intuition vs. Illusionen & Selbsttäuschung

Setze dich an einen ruhigen Ort und denke an eine Entscheidung, die du treffen musst. Nimm zwei Zettel und schreibe auf jeden eine Option. Lege sie verdeckt vor dich hin und schließe die Augen. Ziehe intuitiv einen Zettel, ohne ihn anzusehen. Achte auf deine erste körperliche Reaktion, fühlt sich die Entscheidung erleichternd oder schwer an? Diese Übung hilft dir, deine Intuition bewusster wahrzunehmen.

Denke an eine Situation, in der du eine Entscheidung aufgrund von Angst oder Wunschdenken getroffen hast. Schreibe auf, welche Hinweise du ignoriert hast oder welche Verzerrungen in deiner Wahrnehmung eine Rolle gespielt haben. Versuche dann, eine Situation aus der Vergangenheit zu finden, in der du klar gesehen hast. Welche Unterschiede kannst du erkennen?

Kreative Aufgaben "Der Mond"

 Zeichne deinen Schatten

Zeichne eine visuelle Darstellung deiner größten Unsicherheiten.

- Wähle aus dem Bauch heraus eine Farbe und lasse ohne darüber nachzudenken den Stift intuitiv durch deine Hand über das Blatt gleiten. Was kommt dabei raus?
- Siehst du eine verborgene Botschaft? Schreibe auf, was diese Darstellung für dich bedeutet.
- Gibt es eine Möglichkeit, die Angst in etwas Positives zu transformieren? Male oder schreibe eine zweite Version deines Bildes, die Hoffnung und Klarheit widerspiegelt.

 Illusionsbrille – Realität vs. Vorstellung

Nimm zwei verschiedenfarbige Blätter Papier.

- Auf das erste schreibe eine Situation, die du gerade in deinem Leben erlebst, so, wie du sie empfindest.
- Auf das zweite schreibe dieselbe Situation, aber aus einer neutralen, objektiven Perspektive.
- Vergleiche beide Versionen und reflektiere: Gibt es Punkte, an denen deine Wahrnehmung verzerrt ist? Was würdest du jemand anderem raten, der sich in dieser Situation befindet?

 Deine Botschaft des Mondes

Meditiere über die Karte "Der Mond". Stelle dir vor, dass du in einer stillen Nacht auf einem schmalen Pfad gehst. Über dir leuchtet der Vollmond, doch er ist halb von Wolken verhüllt. Sein Licht ist sanft, mystisch und erhellt den Weg nur teilweise.

Während du gehst, beginnt sich ein leichter Nebel um dich zu formen. Du fühlst, dass du tiefer in dein Inneres eintauchst, in eine Welt der Träume, Emotionen und verborgenen Wahrheiten. Da tauchen Bilder oder Symbole auf, die mit deinem Inneren verbunden sind.

Sie formen sich zu einer Botschaft, die Einsicht über deine aktuelle Lebenssituation gibt. Vielleicht ist es ein Satz, eine Emotion oder eine Erkenntnis, die dir Hoffnung, Klarheit oder Vertrauen schenkt. Der Nebel beginnt sich zu lichten, du fühlst dich leichter und verstehst, dass du die Antworten bereits in dir trägst.

Noch mehr Übungen und Reflexionsfragen

✦ Wahre Täuschung oder falsches Misstrauen?

Denke an eine aktuelle oder vergangene Situation, in der du das Gefühl hattest, getäuscht worden zu sein. Welche Erwartungen hattest du? Was ist tatsächlich passiert?
Zeichne dann zwei Spalten auf ein Blatt Papier:
- Trage in die linke Spalte alles ein, was sicher und nachweisbar ist (Fakten).
- Schreibe in die rechte Spalte alle Vermutungen, Annahmen oder emotionalen Eindrücke.
- Vergleiche nun beide Seiten und vertraue dabei deiner Intuition, aber überprüfe auch die Fakten. Welche Emotionen beeinflussen deine Wahrnehmung? Gibt es noch eine andere Sichtweise?

✦ Lerne aus deinen Erfahrungen klarer zu sehen

Täuschungen können schmerzhaft sein, doch sie bieten auch die Chance, uns selbst und andere besser zu verstehen. Jede Erfahrung, in der wir einer Illusion erlegen sind, lehrt uns, bewusster hinzusehen und zwischen Wahrheit und Täuschung zu unterscheiden.
Diese Fragen könntest du dir stellen, um Täuschungen als wertvolle Lektionen zu nutzen?
- Welche Anzeichen deuten darauf hin, dass ich getäuscht wurde oder werde?
- Gab es innere Warnsignale oder Zweifel, die ich ignoriert habe?
- Welche Muster erkenne ich in Situationen, in denen ich mich getäuscht fühlte?
- Wie kann ich in Zukunft achtsamer sein und meine Intuition stärker wahrnehmen?
- Welche Wahrheit über mich selbst oder meine Erwartungen offenbart diese Erfahrung?
Fallen dir noch weitere Fragen ein?

✦ Affirmationen für mehr Vertrauen in deine Intuition

Schreibe drei Affirmationen, die dir helfen, dich daran zu erinnern, mehr auf deine innere Stimme zu hören.
Beispiel: "Ich vertraue meiner Intuition und erkenne die Wahrheit hinter der Illusion."
"Ich akzeptiere das Ungewisse und finde Klarheit in mir selbst."
"Ich lasse meine Ängste zu, aber sie bestimmen nicht meinen Weg."

Der Mond

Die Karte "Der Mond" steht für die verborgenen Tiefen unseres Unterbewusstseins, für Intuition, Illusionen und das Ungewisse. Sie zeigt, dass nicht alles so klar ist, wie es scheint, und dass unsere Wahrnehmung von Ängsten, Unsicherheiten oder Selbsttäuschung beeinflusst sein kann. Diese Karte fordert uns auf, achtsam zu sein, unsere eigenen Schatten zu hinterfragen und auf unsere innere Stimme zu vertrauen. Manchmal kommt Klarheit nicht sofort. Stattdessen müssen wir lernen, mit Unsicherheit zu leben und darauf zu vertrauen, dass sich der Weg Schritt für Schritt enthüllt.

Schreibe abschließend deine Gedanken und Erkenntnisse auf, die du aus der Arbeit mit der Karte des Mondes gewonnen hast, und wie du sie in deinem Leben anwenden möchtest.

19 Die Sonne

19 Die Sonne

Die Reise des Narren und die Lehren der Sonne

Bevor der Narr die Sonne erreicht, musste er durch tiefe Schatten gehen. Der Teufel konfrontierte ihn mit seinen Bindungen, der Turm brachte radikalen Umbruch, der Stern schenkte ihm Hoffnung, und der Mond stellte ihn vor die Herausforderung, seine Ängste zu erkennen. Doch als er schließlich in das Licht der Sonne tritt, fühlt er eine tiefe Erleichterung. Hier findet er Klarheit, Freude und das unerschütterliche Vertrauen ins Leben. Die dunklen Kapitel liegen hinter ihm, und er erkennt, dass jede Erfahrung ihn auf diesen Moment vorbereitet hat.

Die Lehren der Sonne

- **Nach jeder Dunkelheit kommt das Licht:** Die Sonne ist das strahlende Gegenstück zu den Herausforderungen des Mondes und des Turms. Sie zeigt dem Narren, dass kein Schatten ewig bleibt und dass selbst die schwersten Zeiten irgendwann einem Neubeginn weichen. Sie ist das Zeichen dafür, dass Hoffnung immer berechtigt ist.
- **Wahres Glück entsteht von innen:** Der Narr hat lange im Außen nach Erfüllung gesucht, sei es durch Erfolg, Anerkennung oder Bestätigung. Doch die Sonne lehrt ihn, dass echte Freude nicht von äußeren Umständen abhängt, sondern tief in ihm selbst liegt. Sie entsteht durch Dankbarkeit, Lebendigkeit und das bewusste Erleben des Augenblicks.
- **Du bist genau richtig, so wie du bist:** Die Sonne strahlt bedingungslose Akzeptanz aus. Der Narr erkennt, dass er nichts beweisen muss, sondern wertvoll ist, einfach weil er existiert. Er lernt, sich selbst zu lieben, ohne sich zu verstecken oder sich anpassen zu müssen.
- **Das Leben ist ein Geschenk:** Nach all den Prüfungen seiner Reise versteht der Narr, dass das Leben nicht nur Herausforderungen, sondern auch Momente purer Freude bereithält. Die Sonne erinnert ihn daran, das Gute zu sehen, das Leben zu feiern und mit offenem Herzen zu empfangen, was kommt.

Die wichtigste Botschaft der Sonne ist es, das Leben mit all seinen Licht- und Schattenseiten in seiner Fülle anzunehmen. Sie zeigt, dass wir selbst das Licht in uns tragen und dass jeder neue Tag die Chance bietet, mit Freude, Mut und Vertrauen weiterzugehen.

Symbolik der Karte "Die Sonne"

✳ **Die strahlende Sonne** ist das Herzstück dieser Karte. Sie leuchtet kraftvoll am Himmel und verbreitet Wärme, Licht und Leben über die gesamte Szene. In vielen spirituellen Traditionen steht die Sonne für Erleuchtung, Wahrheit und das Erwachen des Bewusstseins. Ihr Licht durchdringt alle Schatten und bringt Klarheit in unser Denken. Sie erinnert daran, dass nach dunklen Zeiten stets ein Moment der Erkenntnis folgt. Die Sonne ist das Symbol eines Neubeginns, eines klaren Geistes und des Vertrauens in den natürlichen Zyklus des Lebens.

✳ **Die Sonnenblumen** tragen eine tiefere Bedeutung von Wachstum, Licht und Lebensfreude. Sie richten sich stets nach der Sonne aus, was sie zu einem kraftvollen Symbol für Hoffnung und spirituelle Ausrichtung macht. Ihr Lebenszyklus – von einem kleinen Samen bis hin zu einer strahlenden Blüte – spiegelt unseren eigenen Weg der Entfaltung wider. Sie erinnern daran, dass Wachstum Zeit braucht und dass sich wahre Erkenntnis langsam, aber stetig entfaltet. Ihre kreisförmige Blüte ähnelt einem Mandala oder der Sonne selbst und steht für spirituelle Erleuchtung. In vielen Kulturen gelten Sonnenblumen als heilige Zeichen der göttlichen Energie.

✳ **Die weißen Sonnenblumen:** Weiß steht für Reinheit, Klarheit und Frieden und könnte auf eine tiefere Ebene der Bewusstwerdung hindeuten. Die beiden weißen Sonnenblumen symbolisieren, dass wahre Erleuchtung durch Selbstakzeptanz und inneren Frieden erreicht wird. Nur wer sich selbst annimmt, kann sein volles Licht erstrahlen lassen.

✳ **Die goldene Lichtaura:** Die gesamte Szene ist von einer goldenen Lichtaura umgeben, die die belebende und heilende Kraft der Sonne verstärkt. Gold steht für Vollkommenheit, spirituelles Wachstum und göttliches Licht. Es erinnert uns daran, dass jeder Mensch ein einzigartiges inneres Leuchten besitzt, das durch Freude und Dankbarkeit genährt wird. Indem wir unser eigenes Licht annehmen, inspirieren wir auch andere, ihr Strahlen zu erkennen und zu entfalten.

✳ **Die geschlossenen Augen** der Figur symbolisieren tiefes inneres Vertrauen und Gelassenheit. Sie ruht vollkommen in sich selbst und braucht keine äußere Bestätigung, um sich sicher und erfüllt zu fühlen. Ihre Haltung zeigt, dass wahre Freude nicht aus dem Sichtbaren, sondern aus dem Inneren entsteht.
Geschlossene Augen stehen für Hingabe, Intuition und die Fähigkeit, sich dem Fluss des Lebens anzuvertrauen. In diesem Zustand findet die Figur Frieden, denn sie weiß, dass wahre Erfüllung nicht durch äußere Umstände, sondern durch innere Harmonie entsteht.

Symbolik der Karte "Die Sonne"

Vergleich mit dem ursprünglichen Rider-Waite-Tarot

✦ **Das Symbol des Lichts:** In der Rider-Waite-Karte nimmt die Sonne eine zentrale Rolle ein. Sie dominiert den gesamten Himmel und strahlt mit klaren, geraden Linien, die für absolute Klarheit, Wahrheit und Erkenntnis stehen. Dieses Licht symbolisiert Offenheit, Bewusstsein und das Ende von Illusionen. Die Karte zeigt das Erwachen nach einer Zeit der Unsicherheit und markiert einen Neubeginn voller Lebensfreude.

Die Sonne steht seit jeher für Leben, Wachstum und Erneuerung. In der Rider-Waite-Darstellung ist sie nicht nur ein Lichtspender, sondern auch ein Zeichen für die Rückkehr zum Wesentlichen. Sie offenbart das, was verborgen war, und vertreibt die Dunkelheit von Zweifel und Angst.

In der Interpretation der Karte in diesem Buch verschmilzt das Sonnenlicht weicher mit der Umgebung. Die Strahlen wirken nicht nur erhellend, sondern auch umhüllend und warm. Während die Rider-Waite-Karte den Moment der absoluten Erleuchtung betont, vermittelt diese Version ein Gefühl von Geborgenheit, Glück und innerer Wärme. Die Sonne ist hier nicht nur ein strahlendes Symbol der Wahrheit, sondern auch eine sanfte, nährende Energiequelle.

✦ **Die kindliche Energie:** In der Rider-Waite-Karte sitzt ein nacktes Kind auf einem weißen Pferd und hält eine rote Fahne. Das Kind ist ein starkes Symbol für Unschuld, Freude und absolute Freiheit. Seine Nacktheit zeigt, dass es nichts zu verbergen und nichts zu befürchten hat. Es steht für pures, unvoreingenommenes Sein. Seine offenen Arme drücken seine Bereitschaft aus, das Leben in all seinen Facetten anzunehmen.

Das weiße Pferd ist ein Zeichen für Reinheit, Stärke und eine geführte Reise. Es verkörpert die Kraft, sich von Sorgen und Ängsten zu befreien und den Weg mit Klarheit und Freude zu gehen. Das Fehlen eines Sattels oder von Zügeln verdeutlicht das Vertrauen in den natürlichen Lebensfluss.

Die rote Flagge, die das Kind auf der Karte hält, steht für Vitalität und Lebensenergie. Rot ist die Farbe der Leidenschaft, der Kraft und des ungebändigten Lebensflusses. Sie zeigt, dass die Energie der Sonne nicht nur äußerlich scheint, sondern durch den gesamten Körper und Geist des Narren strömt.

In der Darstellung in diesem Buch ist das Gefühl von kindlicher Freude anders interpretiert. Die Figur scheint nicht ekstatisch in die Welt hinauszustrahlen, sondern in einer ruhigeren, kontemplativen Form des Glücks zu verweilen. Während die Rider-Waite-Version für ein aktives, verspieltes Glück steht, vermittelt diese Interpretation eine tiefere, bewusstere Zufriedenheit. Sie zeigt, dass wahres Glück nicht nur in äußeren Erlebnissen liegt, sondern in der bewussten Entscheidung, das innere Licht wahrzunehmen und mit Dankbarkeit zu genießen.

Symbolik der Karte "Die Sonne"

Suche dir aus jedem beliebigen Tarot-Kartendeck die Karte der Sonne und betrachte die Karte genau. Welche Elemente springen dir als erstes ins Auge? Welche Symbole ziehen dich besonders an? Was könnten diese Symbole für dich persönlich bedeuten?

Die Symbole der Karte "Die Sonne"

Symbole interpretieren

1 Die Sonne als zentrales Symbol der Karte steht für Erleuchtung, Wahrheit und Energie. Was bereitet dir im Alltag Freude? Wie kannst du mehr Licht und Positivität in dein Leben bringen? Erstelle eine Liste mit fünf Dingen, die dich glücklich machen, und integriere sie bewusst in deinen Alltag.

Die Sonne

2 Die Sonnenblumen stehen für Wachstum, Erfolg und Vitalität. Wo in deinem Leben befindest du dich gerade im Wachstum? Welche Aspekte in dir dürfen sich noch entfalten? Schreibe drei Bereiche auf, in denen du dich persönlich weiterentwickeln möchtest, und plane kleine Schritte für dein Wachstum.

Die Sonnenblumen

3 Das Kind symbolisiert Unschuld, Lebensfreude und die Fähigkeit, das Leben mit offenen Armen zu empfangen. Tanze 5 Minuten zu deinem Lieblingssong. Wie beeinflusst es deine Stimmung? In welchen Bereichen deines Lebens wünscht du dir mehr Unbeschwertheit und in welchen mehr bewusste Dankbarkeit?

Das kindliche Wesen

Symbolik der Karte "Die Sonne"

Wenn du ein zusätzliches Symbol auf die Karte setzen könntest, welches wäre das? Warum würdest du es wählen, und was würde es repräsentieren?

Dein eigenes Symbol

Eigenschaften der Karte "Die Sonne"

Positive Eigenschaften:

- Lebensfreude
- Erfolg und Klarheit
- Innere Zufriedenheit
- Optimismus und Hoffnung
- Energie und Tatkraft

Weitere positive Eigenschaften

Negative Eigenschaften:

- Übermäßige Naivität
- Egozentrik und Selbstüberschätzung
- Angst vor der Dunkelheit
- Negativität
- Oberflächliche Sicht auf das Leben
- Mangelnde Ernsthaftigkeit bei Herausforderungen

Weitere negative Eigenschaften

Botschaften der Karte "Die Sonne"

Du trägst das Licht in dir.

Die Sonne scheint, egal ob Wolken den Himmel verdecken. Ihr Licht ist immer da, selbst wenn es für einen Moment verborgen bleibt. Genau so ist es mit unserer inneren Kraft und unserem Potenzial. Äußere Umstände können uns verunsichern, doch unser wahres Licht verlischt niemals. Diese Karte erinnert uns daran, dass wir immer auf unsere innere Stärke vertrauen können. Sie ist unser beständiger Begleiter, auch in herausfordernden Zeiten.

Wahre Freude kommt von innen, nicht aus äußeren Umständen.

Viele glauben, dass wahres Glück erst dann möglich ist, wenn bestimmte Ziele erreicht oder Wünsche erfüllt sind. Doch die Sonne zeigt, dass Freude eine bewusste Entscheidung ist, die nicht von äußeren Faktoren abhängig sein muss. Sie ist eine innere Haltung, die unabhängig von äußeren Bedingungen existieren kann. Wer lernt, in sich selbst Zufriedenheit zu finden, wird weniger von äußeren Schwankungen beeinflusst. Glück ist nichts, das von außen kommt, sondern etwas, das wir in uns selbst kultivieren können.

Erkenne und nutze dein volles Potenzial.

Die Sonne erhellt alles, was sie berührt. Sie zeigt, was bereits vorhanden ist, doch oft nicht gesehen wird. So erinnert sie uns daran, unser eigenes Licht nicht zu verstecken. Viele Menschen halten sich selbst zurück, aus Angst, zu scheitern oder nicht gut genug zu sein. Doch wahres Wachstum entsteht erst, wenn wir unser Potenzial erkennen und nutzen. Diese Karte fordert uns auf, unsere Talente nicht zu verbergen, sondern sie mit der Welt zu teilen.

Lass dein Herz voller Freude sein, denn das Leben ist ein Geschenk.

Das Leben besteht nicht nur aus Herausforderungen und Pflichten. Es hält auch Momente des Glücks, der Leichtigkeit und der Freude bereit. Die Sonne lädt uns ein, bewusst innezuhalten und die Schönheit des Augenblicks zu genießen. Viele nehmen das Leben zu ernst und vergessen, es zu feiern. Doch Freude ist genauso wichtig wie Verantwortung. Diese Karte erinnert uns daran, dass wir uns erlauben dürfen, zu lachen, zu genießen und das Leben in vollen Zügen zu leben.

Strahle dein Licht in die Welt. Du bist wertvoll und einzigartig.

Jeder Mensch trägt eine besondere Energie in sich, eine Gabe, die ihn einzigartig macht. Die Sonne ermutigt uns, unser wahres Selbst zu leben, ohne Angst vor Urteil oder Zurückweisung. Wer authentisch ist, inspiriert nicht nur sich selbst, sondern auch andere. Diese Karte erinnert uns daran, dass unser Licht nicht nur uns gehört, sondern auch ein Geschenk für die Welt ist. Indem wir es strahlen lassen, verbreiten wir Positivität und schenken anderen Mut, ihr eigenes Licht zu entdecken.

Reflexion zur Botschaft der Sonne

★ Dankbarkeit und Optimismus

Besonders in schwierigen Zeiten hilft es, sich bewusst auf das Gute zu konzentrieren. Gibt es positive Aspekte in deinem Leben, die du manchmal übersiehst? Welche schönen Momente, Menschen oder Errungenschaften geraten im Alltag in den Hintergrund?

Wie kannst du deinen Blick bewusster auf das Gute lenken? Dankbarkeit aktiv zu praktizieren, bewusst innezuhalten und den Moment würdigen sind unter anderem Möglichkeiten dafür. Schreibe drei Dinge auf, für die du heute dankbar bist – egal, wie klein sie erscheinen mögen. Vielleicht ein bestärkendes Wort, das du erhalten hast, eine warme Mahlzeit oder einen Moment der Stille, der dir Frieden geschenkt hat.

★ Energie und Vitalität

Überlege, was dir momentan Energie raubt. Sind es äußere Umstände, innere Zweifel oder ungelöste Konflikte? Welche Faktoren erschöpfen dich und warum?
Denke auch darüber nach, was dir Kraft gibt und dich motiviert, weiterzumachen. Gibt es bestimmte Menschen, Aktivitäten oder Gedanken, die dich stärken? Warum spenden sie dir Energie?

Wie kannst du dein Gleichgewicht bewahren und dich gezielt mit dem aufladen, was dich stärkt? Plane eine Woche lang bewusst jeden Tag eine Aktivität ein, die deine Energie stärkt. Z.B. Meditieren, lachen mit Freunden oder Musik hören. Was verändert sich dadurch?

★ Teile dein Licht

Ein ehrliches Lächeln kann oft schon genügen, um jemand anderes eine große Freude zu machen. Welche kleinen Gesten der Freude kannst du in deinen Alltag integrieren? Setze dir die Aufgabe, bewusst Licht und Freude zu verbreiten.

Gibt es Momente, in denen du dich selbst klein machst, obwohl du weißt, dass du mehr kannst? Was sagen andere über deine Einzigartigkeit? Welche Lobesworte und Komplimente bekommst du von anderen? Nimmst du sie an oder redest du sie runter?

Reflexion zur Botschaft der Sonne

✦ Ein Tag mit deinem inneren Kind

Unsere kindliche Seite ist der Teil in uns, der staunen kann, unbeschwert spielt und sich von Freude leiten lässt. Doch durch Alltag, Verantwortung und Stress verlieren viele Menschen diesen Zugang. Kinder tun das, was sich jetzt gut anfühlt. Versuche das auch mal!

- Mache einen Tag lang das, worauf du Lust hast, ohne Plan.
- Erlaube dir, kindliche Freude ohne Schuldgefühle zu genießen.
- Schreibe danach auf, wie du dich gefühlt hast und welche Erkenntnisse du gewonnen hast.

✦ Erinnere dich an deine Kindheit

Welche Aktivitäten haben dich als Kind begeistert? Welche Spiele, Bücher, Orte oder Musik haben dich damals mit Freude erfüllt?

- Nimm dir Zeit, alte Fotos oder Erinnerungsstücke anzuschauen und dich wieder mit dieser kindlichen Energie zu verbinden.
- Was lösen diese Erinnerungen in dir aus? Spürst du Neugier, Leichtigkeit oder ein Gefühl von Geborgenheit?
- Vielleicht steckt in diesen Momenten eine verlorene Leidenschaft oder eine Inspiration, die du wieder in dein Leben einladen kannst.

✦ Lebensfreude & Optimismus vs. Übermäßiger Stolz & Egozentrik

Wie kannst du deinen Optimismus bewahren, auch wenn Herausforderungen auftreten?
Erstelle eine Freude-Liste mit mindestens 10 Dingen, die dich glücklich machen. Plane bewusst Zeit ein, um täglich eine dieser Aktivitäten zu tun. Notiere am Ende der Woche, wie sich dein Wohlbefinden verändert hat.

Zu viel Sonne kann blenden und so kann auch Optimismus in Arroganz umschlagen. Führe eine Woche lang ein Empathie-Tagebuch. Notiere täglich eine Situation, in der du bewusst auf die Gefühle oder Bedürfnisse anderer eingegangen bist. Reflektiere am Ende der Woche, ob du Unterschiede in deinem Verhalten oder deinen Beziehungen bemerkst.

Kreative Aufgaben "Die Sonne"

 ## Eine Collage der Freude

Was bereitet dir große Freude und Glück?

- Erstelle eine Freude-Collage, indem du Zeitschriften, Fotos oder selbst gemalte Bilder sammelst. Füge alles hinzu, was dich inspiriert und glücklich macht – Farben, Worte, Symbole oder besondere Erinnerungen. Gestalte sie so, dass sie deine Lebensfreude widerspiegelt.
- Welche Farben und Symbole stehen für deine Freude? Welche Bilder rufen in dir ein Gefühl von Leichtigkeit und Glück hervor?

 ## Du bist das Licht

Schreibe einen Brief an dich selber und erzähle von deinem Licht in der Welt.
Beginne mit dem Satz: *"Ich bin die Sonne und ich strahle, weil..."*

- Wie beeinflusst dein Strahlen andere Menschen?
- Was macht dich besonders?
- Welche Gaben und Talente bringst du in die Welt?
- Wann fühlst du dich am lebendigsten und authentischsten?

Trage den Brief immer bei dir und vergiss nicht, dass du einzigartig und wundervoll du bist.

 ## Deine Botschaft der Sonne

Meditiere über die Karte "Die Sonne". Stell dir vor, dass du in einer warmen Landschaft stehst Vielleicht siehst du eine weite Wiese, einen weißen Strand oder eine ruhige Berglandschaft.
Über dir leuchtet eine kraftvolle, goldene Sonne. Ihre Strahlen wärmen deine Haut, doch sie sind sanft und wohltuend.
Die Sonne strahlt nicht nur am Himmel, sie lädt dich ein, ihr Licht in dich aufzunehmen. Während du tief einatmest, beginnt das Sonnenlicht langsam in dein Herz zu fließen.
Spüre, wie es Wärme, Freude und Energie in dir entfacht. Mit jedem Atemzug wird das Licht stärker und es breitet sich von deinem Herzen aus in deinen ganzen Körper.
Während du in diesem Licht badest, kommt vielleicht eine Einsicht oder eine Botschaft zu dir. Fühle, was hat die Sonne dir zu sagen?

Noch mehr Übungen und Reflexionsfragen

✦ Du bist gut genug!

Häufig stammt das Gefühl, nicht gut genug zu sein, aus alten Überzeugungen, Vergleichen mit anderen oder überhöhten Erwartungen an uns selbst.

Was bedeutet „gut genug" für dich eigentlich?

Woher kommt der Gedanke, dass du nicht gut genug bist? Wer oder Was hat dir dieses Gefühl (bewusst oder unbewusst) vermittelt?

- Schreibe Situationen auf, in denen du das Gefühl hattest, nicht zu genügen.
- Dann hinterfrage jede Situation: War es wirklich wahr, oder war es nur eine Überzeugung, die du auferlegt bekommen hast?

✦ Erkenne deine Stärken und Erfolge

Oft konzentrieren wir uns darauf, was uns noch fehlt oder was wir noch nicht erreicht haben, anstatt anzuerkennen, wie weit wir bereits gekommen sind.

Welche Herausforderungen hast du in der Vergangenheit gemeistert?

Welche Stärken und Talente zeichnen dich aus?

- Erstelle eine Liste mit zehn Dingen, auf die du stolz sein kannst. Das können Erfolge, persönliche Fortschritte oder Momente, in denen du über dich hinausgewachsen bist, sein. Sie müssen nicht groß oder außergewöhnlich sein. Jeder Schritt zählt.
- Lies diese Liste immer wieder durch, besonders in Momenten des Zweifels. Sie erinnert dich daran, dass du bereits vieles geschafft hast und dass du auch die kommenden Herausforderungen meistern wirst.

✦ Affirmationen für mehr Lebensfreude, Klarheit & Strahlen

Schreibe drei Affirmationen, die dir helfen, dein inneres Licht zu spüren und es voller Freude in die Welt zu tragen.

Beispiel: "Ich verdiene Liebe und Anerkennung – von mir selbst und anderen."

"Ich fühle mich gesund, stark und voller Lebensenergie."

"Mein Licht ist wertvoll und darf gesehen werden."

Die Sonne

Die Karte "Die Sonne" im Tarot verkörpert Glück, Lebenskraft und das volle Entfalten des eigenen Wesens. Sie steht für Klarheit, Wahrheit und die Freiheit, das eigene Licht ungehindert strahlen zu lassen. Nach Phasen der Unsicherheit bringt sie Erleuchtung, Optimismus und neue Perspektiven. Diese Karte lädt uns ein, unsere innere Strahlkraft nicht zurückzuhalten, sondern sie mit Freude und Selbstvertrauen in die Welt zu tragen. Sie erinnert daran, dass wahre Erfüllung in der Annahme unserer authentischen Natur liegt. Die Sonne ist ein Symbol des Vertrauens in das Leben und ein Zeichen dafür, dass es an der Zeit ist, mit ganzem Herzen zu leuchten.

Schreibe abschließend deine Gedanken und Erkenntnisse auf, die du aus der Arbeit mit der Karte der Sonne gewonnen hast, und wie du sie in deinem Leben anwenden möchtest.

20 Das Gericht

20 Das Gericht

Die Reise des Narren und die Lehren des Gerichts

Nachdem der Narr die Ungewissheit des Mondes durchschritten und sich im Licht der Sonne frei und unbeschwert gefühlt hat, ertönt plötzlich der Ruf des Gerichts. Eine Trompete hallt durch sein Bewusstsein. Der Klang der Trompete ist keine Warnung, sondern eine klare Aufforderung, sich mit seiner Vergangenheit auseinanderzusetzen. Es geht nicht nur darum, das Alte hinter sich zu lassen, sondern es zu verstehen und zu integrieren.

Die Freude der Sonne war befreiend, doch das Gericht bringt ihm Wahrheit. Es zeigt ihm, dass keine Erfahrung sinnlos war, dass jeder Fehler, jeder Umbruch und jede Herausforderung Teil seines Wachstums sind. Der Narr erkennt, dass er nur wirklich frei sein kann, wenn er seine Vergangenheit ohne Angst und Schuld betrachtet. Das Gericht ist keine Strafe, sondern eine Einladung zur inneren Erlösung. Es fordert ihn auf, sich selbst mit allem, was war, anzunehmen, das Alte bewusst loszulassen und sich mit Klarheit für sein neues Selbst zu entscheiden.

Die Lehren des Gerichts

- **Erkenne deine Vergangenheit,** anstatt sie zu verdrängen. Nur wenn du deine Geschichte bewusst annimmst, kannst du sie hinter dir lassen.
- **Befreie dich von alten Lasten:** Schuld, Bedauern oder Angst sind Fesseln, die dich zurückhalten. Lass sie los und entscheide dich für einen neuen Weg.
- **Jede Erfahrung hatte einen Sinn:** Auch Fehler und Herausforderungen haben dich zu dem gemacht, was du heute bist. Sie sind kein Hindernis, sondern dein Fundament.
- **Es ist Zeit für eine Entscheidung:** Das Gericht ruft dich dazu auf, einen klaren Schritt nach vorn zu machen. Bleibst du in der Vergangenheit gefangen, oder erhebst du dich zu einer neuen Version deiner selbst?
- **Wahre Freiheit entsteht durch Bewusstsein:** Nur wer sich seiner selbst bewusst ist, kann wirklich frei sein. Akzeptiere dich mit all deinen Facetten und steige aus deinem eigenen Schatten.

Das Gericht zeigt dem Narren, dass der größte Wandel nicht im Außen geschieht, sondern in seinem eigenen Geist. Er ist bereit, das Alte zu würdigen und sich mit neuer Klarheit auf das Finale seiner Reise zuzubewegen.

Symbolik der Karte "Das Gericht"

✳ **Die Trompete** symbolisiert einen Weckruf des Universums, eine Aufforderung, sich der eigenen Wahrheit zu stellen und aus alten Mustern zu erwachen. Sie steht für Offenbarung, für eine Erkenntnis, die nicht länger ignoriert werden kann. Ihr Klang ruft zur Transformation auf, indem sie uns daran erinnert, dass es Zeit ist, die Vergangenheit bewusst zu betrachten und die Zukunft mit Klarheit zu gestalten. Sie ist das Zeichen eines unausweichlichen Wandels, ein Ruf, alte Lasten abzulegen und sich in eine neue Richtung zu bewegen.

✳ **Die dunkle geflügelte Gestalt** verkörpert den Engel des Wandels oder einen spirituellen Führer, der das Erwachen begleitet. Ihr dunkler Umhang ist mit zarten Pflanzen und Blumen geschmückt, aus denen über dem Kopf der Gestalt ein Ast emporwächst. In vielen spirituellen und kulturellen Traditionen steht ein Ast für Wachstum, Erneuerung und Leben. Aus der himmlischen, überirdischen Präsenz des Engels entspringt neues, irdisches Leben. Der Ast erinnert uns daran, dass spirituelles Erwachen nicht etwas Abgehobenes oder Abstraktes bleiben muss. Es soll sich im Alltag zeigen – durch unsere Handlungen, unsere Entscheidungen und unser persönliches Wachstum.

✳ **Die schwarzen Flügel** der Gestalt stehen für Transformation durch Schatten und Tiefe. Sie symbolisieren die Verbindung zum Unbewussten und Weisheit, die durch Erfahrung gewonnen wurde. Während weiße Flügel für Reinheit und göttliche Führung stehen, repräsentieren schwarze Flügel die Erkenntnisse, die aus dem Durchleben von Herausforderungen entstehen. Diese Flügel erinnern daran, dass wahre spirituelle Entwicklung nicht nur durch das Streben nach Licht, sondern durch das bewusste Annehmen aller Lebensaspekte geschieht.

✳ **Die Skelett-Geister,** die aus den Gräbern steigen, repräsentieren das Alte, das ins Bewusstsein zurückkehrt. Sie stehen für vergangene Erfahrungen, alte Identitäten und Wahrheiten, die lange verborgen waren. Doch diese Skelette wirken nicht bedrohlich, sondern beinahe unschuldig. Dies zeigt, dass die Vergangenheit keine Last sein muss, sondern eine Quelle der Erkenntnis und Befreiung sein kann. Die Karte fordert dazu auf, sich den eigenen „Skeletten im Keller" zu stellen, sie zu akzeptieren und aus ihnen zu lernen, anstatt sie weiterhin zu verdrängen.

✳ **Die Grabsteine** symbolisieren vergangene Lektionen und alte Muster, die ihren Zweck erfüllt haben und losgelassen werden müssen. Sie stehen für all das, was nicht mehr gebraucht wird, wie überholte Überzeugungen, Ängste oder Gewohnheiten, die uns in der Vergangenheit festgehalten haben. Sie zeigen, was uns geprägt hat, und dass jeder Abschnitt unseres Lebens eine wertvolle Lektion enthält.

Symbolik der Karte "Das Gericht"

Vergleich mit dem ursprünglichen Rider-Waite-Tarot

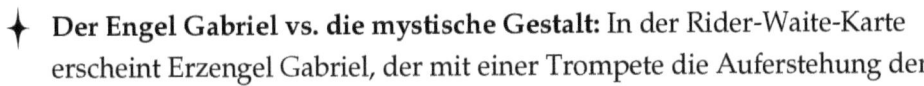

✦ **Der Engel Gabriel vs. die mystische Gestalt:** In der Rider-Waite-Karte erscheint Erzengel Gabriel, der mit einer Trompete die Auferstehung der Menschen verkündet. Gabriel ist ein Bote göttlicher Führung und steht für das endgültige spirituelle Erwachen. Seine Trompete symbolisiert den Ruf der Wahrheit, eine Offenbarung, die keinen Zweifel zulässt. Die Fahne mit dem roten Kreuz auf seiner Trompete verweist auf das göttliche Urteil und die Erlösung. Das Licht, das von ihm ausgeht, ist ein Zeichen für transzendente Klarheit. Es beleuchtet alles, was verborgen war, und zwingt die Menschen, sich ihrer Wahrheit zu stellen.

In der modernen Interpretation dieses Buches wird der Engel durch eine dunkle, mystische Gestalt mit schwarzen Flügeln ersetzt. Diese Figur deutet darauf hin, dass Erweckung nicht immer sanft und erhaben ist, sondern oft durch tiefgehende innere Konfrontation mit unseren Schatten geschieht. Während Gabriel eine klare, göttliche Offenbarung bringt, steht diese mystische Gestalt für Transformation durch Selbstreflexion und der Akzeptanz unserer tiefsten Ängste, Schuldgefühle und unbewussten Muster.

✦ **Die Auferstehenden:** In der Rider-Waite-Version steigen Männer, Frauen und Kinder mit erhobenen Armen aus ihren Gräbern, um das Licht des Engels willkommen zu heißen. Sie symbolisieren die endgültige Befreiung von alten Lasten, den Abschluss eines karmischen Zyklus und das Erwachen zu einem höheren Bewusstsein. Ihre auferstehende Haltung zeigt, dass dieser Wandel nicht mehr aufzuhalten ist. Es ist ein Moment der göttlichen Bestimmung, in dem Vergangenheit, Gegenwart und Zukunft zu einer höheren Wahrheit verschmelzen.

In der alternativen Darstellung sind es Geister ähnliche Skelette, die aus den Gräbern aufsteigen. Diese Skelett-Geister repräsentieren nicht nur die Vergangenheit, sondern auch den Prozess der Akzeptanz und Integration alter Erfahrungen.

✦ **Das Wasser im Hintergrund:** In der Rider-Waite-Karte sieht man im Hintergrund ein Gewässer, das für spirituelle Reinigung steht. Es erinnert daran, dass wir uns an dem Vergangenen nicht mehr festhalten müssen, wir es aber durch bewusstes Annehmen transformieren können. Die Berge in der Ferne symbolisieren die letzte Hürde auf dem Weg zur Erleuchtung. Der Narr ist kurz vor dem Abschluss seiner Reise, doch er muss zuerst seine Vergangenheit vollständig loslassen.

In der modernen Interpretation wird statt Wasser ein Friedhof dargestellt, was darauf hindeutet, dass das Loslassen und die Reinigung nicht von selbst geschehen, sondern wir selbst entscheiden müssen, wann wir bereit sind, uns unserer Vergangenheit zu stellen und weiterzugehen.

Symbolik der Karte "Das Gericht"

Suche dir aus jedem beliebigen Tarot-Kartendeck die Karte des Gerichts und betrachte die Karte genau. Welche Elemente springen dir als erstes ins Auge? Welche Symbole ziehen dich besonders an? Was könnten diese Symbole für dich persönlich bedeuten?

Die Symbole der Karte "Das Gericht"

Symbole interpretieren

1 Die Trompete symbolisiert den Ruf zum Erwachen und zur Transformation. Sie steht für eine wichtige Botschaft oder Erkenntnis, die das Leben grundlegend verändern kann. Welcher „innere Ruf" begleitet dich gerade in deinem Leben? Gibt es eine Wahrheit, die du bisher ignoriert hast, die aber gehört werden will?

Die Trompete

2 Die Skelett-Geister stehen für vergangene Erfahrungen oder ungelöste Themen, die wieder ins Bewusstsein kommen.
Welche alten Muster oder Erinnerungen beeinflussen dich noch heute?
Wie kannst du aus der Vergangenheit lernen, ohne in ihr gefangen zu bleiben?

Die Skelett-Geister

3 Der schwarze Engel repräsentiert eine göttliche oder innere Führung, die einen auf den richtigen Weg leitet.
Wo in deinem Leben fühlst du dich von einer höheren Kraft oder Intuition geführt?
Wie kannst du lernen, deiner inneren Stimme mehr zu vertrauen?

Der dunkle Engel

Symbolik der Karte "Das Gericht"

Wenn du ein zusätzliches Symbol auf die Karte setzen könntest, welches wäre das? Warum würdest du es wählen, und was würde es repräsentieren?

Dein eigenes Symbol

Eigenschaften der Karte "Das Gericht"

Positive Eigenschaften:

- Spirituelles Erwachen
- Erkenntnis und Klarheit über das eigene Leben
- Fähigkeit, die Vergangenheit hinter sich zu lassen
- Mut zur Veränderung
- Neue Perspektiven und Bewusstsein

Weitere positive Eigenschaften

Negative Eigenschaften:

- Schwierige Konfrontation mit der eigenen Vergangenheit
- Angst vor dem Urteil anderer
- Schwierigkeiten, alte Muster loszulassen
- Überforderung durch plötzliche Einsichten

Weitere negative Eigenschaften

Botschaften der Karte "Das Gericht"

Die Wahrheit wird dich befreien.

Diese Karte fordert dich auf, ehrlich mit dir selbst zu sein. Gibt es eine Wahrheit, die du lange verdrängt hast? Eine Entscheidung, die du aus Angst nicht getroffen hast? Wahre Freiheit entsteht, wenn du den Mut hast, die Realität so zu akzeptieren, wie sie ist, und nicht, wie du sie gerne hättest. Das Gericht steht für diesen Moment der absoluten Ehrlichkeit, der eine tiefgehende innere Befreiung mit sich bringt.

Lass die Vergangenheit los. Sie definiert nicht, wer du heute bist.

Das Gericht steht für das Verarbeiten der Vergangenheit, ohne sich weiter von ihr kontrollieren zu lassen. Schuldgefühle oder Bedauern können uns in alten Geschichten gefangen halten. Doch wahres Wachstum geschieht, wenn wir lernen, uns selbst und anderen zu vergeben und mit einer neuen Perspektive nach vorne zu blicken. Vielleicht trägst du noch Lasten aus vergangenen Entscheidungen oder wünschst dir, bestimmte Dinge getan zu haben. Doch anstatt dich weiterhin selbst zu bestrafen, kannst du die Vergangenheit als Lehrer betrachten und dich darauf konzentrieren, aus ihr zu wachsen.

Du bist bereit für deinen nächsten großen Schritt.

Oft halten wir uns selbst zurück, weil wir uns nicht bereit fühlen. Doch „Das Gericht" ist eine Karte des Erwachens. Sie zeigt dir, dass du bereits alles in dir trägst, um deine nächste Stufe zu erreichen. Dein Bewusstsein wächst und das Leben ruft dich auf, dein Potenzial voll zu entfalten. Jetzt ist der Moment gekommen, um eine klare Entscheidung zu treffen und mutig weiterzugehen.

Höre den Ruf deiner Seele.

Diese Karte symbolisiert eine tiefe, innere Erkenntnis, den Ruf deiner Seele. Manchmal spüren wir intuitiv, dass wir einen bestimmten Weg einschlagen sollen, doch wir ignorieren diese innere Stimme aus Angst oder Unsicherheit. Das Gericht erinnert dich daran, auf deine Intuition zu vertrauen und ihr zu folgen. Sie kennt den Weg, auch wenn du ihn noch nicht vollständig sehen kannst.

Jeder Tag bietet die Möglichkeit eines Neubeginns.

Das Gericht lehrt uns, dass wir jederzeit unser Leben bewusst neu gestalten können. Zu oft verharren wir in alten Denkmustern oder fühlen uns durch vergangene Fehler blockiert. Doch die Wahrheit ist, jeder Tag ist eine neue Chance. Die Trompete auf der Karte symbolisiert den Weckruf, eine Erkenntnis, die dich ermutigt, nicht länger in der Vergangenheit zu leben, sondern dich auf den gegenwärtigen Moment zu konzentrieren und aktiv deine Zukunft zu formen.

Reflexion zur Botschaft des Gerichts

★ Der Ruf nach einer Veränderung oder Erneuerung

Gibt es Bereiche, in denen du das Gefühl hast, dass du bereit für eine neue Phase bist? Spüre in dich hinein. Gibt es Aspekte deines Lebens, in denen du dich nach Veränderung sehnst? Vielleicht fühlst du, dass du bereit bist, einen neuen Weg einzuschlagen, sei es beruflich, persönlich oder spirituell. Wo in deinem Leben ruft dich ein Neubeginn?

Veränderung beginnt mit einem bewussten Schritt. Überlege dir eine Handlung, die dich deinem neuen Kapitel näherbringt. Das kann eine Entscheidung sein, eine neue Gewohnheit oder das bewusste Loslassen von etwas, das dir nicht mehr dient. Welche kleine Tat kannst du heute umsetzen, um den ersten Schritt in Richtung Wachstum zu machen?

★ Du kannst immer neu anfangen

Was bedeutet ein Neuanfang für dich? Was würdest du tun, wenn du von vorne beginnen könntest? Stell dir vor, es gäbe keine Begrenzungen oder Erwartungen. Welche Entscheidungen würdest du treffen? Würdest du einen anderen Weg einschlagen? Gibt es Träume, die du bisher nicht verfolgt hast?

Jeder Neuanfang bringt Herausforderungen, aber auch Wachstum und Möglichkeiten. Welche Türen könnten sich für dich öffnen? Welche neuen Erfahrungen oder Erkenntnisse warten auf dich?

★ Sei ehrlich zu dir selbst

Oft reden wir uns selber ein, dass alles passt, weil es einfacher ist oder man Angst hat jemanden zu verletzten. Wo betrügst du dich selbst? Welche aktuellen Situationen machen dich unzufrieden und trotzdem änderst du nichts daran?

Sei bereit, deine eigene Wahrheit zu erkennen. Schreibe eine ehrliche Liste mit Dingen, die du mit dir mitschleppst, sie dir aber nicht mehr dienlich sind.

Reflexion zur Botschaft des Gerichts

✨ Schwierige Erfahrungen in Stärke transformieren

Wir werden nicht von unserer Vergangenheit bestimmt, sondern können daraus wachsen, wenn wir sie bewusst reflektieren. Jeder Fehler, jede Herausforderung oder schmerzhafte Erfahrung kann eine wertvolle Lektion in sich tragen. Transformation beginnt mit Akzeptanz, Vergebung und der Entscheidung, die Vergangenheit als Lehrer zu betrachten.

- Welche vergangene Erfahrung belastet dich noch heute? Gibt es eine Situation oder Entscheidung, die dich immer wieder beschäftigt? Warum hältst du daran fest?
- Welche Erkenntnisse kannst du aus dieser Erfahrung ziehen? Was hast du dadurch über dich selbst gelernt?
- Wie kannst du aus diesem Erlebten etwas Positives schöpfen? Gibt es eine Möglichkeit, dein Wissen oder deine Erfahrungen zu nutzen, um anderen zu helfen oder eine neue Perspektive zu gewinnen?

✨ Selbstvergebung

Vergebung bedeutet nicht, Fehler schönzureden, sondern daraus zu lernen und loszulassen. Gibt es eine Entscheidung oder Situation aus deiner Vergangenheit, für die du dir noch nicht vergeben hast? Erlaube dir, dich selbst zu vergeben, indem du bewusst niederschreibst:
„Ich vergebe mir für…"
„Ich bedanke mich für die Erfahrungen und erkenne, dass ich daraus gelernt habe…"
„Ich entscheide mich jetzt, diese Last loszulassen."

✨ Erwachen und Klarheit vs. Selbstzweifel und Angst vor Veränderung

Das Gericht symbolisiert einen inneren Weckruf, der Klarheit und Erkenntnis über die eigene Lebensaufgabe bringt und zur persönlichen Weiterentwicklung ermutigt. Welche Erkenntnisse hast du gewonnen, die deine Sicht auf dich und dein Leben verändert haben?
Wo in deinem Leben kannst du bewusster entscheiden, um deinem inneren Ruf zu folgen?

Manchmal klammert man sich an alte Muster oder unterdrückt seine wahren Bedürfnisse, weil man Angst vor Konsequenzen hat. Gibt es eine Wahrheit, die du verdrängst, weil du Angst vor der Veränderung hast? Welche alten Muster oder Glaubenssätze halten dich zurück, eine notwendige Entscheidung zu treffen?

Kreative Aufgaben "Das Gericht"

 ## Collage deiner Vergangenheit

Gestalte eine Collage aus Erinnerungen und Erfahrungen deiner Vergangenheit.

- Sammle Bilder, Worte oder Symbole, die deine schönsten Erinnerungen, bedeutendsten Begegnungen und prägendsten Abenteuer widerspiegeln. Nimm dir Zeit, um bewusst in diese Momente einzutauchen.
- Spüre in dich hinein: Welche Emotionen steigen in dir auf? Fühlst du Freude und Dankbarkeit für das Erlebte? Oder spürst du Wehmut und Sehnsucht nach alten Zeiten? Erlaube dir, alle Gefühle zuzulassen, sie sind ein Teil deiner Geschichte.

 ## Abschiedsbrief an dein altes Selbst

Schreibe einen Abschiedsbrief an dein vergangenes Selbst.

- Richte liebevolle Worte an die Person, die du einmal warst. Bedanke dich für all die Erfahrungen, die dich geformt haben, für die Herausforderungen, die du gemeistert hast, und für die Träume, die dich angetrieben haben. Erkenne an, dass du gewachsen bist und dass es nun Zeit ist, das Hier und Jetzt bewusst anzunehmen.
- Begrüße die Gegenwart und die Zukunft: Lass dein altes Ich mit Wertschätzung los und öffne dich für das Neue. Das Leben hält immer wieder neue Abenteuer und Möglichkeiten bereit und du bist bereit, sie willkommen zu heißen.

 ## Deine Botschaft des Gerichts

Meditiere über die Karte "Das Gericht". Stelle dir vor, du stehst in einer weiten Landschaft, die sich wie eine Übergangszone zwischen Vergangenheit und Zukunft anfühlt. Plötzlich hörst du einen Klang, vielleicht eine Glocke, eine Trompete oder eine sanfte Stimme.

Während der Klang sich verstärkt, formt sich vor dir eine Vision deines neuen Selbst. Du lächelst dir zu, voller Klarheit, Mut und Wahrheit.

Dann breitet dein neues Selbst die Arme aus und du trittst in diese Energie hinein und verschmilzt mit ihr. Spüre, wie sich deine Haltung, dein Atem und deine Energie verändert.

Als der Klang wieder sanfter wird, kehrst du mit Klarheit in deinen Körper zurück. Nun bist du jemand, der seine Wahrheit lebt.

Welche Botschaft hast du erhalten? Wie hat sich dein erneuertes Selbst angefühlt?

Noch mehr Übungen und Reflexionsfragen

⭐ Selbstreflexion und Innenschau

Inneres Erwachen ist ein Prozess der Selbsterkenntnis und Bewusstwerdung, der dich dazu einlädt, tief in dein Inneres zu lauschen und deine wahre Essenz zu erkennen. Es geht darum, sich von äußeren Erwartungen und alten Mustern zu lösen und die eigene Wahrheit zu entdecken. Reflektiere über folgende Fragen:

- Bist du gerade auf dem Weg, der sich für dich richtig anfühlt?
- Läuft dein Leben in Einklang mit deinen Werten und deiner inneren Wahrheit? Oder gibt es Bereiche, in denen du Kompromisse eingehst, die dich nicht erfüllen?
- Was möchte deine Seele wirklich? Abseits von gesellschaftlichen Erwartungen oder Ängsten, was ist dein tiefster Herzenswunsch? Was ruft dich, auch wenn es unlogisch erscheint?
- Was erfüllt dich zutiefst? Welche Momente lassen dich lebendig fühlen? Gibt es Tätigkeiten, Gespräche oder Erlebnisse, bei denen du ganz bei dir bist und du die Zeit völlig vergisst?
- Welche Themen, Menschen oder Erfahrungen ziehen dich immer wieder an? Wiederkehrende Interessen oder Sehnsüchte sind oft Hinweise auf deinen Seelenweg. Gibt es etwas, das dich immer wieder fasziniert oder wonach du dich insgeheim sehnst?

⭐ Was hinterlässt du in dieser Welt?

Was soll von dir bleiben, wenn Worte und Taten längst verklungen sind?
- Was für einen positiven Einfluss möchtest du auf dein Umfeld haben?
- Welche Werte möchtest du durch dein Handeln weitergeben?
- Welche Spuren möchtest du in der Welt hinterlassen, die über dich hinaus wirken?
- Wenn du eine einzige wichtige Lektion oder eine Weisheit weitergeben könntest, welche wäre das?

⭐ Affirmationen für Erwachen, Transformation & Neubeginn

Schreibe drei Affirmationen, die dir helfen, deine Vergangenheit anzunehmen und dich für neue Wege und Möglichkeiten zu öffnen.
Beispiel: "Ich erkenne meine Wahrheit und stehe mutig zu meinen Entscheidungen."
"Ich lasse meine Vergangenheit los und erlaube mir, neu zu beginnen."
"Ich höre den Ruf meiner Seele und folge meinem höchsten Weg."

Das Gericht

Die Karte "Das Gericht" steht für einen tiefen inneren Weckruf, spirituelles Erwachen und die Chance auf einen Neuanfang. Sie fordert dich auf, ehrlich auf deine Vergangenheit zu blicken, alte Muster zu durchbrechen und bewusst eine neue Richtung einzuschlagen. Es geht nicht um Bestrafung, sondern um Selbsterkenntnis, Vergebung und innere Transformation. Wer den Mut hat, sich seiner Wahrheit zu stellen, kann wachsen und sich von alten Lasten befreien. „Das Gericht" ist der Moment der Entscheidung. Die Frage, wer du wirklich sein willst, liegt nun in deinen Händen.

Schreibe abschließend deine Gedanken und Erkenntnisse auf, die du aus der Arbeit mit der Karte des Gerichts gewonnen hast, und wie du sie in deinem Leben anwenden möchtest.

21 Die Welt

21 Die Welt

Die Reise des Narren und die Lehren der Welt

Die Reise des Narren begann mit einem mutigen Schritt ins Unbekannte. Unbeschwert und voller Abenteuerlust trat er seinen Weg an, ohne zu ahnen, welche Prüfungen, Erkenntnisse und Wunder ihn erwarten würden. Jetzt, am Ende dieser Reise, steht er an einem Punkt der Vollendung. Er blickt zurück und erkennt, dass jede Erfahrung, jede Herausforderung und jedes Glücksmoment ihn geformt und ihn wachsen haben lassen.

Die Welt ist der Höhepunkt seiner Entwicklung, doch zugleich der Anfang eines neuen Zyklus. Der Narr begreift, dass das Leben niemals stillsteht, dass alles in stetiger Bewegung ist. Mit einem tiefen Verständnis für sich selbst, die Natur und das Universum spürt er eine neue Art von Verbundenheit. Er hat gelernt, dass Erfüllung nicht im bloßen Ankommen liegt, sondern darin, den Weg in seiner Ganzheit zu erkennen und anzunehmen. Wachstum, Erfahrung und Weisheit sind keine abgeschlossenen Zustände, sondern Teil eines fortwährenden Kreislaufs. Der Narr hat den Kreis geschlossen und ist bereit für das nächste Abenteuer.

Die Lehren der Welt

- **Alles ist miteinander verbunden:** Der Narr erkennt, dass nichts isoliert existiert. Jede Erfahrung, jeder Mensch, jedes Ereignis hat seinen Platz im großen Ganzen.
- **Vollendung ist der Anfang von etwas Neuem:** Kein Ziel ist ein endgültiger Endpunkt. Sobald etwas abgeschlossen ist, öffnen sich neue Möglichkeiten. Das Leben verläuft in Kreisläufen, nicht in geraden Linien.
- **Wahre Erfüllung liegt in der Erfahrung:** Glück entsteht nicht durch das Erreichen eines bestimmten Zustands, sondern durch das bewusste Erleben des Weges.
- **Die Welt liegt in dir selbst:** Alles, wonach der Narr gesucht hat, war bereits in ihm. Die Karte erinnert daran, dass wir vollkommen sind, so wie wir sind, mit all unseren Erfahrungen und Erkenntnissen.
- **Den Moment der Vollendung bewusst würdigen:** Bevor der nächste Zyklus beginnt, ist es wichtig, innezuhalten und sich der eigenen Entwicklung bewusst zu werden. Sei dankbar für alles, was du gelernt hast und stolz auf dich!

Die Welt zeigt, dass der Narr nicht mehr der Unbeschwerte ist, der er am Anfang seiner Reise war. Er ist gewachsen, hat sich selbst gefunden und doch weiß er, dass der Weg niemals wirklich endet. Es gibt immer eine neue Ebene, einen neuen Zyklus, eine neue Reise, die ihn erwartet.

Symbolik der Karte "Die Welt"

✳ **Die Weltkugel** auf der Karte „Die Welt" ist eines der zentralen Symbole und trägt eine tiefgehende spirituelle und philosophische Bedeutung. Sie steht für Ganzheit, Vollendung und das Erreichen eines höheren Bewusstseins. Die Kugel symbolisiert den Abschluss eines bedeutenden Zyklus. Sie zeigt, dass eine Reise, eine persönliche Transformation oder ein Entwicklungsprozess erfolgreich beendet wurde. Der Narr hat alle Erfahrungen gesammelt und steht nun an einem Punkt, an dem er das große Ganze erkennen kann.

Die Weltkugel erinnert daran, dass wir nicht isoliert sind, sondern Teil eines größeren kosmischen Gefüges. Alles, was wir tun, hat eine Wirkung, die weit über uns hinausgeht. Sie verkörpert die tiefe Verbindung zwischen dem Individuum und dem Universum. Es geht nicht nur um das Erreichen eines Ziels, sondern um die Erkenntnis, dass alles miteinander verbunden ist. Die Welt ist nicht mehr nur ein physischer Ort, sondern ein Bewusstseinsraum, in dem sich alles im Einklang bewegt.

✳ **Die Blumen im Haar** zeigen, dass die Figur ihre Reise abgeschlossen hat und sich nun in voller Blüte befindet. Diese Darstellung betont, dass jede Vollendung immer auch den Beginn eines neuen Zyklus mit sich bringt. Das Leben ist nie statisch, sondern ein fortwährender Fluss von Entwicklung und Transformation. Die Blumen deuten darauf hin, dass wir in ständiger Entwicklung sind, dass Erkenntnis nicht stillsteht, sondern sich fortlaufend entfaltet.

Diese Blumen sind zudem ein Zeichen für die Harmonie zwischen dem spirituellen und dem natürlichen Wachstum. Sie stehen für die Integration von Wissen und Weisheit, die durch persönliche und spirituelle Transformation gewonnen wurde.

✳ **Die grünen Augen** der Figur stehen für Bewusstsein, Heilung und eine neue Perspektive auf das Leben. Grün ist die Farbe des Wachstums, der Erneuerung und des Gleichgewichts, und so spiegeln die Augen der Figur nicht nur die äußere Reife, sondern auch eine innere Transformation wider. Sie zeigen, dass die Figur sich über ihre früheren Erfahrungen hinausentwickelt hat und nun die Welt mit einem neuen, klareren Blick wahrnimmt. Es ist ein Symbol für das Erreichen eines tieferen Verständnisses von sich selbst und der Welt um einen herum.

Die grünen Augen stehen zudem für Hoffnung und eine positive Lebenseinstellung. Selbst nach schwierigen oder schmerzhaften Erfahrungen trägt die Figur in ihren Augen eine tiefe Zuversicht, dass das Leben einem größeren, positiven Plan folgt. Zudem ist Grün die Farbe der Heilung. Die Augen, als Fenster zur Seele, symbolisieren den Prozess der inneren Heilung und den Übergang von einem Zustand der Zerbrochenheit zu einem Zustand des Wohlbefindens und der Harmonie.

Symbolik der Karte "Die Welt"

Vergleich mit dem ursprünglichen Rider-Waite-Tarot

✦ **Die zentrale Figur:** In der klassischen Rider-Waite-Version sehen wir eine tanzende, nackte Gestalt, die zwei Stäbe in den Händen hält und von einem Lorbeerkranz umrahmt wird. Die Karte spricht von einer unbeschwerten Leichtigkeit und einer tiefen Verbindung mit dem Universum. **Die nackte Figur** symbolisiert die Freiheit und die Wahrhaftigkeit des Narren, der am Ende seiner Reise nichts mehr zu verbergen hat und in völliger Harmonie mit sich selbst und der Welt lebt. Sie ist das Bild der vollkommenen Selbstakzeptanz einer Person, die sich in ihrer Haut vollständig und ohne Masken zeigt. Ihre Nacktheit ist nicht nur ein Zeichen der Freiheit, sondern auch der Authentizität und des Erreichens des wahren Selbst.

Die beiden Stäbe, die die Figur in den Händen hält, stehen für die Fähigkeit, die dualen Kräfte des Lebens zu balancieren und die Energie zu lenken, um eine harmonische Verbindung mit der Welt und sich selbst zu erreichen.

Der Lorbeerkranz ist ein uraltes Symbol für Sieg, Erfolg und die Vollendung eines Zyklus. Er stellt den Kreis dar, der sich schließt, und symbolisiert den Abschluss eines bestimmten Entwicklungsprozesses. Der Kranz zeigt uns, dass das Ende eines Zyklus gleichzeitig ein Moment des Triumphs ist, auf den wir stolz sein können.

In der Interpretation des Buches trägt die Figur Kleidung und der Lorbeerkranz wurde durch Blumen und Blätter ersetzt, die mit der Figur selbst verwachsen zu sein scheinen. In ihrem Haar ist eine Weltkugel eingearbeitet, was den symbolischen Fokus auf die innere Verbindung zur Natur und zum Universum verstärkt. Statt sich in ekstatischer Bewegung zu befinden, wirkt die Figur ruhiger, in sich gekehrt und staunend. Sie erinnert uns daran, dass wahre Erfüllung nicht durch äußeren Erfolg oder das Erreichen von Zielen entsteht, sondern durch das Finden des inneren Friedens und das Anerkennen unserer Einheit mit allem, was uns umgibt.

✦ **Die Umrahmung durch vier Figuren:** In der klassischen Rider-Waite-Version sind vier symbolische Figuren auf der Karte abgebildet. Ein Löwe, ein Adler, ein Stier und ein Engel repräsentieren die vier Elemente, sowie die vier Himmelsrichtungen und verkörpern die Vollständigkeit der physischen Welt und die Balance zwischen den verschiedenen Kräften, die das Leben ausmachen. Der Löwe symbolisiert das Feuer und die Energie des Lebens, der Adler die Weisheit und Klarheit des Luft-Elements, der Stier die Stabilität und das Wachstum der Erde, und der Engel steht für das Wasser, das mit Gefühl, Intuition und Emotion verbunden ist.

In der alternativen Darstellung im Buch fehlen die klassischen Symbole der vier Tiere. Stattdessen steht die natürliche Welt selbst im Mittelpunkt der Darstellung. Hier geht es nicht darum, die Welt oder ihre Kräfte zu beherrschen, sondern sich bewusst als Teil von ihr zu erkennen und zu akzeptieren.

Symbolik der Karte "Die Welt"

Suche dir aus jedem beliebigen Tarot-Kartendeck die Karte der Welt und betrachte die Karte genau. Welche Elemente springen dir als erstes ins Auge? Welche Symbole ziehen dich besonders an? Was könnten diese Symbole für dich persönlich bedeuten?

Die Symbole der Karte "Die Welt"

Symbole interpretieren

1 Die Weltkugel auf dem Kopf der Figur, symbolisiert den globalen Zusammenhang und die Verbindung zum Universum.
Was bedeutet es für dich, Teil eines größeren Ganzen zu sein? Wie nimmst du deinen Platz im Universum wahr?

Die Weltkugel auf dem Kopf

2 Die Figur blickt nach oben, was auf spirituelles Wachstum und das Streben nach höherem Bewusstsein hinweist.
Wo in deinem Leben strebst du nach tieferem Verständnis und Sinn?
Wie kannst du deine spirituelle Verbindung stärken?

Der Blick nach oben

3 Die Weltkugel auf der Karte symbolisiert Vollendung, Einheit und das große Ganze. Sie zeigt, dass der Zyklus des Narrens vollendet ist und eine neue Reise beginnen kann.
Welche Aspekte deines Lebens fühlen sich gerade „vollständig" an?
Wo erkennst du, dass sich eine neue Phase in deinem Leben ankündigt?

Die Weltkugel

Symbolik der Karte "Die Welt"

Wenn du ein zusätzliches Symbol auf die Karte setzen könntest, welches wäre das? Warum würdest du es wählen, und was würde es repräsentieren?

Dein eigenes Symbol

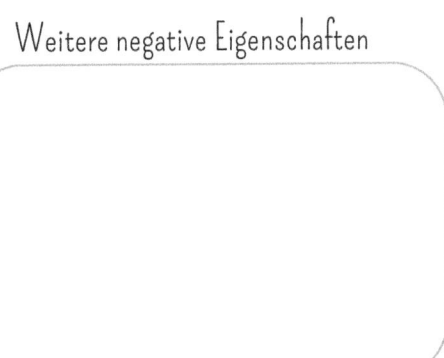

Eigenschaften der Karte "Die Welt"

Positive Eigenschaften:

- Vollendung
- Erfolg
- Harmonie
- Ganzheit
- Weisheit & Reife

Weitere positive Eigenschaften

Negative Eigenschaften:

- Stillstand nach der Vollendung
- Übermäßige Selbstzufriedenheit
- Angst vor neuen Anfängen

Weitere negative Eigenschaften

Botschaften der Karte "Die Welt"

Du hast deinen Zyklus vollendet. Feiere deinen Erfolg!

Die Karte „Die Welt" zeigt, dass du einen wichtigen Meilenstein erreicht hast. Doch bevor du weiterziehst, ist es entscheidend, innezuhalten und deinen Fortschritt bewusst zu würdigen. In unserer schnelllebigen Gesellschaft springen wir oft von einem Ziel zum nächsten, ohne wirklich anzuerkennen, was wir bereits erreicht haben. Die Weltkarte lehrt, dass Erfolg nicht nur darin liegt, äußere Ziele zu erreichen, sondern auch in der inneren Transformation, die auf diesem Weg stattgefunden hat.

Alles ist miteinander verbunden und du bist Teil eines größeren Ganzen.

Diese Karte erinnert uns daran, dass wir nicht isoliert existieren. Wir sind Teil eines Netzwerks aus Erfahrungen, Beziehungen und universellen Kräften, die unser Leben formen. Jede Entscheidung, jede Begegnung und jede Lektion hat eine tiefere Bedeutung. Wenn du dich mit dieser Verbundenheit auseinandersetzt, erkennst du, dass du genau zur richtigen Zeit am richtigen Ort bist, selbst dann, wenn es sich nicht so anfühlt.

Dein Weg ist einzigartig und du bist genau dort, wo du sein sollst.

In Momenten von Unsicherheit oder Selbstzweifel erinnert die Welt dich daran, dass du nichts verpasst hast und nicht hinterherhinkst. Dein Leben entfaltet sich in deinem eigenen Tempo, und jede Erfahrung, ob positiv oder herausfordernd, war notwendig, um dich zu der Person zu machen, die du heute bist. Dein Weg ist nicht mit dem anderer zu vergleichen, denn er gehört nur dir.

Das Ende eines Zyklus ist der Anfang von etwas Neuem.

Die Welt zeigt, dass jeder Abschluss gleichzeitig eine Einladung zu einer neuen Reise ist. Oft fürchten wir Veränderungen, weil sie das Unbekannte mit sich bringen. Doch diese Karte lehrt, dass das Leben ein fortlaufender Zyklus ist und mit jedem Ende sich eine neue Tür öffnet. Was nun geschieht, liegt in deiner Hand. Statt am Alten festzuhalten, darfst du voller Vertrauen den nächsten Schritt machen.

Du bist bereits vollständig, genau so, wie du bist.

Oft suchen wir im Außen nach Anerkennung, Erfolg oder Liebe, um uns wertvoll zu fühlen. Doch die Welt erinnert uns daran, dass all das, was wir suchen, bereits in uns liegt. Sie steht für innere Erfüllung und Selbstakzeptanz. Die wahre Erkenntnis, die sie uns bringt, ist, dass wir nicht erst durch das Erreichen von Zielen oder durch äußere Anerkennung vollständig sind. Wir sind bereits jetzt genug, unabhängig von dem, was wir noch tun oder erreichen müssen. Es geht darum, sich selbst zu erkennen und zu schätzen, unabhängig von den äußeren Umständen.

Reflexion zur Botschaft der Welt

★ Stillstand oder Veränderung

In welchen Bereichen deines Lebens klammerst du dich an etwas, obwohl du tief in dir spürst, dass es Zeit ist, weiterzugehen? Welche Unsicherheiten oder Ängste halten dich davon ab, den nächsten Schritt zu wagen?

Schreibe eine Liste mit Dingen, die du aus Angst vor Veränderung aufschiebst. Wähle eine kleine Handlung, um dich einer dieser Veränderungen bewusst zu öffnen. Mache dann den ersten Schritt und reflektiere, wie du dich dabei fühlst.

★ Ganzheit und Selbstakzeptanz

Wie kannst du lernen, dich selbst mehr anzunehmen? Was schätzt du an dir? Welche Eigenschaften, Taten oder Entwicklungen machen dich stolz? Kannst du erkennen, dass du bereits vollständig bist, genau so, wie du jetzt bist?

Oft suchen wir im Außen nach Bestätigung, doch wahre Selbstakzeptanz entsteht, wenn wir erkennen, dass unser Wert nicht von Leistung oder Anerkennung abhängt. Was kannst du heute tun, um dir selbst mit mehr Liebe und Anerkennung zu begegnen?

★ Vollendung und Neuanfang

Welche Zyklen hast du bereits durchlaufen, sei es persönliches Wachstum, berufliche Entwicklungen oder emotionale Prozesse? Nimm dir einen Moment, um zurückzublicken. Was hast du aus diesen Phasen gelernt, und wie haben sie dich geformt? Erkennst du Muster, die sich wiederholen, oder spürst du, dass ein neuer Abschnitt beginnt?

Vollendung bedeutet nicht Stillstand, sondern eine bewusste Anerkennung dessen, was war und die Bereitschaft, offen für das zu sein, was kommt.
Welche Tür darf sich in deinem Leben nun schließen, damit eine neue sich öffnen kann?

Reflexion zur Botschaft der Welt

✷ Erkenne deine bisherigen Erfolge und Meilensteine

Manchmal zweifeln wir an unserem Weg, weil wir uns nur darauf konzentrieren, was uns noch fehlt. Doch ein Blick zurück zeigt, wie viele Hürden wir bereits überwunden haben.

- Erinnere dich an die schwierigen Momente, die du gemeistert hast und an Situationen, in denen du stärker warst, als du dachtest. Welche Herausforderungen hast du in deinem Leben bereits bewältigt? Welche Erkenntnisse kannst du aus diesen Erfahrungen für deine Zukunft mitnehmen?
- Notiere fünf Erfolge oder schwierige Situationen, die du gemeistert hast. Lies sie dir durch, wenn du an dir selbst zweifelst, um dich daran zu erinnern, dass du bereits bewiesen hast, wie stark und widerstandsfähig du bist.

✷ Akzeptiere, dass der Weg nicht immer gerade ist

Kein Weg ist frei von Hindernissen. Fehler und Umwege sind Teil des Lebens und helfen dir zu wachsen. Vertrauen bedeutet, zu wissen, dass auch Herausforderungen dich weiterbringen.

- Wo hast du in der Vergangenheit einen „Umweg" gemacht, der sich später als wertvoll herausgestellt hat? Wie kannst du deine Angst vor Fehlern loslassen?
- Schreibe eine Situation auf, in der du gescheitert bist und überlege, was du daraus gelernt hast. Wie kannst du dieses Wissen nutzen, um vertrauensvoll weiterzugehen?

✷ Eigenverantwortung vs. anderen die Schuld geben

Wie kannst du die volle Verantwortung für dein Leben übernehmen, anstatt äußere Umstände oder andere Menschen dafür verantwortlich zu machen?
Welche Entscheidungen kannst du bewusst treffen, um dein Leben aktiv zu gestalten?
Überlege dir konkrete Schritte, mit denen du deine eigene Kraft stärkst, anstatt dich von äußeren Einflüssen bestimmen zu lassen.

Welche negativen Muster wiederholen sich in deinem Leben, weil du nicht aus deinen Erfahrungen lernst? Denke an eine Situation, die für dich negativ verlaufen ist. Schreibe auf, welchen Anteil du selbst daran hattest. Was hättest du anders machen können? Wie kannst du dieses Wissen in Zukunft anwenden, um bessere Entscheidungen zu treffen?

Kreative Aufgaben "Die Welt"

 Erstelle deine Weltkarte

Zeichne auf ein großes Blatt eine Landkarte deines Lebens.
- Markiere darauf wichtige Meilensteine, Herausforderungen, Wendepunkte und Erfolge.
- Schreibe an jede Station eine Erkenntnis oder Lektion, die du daraus gelernt hast.
- Schaue dir deine Karte an: Welche Muster erkennst du? Was hat dich besonders geprägt?

 Zeige Dankbarkeit für vergangene Erfahrungen

Wähle einen Lebensabschnitt oder eine Situation, die du bewusst abschließen möchtest, sei es eine alte Gewohnheit, eine vergangene Beziehung oder eine herausfordernde Phase.
- Schreibe einen Brief an diese Erfahrung. Sei dankbar, was sie dich gelehrt hat, welche Erkenntnisse du daraus gewonnen hast und warum du nun bereit bist, weiterzugehen.
- Um den Übergang bewusst zu gestalten, kannst du den Brief symbolisch verbrennen, um die Transformation zu markieren, oder ihn in der Erde vergraben, als Zeichen für neues Wachstum.
- Atme tief durch und spüre, wie du mit jedem Atemzug mehr Raum für neue Möglichkeiten schaffst. Erkenne, dass du bereit bist, dich voller Vertrauen dem nächsten Kapitel deines Lebens zu öffnen

 Deine Botschaft der Welt

Meditiere über die Karte "Die Welt". Stell dir vor, du stehst in einem weiten Raum, der sich grenzenlos und harmonisch anfühlt. Der Raum ist deine eigene Welt, ein Ort, der dein gesamtes Wesen widerspiegelt.
Du spürst wie die Kräfte und Energien um dich herum und in dir ausgeglichen sind.
Plötzlich beginnen alle Energien zu kreisen. Sie fühlen sich sanft und fließend an, wie ein kosmischer Tanz. Du spürst, dass du nicht getrennt bist von der Welt. Du bist ein Teil des Universums und das Universum ist in dir.
In der Mitte dieser harmonischen Bewegung erscheint ein Symbol oder eine Figur. Vielleicht ist es eine Lichtgestalt, eine göttliche Präsenz oder dein eigenes strahlendes Selbst. Sie gibt dir eine Botschaft: „Du bist vollständig, genau so, wie du bist."

Noch mehr Übungen und Reflexionsfragen

⭐ Was ist Vollendung?

Vollendung ist der natürliche Abschluss eines Prozesses, bei dem wir erkennen, dass wir etwas abgeschlossen oder erreicht haben, sei es ein Projekt, eine Phase der persönlichen Entwicklung oder eine Lebenssituation. Vollendung bedeutet nicht nur ein Ende, sondern auch die Möglichkeit, innezuhalten, zu reflektieren und zu würdigen, was wir erreicht haben.

- Was bedeutet Vollendung für dich persönlich?
- Gibt es einen Bereich in deinem Leben, der sich gerade wie eine Vollendung anfühlt? Eine Lebensphase, ein Projekt oder vielleicht eine Erkenntnis, die du erreicht hast?
- Wann hast du das letzte Mal das Gefühl gehabt, dass du wirklich einen Abschluss gemacht hast?

⭐ Umgib dich mit Menschen, die an dich glauben

Manchmal fällt es schwer, an sich selbst zu glauben. Doch oft gibt es Menschen in unserem Leben, die unser Potenzial erkennen, selbst wenn wir es gerade nicht sehen. Ihre Unterstützung kann uns Kraft geben und uns daran erinnern, wer wir wirklich sind.

Unser Umfeld hat einen starken Einfluss auf uns. Wenn du dich mit Menschen umgibst, die dich ausbremsen, kleinhalten oder dir Energie rauben, kann das deine eigene Entwicklung erschweren. Achte bewusst darauf, welche Beziehungen dir wirklich guttun. Wähle dein Umfeld so, dass es dich inspiriert, motiviert und dir Kraft gibt, denn du verdienst es, von Menschen umgeben zu sein, die dein Wachstum unterstützen.

- Erstelle eine Liste mit Menschen, die dich auf deinem Weg bestärken und an dich glauben. Wann hast du das letzte Mal ihre ermutigenden Worte bewusst wahrgenommen?
- Nimm dir heute einen Moment, um einer dieser Personen eine Nachricht zu schreiben und dich für ihre Unterstützung zu bedanken.

⭐ Affirmationen für Vollendung, Ganzheit & Harmonie

Schreibe drei Affirmationen, die dir helfen, Vergangenes loszulassen, deine Ganzheit zu spüren und mit Zuversicht neue Wege zu beschreiten.
Beispiel: "Ich bin vollständig und genau dort, wo ich sein soll."
"Ich vertraue dem Fluss des Lebens und öffne mich für neue Möglichkeiten."
"Ich erkenne meinen eigenen Wert und feiere meine Erfolge."

Die Welt

Die Karte "Die Welt" symbolisiert, dass du auf deiner Reise gewachsen bist und nun mit Stolz auf alles zurückblicken darfst, was du erreicht hast. Doch sie erinnert dich auch daran, dass jeder Abschluss zugleich ein neuer Anfang ist. Jeder erreichte Meilenstein öffnet die Tür zu einer neuen Möglichkeit, einer neuen Reise oder einer neuen Erkenntnis.

Indem du lernst, dich selbst zu feiern und dein persönliches Wachstum wertzuschätzen, entwickelst du eine tiefere Verbindung zum größeren Ganzen. Die Welt erinnert dich daran, dass wahre Erfüllung nicht nur im Ankommen liegt, sondern im bewussten Erleben jedes Schrittes.

Diese Karte lehrt dich, dass du genau hier, genau jetzt, genau richtig bist. Du bist vollkommen in deiner Entwicklung und bereit für das nächste Kapitel deines Lebens.

Schreibe abschließend deine Gedanken und Erkenntnisse auf, die du aus der Arbeit mit der Karte der Welt gewonnen hast, und wie du sie in deinem Leben anwenden möchtest.

Die Reise des Narren

Die Reise des Narren
Kurz zusammengefasst.

Die Reise des Narren beginnt mit einem unbeschwerten Schritt ins Unbekannte. Er ist voller Neugier, Vertrauen und dem Wunsch, das Leben in all seinen Facetten zu entdecken. Als unbefangener Wanderer betritt er das Abenteuer mit Leichtigkeit, ohne zu wissen, welche Herausforderungen auf ihn warten. Genau darin liegt der Zauber seiner Reise. Mit jeder Begegnung, jeder Lektion und jeder Erfahrung wächst er und bewegt sich durch die zweiundzwanzig Großen Arkana, ohne zu wissen, was ihn am Ende erwartet.

Der Beginn der Reise: Lernen und Wachsen

Kaum hat der Narr seine ersten Schritte gemacht, begegnet er **dem Magier**. Der Magier zeigt ihm, dass er bereits alles in sich trägt, um sein Schicksal aktiv zu gestalten. Noch bevor er handeln kann, führt ihn **die Hohepriesterin** in die Welt der Intuition und des verborgenen Wissens. Sie lehrt ihn, dass wahre Erkenntnis nicht allein im äußeren Handeln liegt, sondern im aufmerksamen Lauschen auf die eigene innere Stimme.

Die Herrscherin lehrt den Narren, was es bedeutet, das Leben in seiner ganzen Fülle zu genießen. Durch sie erfährt er, dass wahre Schöpfung aus Liebe, Hingabe und Wachstum entsteht. **Der Herrscher** zeigt ihm wiederum, dass Struktur und Verantwortung ebenso notwendig sind, um ein stabiles Fundament für seine Zukunft zu legen.

Der Hierophant bringt ihn in Kontakt mit Tradition, Glauben und überliefertem Wissen. Er lehrt ihn, dass Weisheit nicht nur aus persönlicher Erfahrung, sondern auch aus den Lehren der Vergangenheit gewonnen werden kann. Doch bald steht der Narr an einem Scheideweg. **Die Liebenden** konfrontieren ihn mit der Erkenntnis, dass jede Entscheidung Konsequenzen hat, besonders in der Liebe, und dass wahre Verbindung aus echtem Bewusstsein entsteht.

Bei der Fahrt mit **dem Wagen** lernt er, entschlossen voranzuschreiten, Hindernisse zu überwinden und seine Ziele mit Selbstdisziplin zu verfolgen. Das Leben besteht jedoch nicht nur aus Siegen, betont **die Kraft** und offenbart ihm, dass wahre Stärke nicht in äußerer Macht liegt, sondern in Geduld, Mitgefühl und der Fähigkeit, Emotionen bewusst zu lenken.

Schließlich trifft der Narr auf **den Eremiten**, der ihn in die Stille führt. Hier, abseits jeglicher Ablenkungen der Welt, beginnt er, nach innen zu schauen und tiefere Weisheit zu erkennen. Er versteht, dass manche Antworten nur durch Reflexion und innere Einkehr offenbart werden. Mit jedem Schritt auf seiner Reise wird der Narr bewusster, weiser und tiefer mit sich selbst verbunden. Sein Weg ist noch lange nicht zu Ende. Noch stehen ihm Prüfungen bevor, die seine Sicht auf die Welt für immer verändern werden.

Der Wandel: Prüfungen und Herausforderungen

Gerade als der Narr glaubt, seinen Weg zu kennen, begegnet er **dem Rad des Schicksals**. Diese Begegnung lehrt ihn, dass das Leben unvorhersehbar ist, dass Höhen und Tiefen zum natürlichen Fluss der Existenz gehören und dass wahres Wachstum darin liegt, sich dem Wandel hinzugeben, anstatt ihn zu fürchten.

Da begegnet der Narr eine seiner größten Prüfungen. **Gerechtigkeit** tritt ihm entgegen und konfrontiert ihn mit den Konsequenzen seines Handelns. Verantwortung zu übernehmen und sich der Wahrheit zu stellen sind Lektionen, die er nicht umgehen kann. Er erkennt, dass jeder Schritt, jede Entscheidung Spuren hinterlässt und dass wahre Reife darin besteht, für sein Tun einzustehen.

Manchmal ist Loslassen die einzige Möglichkeit, weiterzugehen. **Der Gehängte** zeigt ihm, dass wahre Einsicht oft erst dann kommt, wenn er die Dinge aus einer neuen Perspektive betrachtet. Geduld, Vertrauen und Hingabe an den Moment sind seine neuen Lehrer. Kaum hat der Narr sich darin versucht, neue Blickwinkel zu bekommen, trifft er auf **den Tod**. Dieser tritt ihm aber nicht als finales Ende entgegen, sondern als unvermeidlicher Wandel, der Platz für Neues schafft und ihm lehrt, dass Transformation ein natürlicher Teil des Lebens ist.

Balance und Versuchung

Nach tiefgreifenden Veränderungen folgt die innere Balance. **Mäßigkeit** bringt dem Narren bei, dass wahre Stärke in Harmonie liegt und dass das rechte Maß, Geduld und ein bewusster Ausgleich eine größere Kraft als Extreme und Rastlosigkeit besitzen.

Plötzlich erscheint **der Teufel** in seinem Leben und mit ihm begegnet der Narr seinen eigenen Schatten. Zum ersten Mal wird ihm bewusst, dass sein inneres Gefängnis nicht von äußeren Mächten bestimmt wird, sondern von seinen eigenen Ängsten, Illusionen und selbstauferlegte Fesseln. Nur der Narr selbst kann sich davon befreien.

Als sei es nicht genug, stürzt **der Turm** ein, und mit ihm zerfallen all die Strukturen, an die der Narr geglaubt hat. Der Schock ist heftig, doch inmitten des Chaos liegt eine unerwartete Befreiung. Manchmal müssen alte Mauern einstürzen, damit Neues entstehen kann.

Als sich die Staubwolken der gefallenen Trümmer legen, erscheint der erste Lichtstrahl, und so findet der Narr **den Stern**. Der Stern leuchtet am dunklen Himmel als Zeichen für Hoffnung, Heilung und das Vertrauen in die Zukunft. Zum ersten Mal nach all den Prüfungen spürt er Frieden. Der Narr erkennt, dass selbst die tiefsten Schatten ihn nicht davon abhalten konnten, seinen Weg weiterzugehen. Mit diesem Vertrauen setzt er seine Reise fort.

Die letzte Prüfung: Licht und Schatten

Bevor der Narr sein Ziel erreicht, muss er durch die Dunkelheit **des Mondes** wandern. Hier begegnet er seinen tiefsten Ängsten, Unsicherheiten und Täuschungen. Die Welt erscheint ihm verzerrt, und nichts scheint mehr eindeutig zu sein. In der Dunkelheit erkennt er, dass nicht alles, was er für wahr hielt, wirklich real ist. Der Mond lehrt ihn, auf seine Intuition zu hören, die verborgenen Botschaften seiner Seele zu entschlüsseln und seinen inneren Kompass zu finden.

Da geht **die Sonne** auf. Sie vertreibt die Schatten der Nacht und erfüllt den Narren mit Licht, Klarheit und Lebensfreude. Zum ersten Mal sieht er sich selbst in seiner wahren Essenz. Die Sonne zeigt ihm, dass nach jeder Dunkelheit ein neuer Morgen wartet und dass Licht immer über die Finsternis siegt. Nun erkennt er, dass wahre Erfüllung nicht durch äußere Umstände entsteht, sondern aus der Gewissheit, dass er in sich selbst bereits vollkommen ist.

Mit neuer Klarheit stellt sich der Narr **dem Gericht.** Doch es ist wird kein Urteil über ihn gesprochen, sondern ihm eine tiefgreifende Erkenntnis offenbart. Der Narr blickt auf seine gesamte Reise zurück. Er sieht die Herausforderungen, die er gemeistert, die Fehler, die er gemacht, und die Lektionen, die er gelernt hat. Er erkennt, dass er nicht länger von der Vergangenheit bestimmt wird. Das Gericht schenkt ihm die Möglichkeit, sich selbst neu zu erschaffen, Altes hinter sich zu lassen und bewusst die Richtung für sein weiteres Leben zu wählen. Er steht an der Schwelle zur Vollendung.

Die Vollendung: Der Narr wird eins mit der Welt

Schliesslich tritt der Narr in **die Welt** ein. Hier versteht er, dass er niemals verloren war. Alles, wonach er gesucht hat – Weisheit, Erfüllung, Zugehörigkeit – war bereits in ihm. Die Welt zeigt ihm, dass jede Erfahrung, jede Begegnung und jede Prüfung ihn zu genau diesem Punkt geführt hat. Er fühlt sich eins mit sich selbst, mit dem Universum und mit allem, was existiert.

Seine Reise ist aber nicht zuende. Die Welt ist sowohl ein Abschluss als auch ein Neubeginn. Der Narr hat den Kreis geschlossen und erkennt, dass Vollendung nicht bedeutet, dass danach nichts mehr kommt, sondern dass sich das Leben in Zyklen bewegt. Vielleicht wird er schon bald mit leichtem Herzen einen neuen Schritt ins Ungewisse wagen. Als Narr, der voller Neugier seine nächste Reise beginnt, bereit, ein weiteres Kapitel seiner Geschichte zu schreiben.

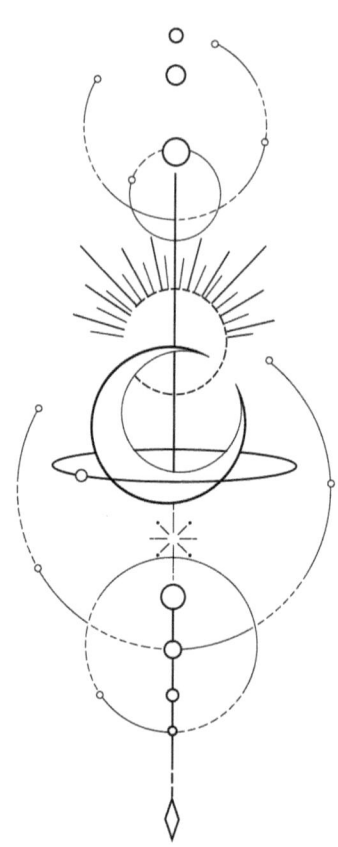

Die Reise des Narren

ist die Reise eines jeden von uns,
voller Herausforderungen,
Lektionen und Wachstum.

Sie zeigt,
dass wir lernen, fallen, aufstehen
und uns immer weiterentwickeln.

Sie lehrt uns,
dass jede Phase unseres Lebens
einen Sinn hat, auch wenn wir
ihn erst später verstehen.

Der Narr hat seine Welt gefunden
und du kannst deine entdecken.

Möge deine innere Reise voller
Liebe, Wunder und Magie sein.

Vertraue deinem Weg, auch
wenn er ungewohnt erscheint.
Denn oft führen gerade
die unerwarteten Schritte zu
den kostbarsten Erkenntnissen.

Du trägst bereits alles in dir,
was du suchst.
Erinnere dich. Gehe weiter.
Und werde, wer du bist.

Bevor sich das Buch schließt..

Ich danke von ganzem Herzen meinen drei wunderbaren Kindern. Ihr seid mein größtes Glück, mein Kompass und meine tägliche Inspiration.

Eure Liebe, eure Neugier und euer Blick auf die Welt erinnern mich immer wieder daran, was wirklich zählt. Durch euch erfahre ich, was bedingungslose Liebe bedeutet.

Ein besonderer Dank gilt auch meiner Mama – Du hast immer an mich geglaubt, auch in Momenten, in denen ich es selbst nicht konnte. Ohne dich wäre dieser Weg nicht derselbe gewesen.

Und auch meinem Papa danke ich – für deine Hilfsbereitschaft und deinen liebevollen Pessimismus.
Du glaubst vielleicht nicht immer an meine verrückten Ideen, aber bist immer zur Stelle, wenn ich jemanden brauche, der mitdenkt, anpackt oder nachrechnet.

Dieses Buch trägt ein Stück von euch in sich.
Danke, dass ihr mich begleitet – in allem, was ich bin und tue.

♡ Su Lilith

Literaturverzeichnis

Diese Werke dienten als Inspiration für die Deutung der *Reise des Narren* und die Symbolik der Tarotkarten. Sie verbinden Tarot, Mythologie, Psychologie, Spiritualität und persönliche Entwicklung und eröffnen so ein tieferes Verständnis der großen Arkana. Wenn du noch weiter in diese Themen eintauchen möchtest, können dir diese Quellen wertvolle Einblicke geben.

Brené Brown (2010): Verletzlichkeit macht stark: Wie wir unsere Schutzmechanismen aufgeben und innerlich reich werden. Kailash Verlag.

Bunning, Joan (1998): Learning the Tarot: A Tarot Book for Beginners. Red Wheel/Weiser.

Cameron, Julia (1992): Der Weg des Künstlers: Ein spiritueller Pfad zur Aktivierung unserer Kreativität. Knaur Verlag.

Campbell, Joseph (1949): Der Heros in tausend Gestalten (Original: The Hero with a Thousand Faces). Insel Verlag.

Crowley, Aleister (1944): Das Buch Thoth: Ägyptischer Tarot (Original: The Book of Thoth). Verlag Hermann Bauer.

Dahlke, Rüdiger (1996): Die Schicksalsgesetze: Spielregeln fürs Leben. Arkana Verlag.

Greer, Mary K. (2002): Tarot for Yourself: A Workbook for Personal Transformation. Weiser Books.

Hillman, James (1975): Re-Visioning Psychology. New York: Harper & Row.

Jung, Carl Gustav (1964): Der Mensch und seine Symbole (Original: Man and His Symbols). Walter Verlag.

Jung, Carl Gustav (1952). Symbole der Wandlung. Zürich: Rascher Verlag.

Nichols, Sallie (1980). Jung and Tarot: An Archetypal Journey. York Beach, ME: Samuel Weiser.

Pollack, Rachel (1980): Tarot - 78 Stufen Weisheit (Original: Seventy-Eight Degrees of Wisdom). Königsfurt-Urania Verlag.

Robin Sharma (1997): Der Mönch, der seinen Ferrari verkaufte: Eine Parabel vom Glück. MVG Verlag.

Tolle, Eckhart (1997): Jetzt! Die Kraft der Gegenwart . Kamphausen Verlag.

Waite, Arthur Edward (1910). The Pictorial Key to the Tarot. London: Rider & Company.

Zimmer, Heinrich (1946): Mythen und Symbole in indischer Kunst und Kultur. Diederichs Verlag.

„Freiheit bedeutet, dass man nicht unbedingt alles so machen muss wie andere."

—ASTRID LINDGREN

„Lass dich treiben, denn du weißt nicht, wohin der Fluss dich führt."

– Rumi

„Erst wenn wir uns verirren, beginnen wir, uns selbst zu finden."

– Henry David Thoreau

„Man reist nicht, um anzukommen, sondern um unterwegs zu sein."

– Johann Wolfgang von Goethe

„Es gibt eine Kraft, die stärker ist als alle Hindernisse: den Willen, weiterzugehen."

– Antoine de Saint-Exupéry

"NICHT DIE JAHRE IN UNSEREM LEBEN ZÄHLEN, SONDERN DAS LEBEN IN UNSEREN JAHREN."

– Abraham Lincoln

„Wer sein eigenes Licht nicht leuchten lässt, kann die Welt nicht erhellen."

– Nelson Mandela

„Wenn du fliegen willst, gib alles auf, was dich nach unten zieht."

– Toni Morrison

„Ein Vogel hat niemals Angst davor, dass der Ast bricht. Er vertraut nicht dem Ast, sondern seinen eigenen Flügeln."

– Charlie Wardle

„Verrückt ist, immer wieder das Gleiche zu tun und andere Ergebnisse zu erwarten."

– Albert Einstein

„Jeder Tag ist ein neuer Anfang."

– Rainer Maria Rilke

"DAS LEBEN IST ENTWEDER EIN MUTIGES ABENTEUER ODER GAR NICHTS."

– Helen Keller

„Bis du das Unbewusste bewusst machst, wird es dein Leben steuern, und du wirst es Schicksal nennen."

– Carl Jung

„Lebe, als würdest du morgen sterben. Lerne, als würdest du ewig leben."

– Mahatma Gandhi

„Träume dir dein Leben schön und mach aus diesen Träumen eine Realität."

– Marie Curie

"LASS DICH NICHT VON DEM AUFHALTEN, WAS DU NICHT KANNST. TU, WAS DU KANNST, MIT DEM, WAS DU HAST."

– Theodore Roosevelt

„Das Unbekannte ist der beste Lehrer, wenn man den Mut hat, ihm zu begegnen."

– Carl Jung

„Der Sinn des Lebens ist es, ihm einen Sinn zu geben."

– Pablo Picasso

„Die größte Offenbarung ist die Stille."

– Laotse

„Zwei Wege boten sich mir dar, und ich ging den, der weniger begangen war – und das veränderte mein Leben."

—ROBERT FROST

"WENN DU DEN RICHTIGEN WEG GEFUNDEN HAST, WERDEN IHN VIELE EINEN UMWEG NENNEN."

– Ashleigh Brilliant

"ES IST NICHT DER WEG, DER UNS FINDET – ES SIND UNSERE SCHRITTE, DIE IHN ERSCHAFFEN."

– Antonio Machado

„Nicht weil es schwer ist, wagen wir es nicht, sondern weil wir es nicht wagen, ist es schwer."

– Seneca

„Folge deiner Glückseligkeit, und Türen werden sich öffnen, wo vorher keine waren."
–JOSEPH CAMPBELL

„Es ist nie zu spät, das zu sein, was man hätte sein können."
– George Eliot

„Der Mensch, der niemals einen Fehler gemacht hat, hat noch nie etwas Neues ausprobiert."
Albert Einstein

„Man muss das Unmögliche versuchen, um das Mögliche zu erreichen."
– Hermann Hesse

„Es gibt nur zwei Tage im Jahr, an denen man nichts tun kann: Der eine ist gestern, der andere ist morgen."
– Dalai Lama

„Mut steht am Anfang des Handelns, Glück am Ende."
– Demokrit

"MANCHMAL MUSS MAN VOM WEG ABKOMMEN, UM NICHT AUF DER STRECKE ZU BLEIBEN."
– Hans Zaugg

„Gehe nicht, wohin der Weg dich führt. Geh dorthin, wo kein Weg ist, und hinterlasse eine Spur."
– Ralph Waldo Emerson

„Die Zukunft gehört denen, die an die Schönheit ihrer Träume glauben."
– Eleanor Roosevelt

„Wenn du etwas willst, das du noch nie hattest, musst du etwas tun, das du noch nie getan hast."
–Nossrat Peseschkian

„Du musst das Leben tanzen."
– Friedrich Nietzsche

„Ein Problem kann nicht mit derselben Denkweise gelöst werden, durch die es entstanden ist."
– Albert Einstein

"SEI DU SELBST DIE VERÄNDERUNG, DIE DU IN DER WELT SEHEN WILLST."
– Mahatma Gandhi

„Wohin du auch gehst, geh mit deinem ganzen Herzen."
– Konfuzius

„Wir alle sind Narren, aber nur wenige haben den Mut, es zu zeigen."
– Charlie Chaplin

„Wenn du etwas willst, das du noch nie hattest, musst du etwas tun, das du noch nie getan hast."
– Nossrat Peseschkian

„Wer immer tut, was er schon kann, bleibt immer das, was er schon ist."
– Henry Ford

„Handle, als wäre es unmöglich zu scheitern."
– Dorothea Brande

"DEIN LEBEN IST EIN SPIEGEL DEINER GEDANKEN. ÄNDERE SIE – UND DU ÄNDERST DEINE WELT."
– Buddah

"WER NACH AUSSEN SCHAUT, TRÄUMT. WER NACH INNEN SCHAUT, ERWACHT."
– Carl Jung

„Alles, was du dir vorstellen kannst, ist real."
– Pablo Picasso

„Nur wer seinen eigenen Weg geht, kann von niemandem überholt werden."
– Marlon Brando

„WER SEINE EIGENE DUNKELHEIT NICHT KENNT, WIRD SIE IN ANDEREN MENSCHEN SEHEN."
– Car Jung

"DAS GEHEIMNIS DES VORWÄRTSKOMMENS BESTEHT DARIN, DEN ERSTEN SCHRITT ZU TUN."
– Mark Twain

„Das Leben beginnt dort, wo die Angst endet."
– Osho

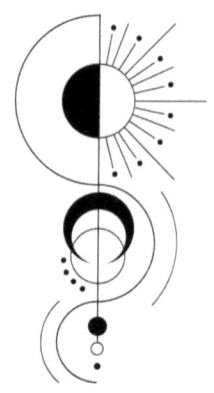